高等学校房地产开发与管理专业规划教材

房地产法规

胡细英　吴　巍　　主编

赵海云　　　主审

中国建筑工业出版社

图书在版编目（CIP）数据

房地产法规／胡细英，吴巍主编．—北京：中国建筑工业出版
社，2017.12（2024.1重印）
高等学校房地产开发与管理专业规划教材
ISBN 978-7-112-21320-7

Ⅰ．①房… Ⅱ．①胡… ②吴… Ⅲ．①房地产法－中国－高等学
校－教材 Ⅳ．①D922.38

中国版本图书馆CIP数据核字（2017）第248816号

全书共分12章，以房地产经济运行全过程为主线，全面介绍了与房地产有关的法律基础知识、房
地产概述、建设用地管理与征收法规、城乡规划与房地产项目勘察设计法规、房地产开发建设法规、
物业管理法规、房地产转让法规、房地产抵押法规、房屋租赁法规、房地产中介服务法规、房地产税
收法规、住房制度改革与住房保障制度等内容。

本书可作为高等院校、高等职业院校房地产专业、工程管理专业、法学专业的专业课程教材，也
可作为其他相关专业的通识教材，并可用于房地产经营管理机构及从业者的在职教育岗位培训教材。

为更好地支持相应课程的教学，我们向采用本书作为教材的教师提供教学课件，有需要者可与出
版社联系，邮箱：cabpcm@163.com。

责任编辑：刘晓翠　张　晶　王　跃
责任校对：焦　乐　关　健

高等学校房地产开发与管理专业规划教材
房地产法规
胡细英　吴　巍　主编
赵海云　　　主审
*
中国建筑工业出版社出版、发行（北京海淀三里河路9号）
各地新华书店、建筑书店经销
北京锋尚制版有限公司制版
建工社（河北）印刷有限公司印刷
*
开本：787×1092毫米　1/16　印张：19　字数：402千字
2017年12月第一版　2024年1月第二次印刷
定价：**42.00元**（赠课件）
ISBN 978 – 7 – 112 – 21320 – 7
　　　（31023）

前 言
Preface

党的十八届四中全会提出全面推进依法治国，建设中国特色社会主义法治体系，建设社会主义法治国家。随着我国社会主义市场经济的迅速发展，房地产业已成为国民经济的重要支柱产业，对国民经济发展作出了重大贡献。房地产业又是一个受资金、政策、社会环境、关联产业等因素影响非常大的产业，房地产业发展已成为社会关注的热点问题，房地产业的波动会对一个地方的国民经济发展水平产生非常大的影响。最近中央提出建立促进房地产市场平稳健康发展的长效机制，调整和优化中长期供给体系，实现房地产市场动态均衡。以市场为主满足多层次需求，以政府为主提供基本保障。并提出"房子是用来住的、不是用来炒的"，坚持住房的居住属性，健全租售并举的住房制度，因城施策去库存，规范房地产开发、销售、中介等行为，遏制热点城市房价过快上涨。为了引导房地产业的发展方向，规范房地产开发经营行为，建立良好的市场秩序，促进房地产业与国民经济协调发展，我国已出台了一系列房地产法律法规，房地产法律法规体系正在逐步健全和完善。本书根据房地产市场发展现状，突出了《物权法》《城市房地产管理法》等法律的重要地位，特别对近年来更新、废止的法律法规作出及时调整，并结合房地产经济活动的基本现状、基本理论、基本规律进行了系统、详细的论述。本书以房地产经济运行全过程为主线，全面介绍了与房地产有关的法律基础知识、房地产概述、建设用地管理与征收法规、城乡规划与房地产项目勘察设计法规、房地产开发建设法规、物业管理法规、房地产转让法规、房地产抵押法规、房屋租赁法规、房地产中介服务法规、房地产税收法规、住房制度改革与住房保障制度等内容。本书可作为高等院校、高等职业院校房地产专业、工程管理专业、法学专业的专业课教材，也可作为其他相关专业的通识教材，并可用于房地产经营管理机构及从业者的在职教育岗位培训教材。

本书由胡细英、吴巍主编。胡细英负责全书的统稿，大纲的策划、制定，吴巍负责初稿的审阅。胡细英、黄荣萍、刘雅静负责第1、3、4、7、8、9章的编写，吴巍、余倩负责第2、5、6、10、11、12章的编写。

本书所引用法律法规的名称全部使用简称，如《中华人民共和国城市房地产管理法》简称为《城市房地产管理法》。

本书的编写参阅了有关专家的著作和论文，在此表示诚挚的谢意。

由于编者水平有限，不妥之处恳请读者批评指正。

编者

2017年6月

目 录
Contents

第 4 章
城乡规划与房地产项目勘察设计法规

第 5 章
房地产开发建设法规

第 6 章
物业管理法规

第 7 章

房地产转让法规

第 8 章

房地产抵押法规

第 9 章

房屋租赁法规

第 10 章
房地产中介服务法规

第 11 章
房地产税收法规

第 12 章
住房制度改革与住房保障制度

第 1 章

法律基础知识

1.1 法的概述

1.1.1 法的渊源

法的渊源主要指法的效力来源，亦即根据法的效力来源不同对法所作的基本分类。在中国，法的渊源的含义的规范化表述是，由不同国家机关制定、认可和变动的，具有不同法的效力或地位的各种法的形式。中国法的渊源有较为明显的特点，这就是中国自古以来形成了以成文法为主要的法的渊源的传统，而成文法的表现形式在不同历史时代不尽相同。中国现时成文法的渊源包括：宪法、法律、行政法规、地方性法规、自治法规、行政规章等。其中宪法、法律、行政法规在中国法的渊源体系中分别居于核心地位和尤为重要的地位。这主要是从立法体制、法的效力等级和效力范围角度所作的分类，亦是从立法的角度所作的分类。这一类法的渊源是中国现时各种立法主体进行立法活动的结果，其中主要有从中央到地方有关权力机关所立的法，也有最高国家行政机关国务院所立的规范性法文件和其他有关政府机关制定的规范性法文件。

1. 宪法

作为法的渊源，宪法居于最高的、核心的地位，是一级大法、根本大法。从实质特征看，宪法制定和修改的程序更为严格。只有最高国家权力机关——全国人大（全称为中华人民共和国全国人民代表大会）才能行使修改宪法的权力，宪法的修改须由全国人大常委会（全称为全国人民代表大会常务委员会）或五分之一以上全国人大代表提议，并由全国人大以全体代表的三分之二以上的多数通过。宪法规定和调整的内容比其他法更重要、更系统，它综合性地规定和调整如国家性质、社会经济和政治制度、国家政权的总任务、公民基本权利和义务、国家机构这些具有根本性、全局性的关系或事项。宪法具有最高的效力等级，是其他法的立法依据或基础。其他法的内容或精神必须符合或不得违背它的规定或精神，否则无效。

2. 法律

法律是由全国人大及其常委会依法制定和变动的，规定和调整国家、社会和公民生活中某一方面带根本性的社会关系或基本问题的一种法。通常亦被称为狭义上的法律，是中国法的渊源体系的主导。法律的地位和效力低于宪法而高于其他法，是法的形式体系中的二级大法。法律是行政法规、地方性法规和行政规章的立法依据或基础，后两者不得违反它，否则无效。法律分为基本法律和基本法律以外的法律两种。基本法律由全国人大制定和修改，在全国人大闭会期间，全国人大常委会也有权对其进行部分补充和修改，但不得同其基本原则相抵触。基本法律规定国家、社会和公民生活中具有重大意义的基本问题，如物权法、合同法等。基本法律以外的法律由全国人大常委会制定和修改，规定由基本法律调整以外的国家、社会和公民生活中某一方面的重要问题，其调整面相对较窄，内容较具体，如城市房地产管理法、土地管理法等。两种法律具有同等效力。全国人大及其常委会还有权就有关问题作出规范性决议或决定，它们与法律具有同等地位和效力。

3. 行政法规

行政法规是指国务院根据宪法和法律，按照法定程序制定的有关行使行政权力，履行行政职责的规范性文件的总称。行政法规的制定主体是国务院，行政法规根据宪法和法律的授权制定，必须经过法定程序制定，具有法的效力。行政法规一般以条例、办法、实施细则、规定等形式制定，发布行政法规需要国务院总理签署国务院令。行政法规作为一种法的渊源，在中国法的渊源体系中处于低于宪法、法律和高于一般地方性法规的地位。行政法规要根据宪法、法律来制定，不得与宪法、法律相抵触。而一般地方性法规亦不得与行政法规相抵触，否则无效。行政法规在中国法的渊源体系中具有纽带作用。行政法规的立法目的是保证宪法和法律的实施，有了行政法规，宪法和法律的原则和精神便能具体化，便能更好地、有效地实现。行政法规又是联结地方性法规与宪法和法律的重要纽带。地方性法规的制定不得与行政法规相抵触，这样进一步保证了宪法、法律得以实施。

4. 地方性法规、经济特区法规和自治法规

地方性法规是由特定的地方国家机关依法制定和变动的，效力不超出本行政区域范围，作为地方司法依据之一，在法的渊源体系中具有基础作用的规范性法文件的总称。地方性法规是低于宪法、法律、行政法规但又具有不可或缺作用的基础性法的渊源。现阶段，省、自治区、直辖市、省级政府所在地的市、经国务院批准的较大市的人民代表大会及其常务委员会，根据本地的具体情况和实际需要，在不同宪法、法律、行政法规相抵触的前提下，可以制定和颁布地方性法规，报全国人大常委会和国务院备案。地方性法规在本行政区域的全部范围或部分区域有效。

地方性法规的基本特征：

①立法主体只能是地方国家机关，任务是解决地方问题；

②有更多的关系需要处理，比中央立法更复杂、具体；

③具有从属性与自主性两重性质；城市地方性法规在整个地方性法规中逐渐占据重要位置。

地方性法规的作用主要有：

①使宪法、法律、行政法规和国家大政方针得以有效实施；

②解决中央法律、法规不能独力解决或暂时不宜由中央解决的问题；

③自主地解决应由地方性法规解决的各种问题。

地方性法规要坚持两项基本原则：一是体现地方特色；二是与宪法、法律、行政法规不相抵触。全国人大常委会有权撤销同宪法、法律、行政法规相抵触的地方性法规。

经济特区法规是经济特区所在的省级人民代表大会及其常务委员会根据全国

人大授权制定的法规，对法律、行政法规、地方性法规作变通规定的，在本经济特区适用经济特区法规的规定。

自治法规是民族自治地方的权力机关所制定的特殊的地方规范性法文件即自治条例和单行条例的总称。自治条例是民族自治地方根据自治权制定的综合性法文件；单行条例则是根据自治权制定的调整某一方面事项的规范性法文件。自治条例和单行条例在中国法的渊源中是低于宪法、法律的一种形式，可以作为民族自治地方的司法依据。

5．规章

规章是有关行政机关依法制定的事关行政管理的规范性法文件的总称，分为部门规章和地方政府规章两种。部门规章是国务院所属部委根据法律和行政法规，在本部门的权限内，所发布的各种行政性的规范性法文件。其地位低于宪法、法律、行政法规，不得与它们相抵触。地方政府规章是有权制定地方性法规的地方人民政府根据法律、行政法规，制定的规范性法文件。政府规章除不得与宪法、法律、行政法规相抵触外，还不得与上级和同级地方性法规相抵触。部门规章由部门首长签署命令予以公布，地方政府规章由省长或者自治区主席或者市长签署命令予以公布。

1.1.2 法律适用规则

1．一般不溯及既往

《立法法》第九十三条规定，法律、行政法规、地方性法规、自治条例和单行条例、规章不溯及既往，但为了更好地保护公民、法人和其他组织的权利和利益而作的特别规定除外。

2．上位法优于下位法

《立法法》第八十八条规定，法律的效力高于行政法规、地方性法规、规章。行政法规的效力高于地方性法规、规章。第八十九条规定，地方性法规的效力高于本级和下级地方政府规章。省、自治区人民政府制定的规章的效力高于本行政区域内较大的市人民政府制定的规章。

3．特别法优于一般法

《立法法》第九十二条规定，同一机关制定的法律、行政法规、地方性法规、自治条例和单行条例、规章，特别规定与一般规定不一致的，适用特别规定。

4．新法优于旧法

《立法法》第九十二条规定，同一机关制定的法律、行政法规、地方性法规、自治条例和单行条例、规章，新的规定与旧的规定不一致的，适用新的规定。

5．同一事项的新的一般规定与旧的特别规定不一致，提交有关机关裁决

《立法法》第九十四条规定，法律之间对同一事项的新的一般规定与旧的特别规定不一致，不能确定如何适用时，由全国人民代表大会常务委员会裁决。行政法规之间对同一事项的新的一般规定与旧的特别规定不一致，不能确定如何适

用时，由国务院裁决。第九十五条规定，地方性法规、规章之间不一致时，由有关机关依照下列规定的权限作出裁决：同一机关制定的新的一般规定与旧的特别规定不一致时，由制定机关裁决；地方性法规与部门规章之间对同一事项的规定不一致，不能确定如何适用时，由国务院提出意见，国务院认为应当适用地方性法规的，应当决定在该地方适用地方性法规的规定；认为应当适用部门规章的，应当提请全国人民代表大会常务委员会裁决；部门规章之间、部门规章与地方政府规章之间对同一事项的规定不一致时，由国务院裁决。根据授权制定的法规与法律规定不一致，不能确定如何适用时，由全国人民代表大会常务委员会裁决。

1.2 民法知识

1.2.1 民法总论

民法是调整平等民事主体之间的财产关系、人身关系的法律规范的总和。财产关系包括物权、债权、知识产权关系；人身关系是人们在社会生活中形成的具有人身属性，与主体的人身不可分离的、不是以经济利益而是以特定精神利益为内容的社会关系。

民法在本质上是调整商品交换关系的最一般的行为规则。现在的民法是由古代的罗马法发展而来的，罗马法是奴隶制简单商品交换的最一般的行为规则；到了资产阶级革命时期，随着资本主义萌芽的诞生，罗马法得到复兴，成为资本主义商品交换的最一般的行为规则，所以《法国民法典》、《德国民法典》是资本主义商品交换的最一般的行为规则；1917年10月社会主义革命后，在苏联新经济政策的历史背景之下，在列宁同志的亲自主持制定之下，1922年颁布了《苏俄民法典》，它是社会主义时期商品交换的最一般的行为规则。我国的民法通则于1986年4月12日第六届全国人民代表大会第四次会议通过，1986年4月12日中华人民共和国主席令第37号公布，自1987年1月1日起施行，是我国民事行为最一般的规则。民法通则在我国民事立法史上具有里程碑意义，发挥了重要作用。民法通则既规定了民法的一些基本制度和一般性规则，也规定了合同、所有权及其他财产权、知识产权、民事责任、涉外民事关系法律适用等具体内容，被称为"小民法典"。

编纂一部真正属于中国人民的民法典，是新中国几代人的夙愿。新中国成立后，党和国家曾于1954年、1962年、1979年和2001年先后四次启动民法制定工作。第一次和第二次，由于各种原因而未能取得实际成果。1979年第三次启动，由于刚刚进入改革开放新时期，制定一部完备的民法典条件还不具备，因此，按照"成熟一个通过一个"的工作思路，确定先制定民事单行法。现行的继承法、民法通则、担保法、合同法就是在这种背景下制定的。2001年九届全国人大常委会组织起草了《中华人民共和国民法》(《民法总则》)，并于2002年进行了一次审议，经讨论，仍确定继续采取分别制定单行法的办法。2003年十届全国人大以来，又先后制定了物权法、侵权责任法、涉外民事关系法律适用法等。由此可以看出，1979年以来我国民事立法工作是富有成效的，逐步形成了比较完整的民事法律规范体系，为编纂民法典奠定了较好的法律基础和实践基础。党的十八大以来，根据党中央的决策部署，十二届全国人大及其常委会将编纂民法典和制定民法总则作为立法工作的重点任务。2016年6月、10月、12月，全国人大常委会先后三次审议了《民法总则》，并且先后三次于会后将《民法总则》审议稿在中国人大网公布征求社会公众意见，两次将《民法总则》印送全国人大代表征求意见，还将《民法总则》印发中央有关部门、地方人大、法学教学科研机构征求意见。《民法总则》是在深入调查研究，广泛听取全国人大代表、全国政协委员和社会各界意见的基础上，反复修改形成的，体现了科学立法、民主立法的精神。

民法总则基本吸收了民法通则规定的民事基本制度和一般性规则，同时作了补充、完善和发展。民法通则规定的合同、所有权及其他财产权、民事责任等具体内容还需要在编纂民法典各分编时作进一步统筹，系统整合。据此，《民法总则》通过后暂不废止民法通则。民法总则与民法通则的规定不一致的，根据新法优于旧法的原则，适用民法总则的规定。

民法总则是民法典的开篇之作，在民法典的编纂中起统领性作用。民法总则规定民事活动必须遵循的基本原则和一般性规则，统领民法典各分编；各分编将在总则的基础上对各项民事制度作出具体规定。《民法总则》以1986年制定的民法通则为基础，采取"提取公因式"的办法，将民事法律制度中具有普遍适用性和引领性的规定写入《民法总则》，就民法基本原则、民事主体、民事权利、民事法律行为、民事责任和诉讼时效等基本民事法律制度作出规定，既构建了我国民事法律制度的基本框架，也为各分编的规定提供了依据。

在《民法总则》的起草过程中，遵循了编纂民法典的指导思想和基本原则，并注意把握了以下几点：一是既坚持问题导向，着力解决社会生活中纷繁复杂的问题，又尊重立法规律，讲法理、讲体系。我国仍处于并将长期处于社会主义初级阶段，制定民法总则必须立足于这一基本国情，研究现阶段民事法律实践中存在的问题，以实践需求确定立法重点，用实践智慧破解立法难点。同时，按照民商事法律关系的内在规律，注重与民法典各分编和其他部门法的有机衔接。二是既尊重民事立法的历史延续性，又适应当前经济社会发展的客观要求。我国现行民事法律大部分规则实际可行，为人民群众所熟悉和接受。制定民法总则，必须深入总结这些法律的实施情况，对实践证明正确、可行的，予以继承，维护法律的稳定性；对不适应现实情况的内容和制度进行修改补充，对社会生活迫切需要规范的事项作出创设性规定，增强法律的可执行性，并适度体现前瞻性。三是既传承我国优秀的法律文化传统，又借鉴外国立法的有益经验。中华优秀传统文化的思想精华，包括讲仁爱、重民本、守诚信、崇正义、尚和合、求大同等核心思想理念，与民法的理念和原则是相通的。制定民法总则，必须坚定文化自信，深入挖掘和传承包括中华法律文化在内的中华优秀传统文化的时代价值，让民法总则体现鲜明的民族性。同时，要有世界眼光，善于学习外国的立法经验，借鉴人类法治文明成果，但决不照搬外国法治理念和模式。

1. 民法的基本原则

民法的基本原则是民事主体从事民事活动和司法机关进行民事司法活动应当遵循的基本准则。《民法总则》规定：民事主体在民事活动中的法律地位一律平等。民事主体从事民事活动，应当遵循自愿原则，按照自己的意思设立、变更、终止民事法律关系。民事主体从事民事活动，应当遵循公平原则，合理确定各方的权利和义务。民事主体从事民事活动，应当遵循诚信原则，秉持诚实，恪守承诺。民事主体从事民事活动，不得违反法律，不得违背公序良俗。民事主体从事民事活动，应当有利于节约资源、保护生态环境。《民法总则》明确了民事主体的人身权利、财产权利以及其他合法权益受法律保护，任何组织或者个人不得侵犯，并确立了平等原则、自愿原则、公平原则、诚信原则、守法原则、绿色原则等基本原则。

道德与法律的关系。道德是人的行为的最高准则，是对人的最高要求，而法律是对人的行为的最低要求。道德所要求的肯定是法律所保护的，法律所保护的肯定是道德所倡导的，任何道德规范一旦被赋予了法律上的强制力，就变成了法律。例如，诚实信用原则本身是一个商业道德规范，但民法对其加以肯定，其就成了民法的规范，是民法的最高原则，一般称其为民法中的"帝王条款"，例如缔约过失责任、前合同义务、后合同义务、商家的保密义务、《反不正当竞争法》中规定的很多义务等，都可以从诚实信用原则中推导出来。将绿色原则确立为基本原则，既传承了天地人和、人与自然和谐共生的优秀传统文化理念，又体现了党的十八大以来的新发展理念，与我国是人口大国、需要长期处理好人与资源生态的矛盾的国情相适应。

关于民事法律的适用规则，《民法总则》规定：一是处理民事纠纷，应当依照法律；法律没有规定的，可以适用习惯，但是不得违背公序良俗即公共秩序和善良习俗。二是其他法律对民事关系有特别规定的，依照其规定。著作权法、专利法、保险法等民商事特别法既涉及民事法律关系，也涉及行政法律关系，还有一些涉及特殊商事规则，这些法律很难也不宜纳入民法典，这条规则明确了民法总则与民商事特别法的关系。

2. 民事主体

民事主体是民事关系的参与者、民事权利的享有者、民事义务的履行者和民事责任的承担者。《民法总则》规定了自然人、法人、非法人组织三类民事主体。

关于自然人制度。《民法总则》在民法通则的基础上，对自然人制度作了以下完善：一是增加了保护胎儿利益的规定。涉及遗产继承、接受赠与等胎儿利益保护的，胎儿视为具有民事权利能力。二是下调了限制民事行为能力的未成年人的年龄标准，这样规定是为了更好地尊重未成年人的自主意识。三是完善了监护制度。监护是保护无民事行为能力人或者限制民事行为能力人的合法权益，弥补其民事行为能力不足的法律制度。《民法总则》以家庭监护为基础，社会监护为补充，国家监护为兜底，对监护制度作了完善。明确了父母子女间的抚养、赡养等义务，扩大了被监护人的范围，强化了政府的监护职能，并就监护人的确定、监护职责的履行、撤销监护等制度作出明确规定。

关于法人制度。法人制度是民事法律的一项基本制度。随着我国经济社会的发展，新的组织形式不断出现，法人形态发生了较大变化，民法通则关于企业法人、机关法人、事业单位法人和社会团体法人的分类已难以适应新的情况，有必要进行调整完善。《民法总则》遵循民法通则关于法人分类的基本思路，适应社会组织改革发展要求，按照法人设立目的和功能等方面的不同，将法人分为营利法人、非营利法人和特别法人三类。对营利法人和非营利法人，《民法总则》只列举了几种比较典型的具体类型，对现实生活中已经存在或者可能出现的其他法人组织，可以按照其特征，分别归入营利法人或者非营利法人。对特别法人，《民法总则》规定了以下几种情况：一是机关法人。机关设立的目的是履行公共管理等职能，这与其他法人组织存在明显差别。二是农村集体经济组织法人。农村集体经济组织具有鲜明的中国特色，赋予其法人地位符合党中央有关改革精神，有利于完善农村集体经济实现形式和运行机制，增强农村集体经济发展活力。三是基层群众性自治组织法人。村民委员会、居民委员会等基层群众性自治组织在设立、变更和终止以及行使职能和责任承担上都有其特殊性。四是城镇农村的合作经济组织。这类合作经济组织对内具有共益性或者互益性，对外也可以从事经营活动，依照法律的规定取得法人资格后，作为特别法人。

关于非法人组织。随着社会经济的发展，在实际生活中，大量不具有法人资格的组织以自己的名义从事着各种民事活动。赋予这些组织民事主体地位有利于其开展民事活动，也与其他法律的规定相衔接。据此，《民法总则》规定，非法人组织是不具有法人资格，但是能够依法以自己的名义从事民事活动的组织，包括个人独资企业、合伙企业、不具有法人资格的专业服务机构等。《民法总则》还规定，非法人组织的财产不足以清偿债务的，其出资人或者设立人承担无限责任。法律另有规定的，依照其规定（《民法总则》第一百零四条）。

3. 民事权利

保护民事权利是民事立法的重要任务。《民法总则》第五章规定了民事权利。这一章旨在贯彻落实党中央关于实现公民权利保障法治化和完善产权保护制度的要求，凸显对民事权利的尊重，加强对民事权利的保护，为民法典各分编和民商事特别法律具体规定民事权利提供依据。关于民事权利，《民法总则》规定了以下主要内容：一是人身权利。《民法总则》规定，自然人的人身自由、人格尊严受法律保护。自然人享有生命权、健康权、身体权、姓名权、肖像权、名誉权、荣誉权、隐私权、婚姻自主权等权利。在信息化社会，自然人的个人信息保护尤其重要，《民法总则》对此作了有针对性的规定。二是财产权利。《民法总则》规定，民事主体的财产权利受法律平等保护。民事主体依法享有物权、债权、继承权、股权和其他投资性权利。三是知识产权。为了加强对知识产权的保护，促进科技创新，建设创新型国家，《民法总则》对知识产权作了概括性规定，以统领各知识产权单行法律。四是为了适应互联网和大数据时代发展的需要，《民法总则》规定，法律对数据、网络虚拟财产的保护有规定的，依照其规定。五是为了规范民事权利的行使，《民法总则》规定，民事主体不得滥用民事权利损害社会公共利益或者他人合法权益。

4. 民事法律关系和民事法律事实

民事法律关系，就是民事法律规范所调整的社会关系，即为民法所确认和保护的，符合民事法律规范的，以权利、义务为内容的社会关系。民事法律关系的特点：

（1）民事法律关系是人与人之间的关系

例如物权关系，是人与人之间因对物的占有、使用、收益、处分而产生的权利和义务关系，是人与人之间的关系。

（2）民事法律关系本质上是权利和义务关系

任何具有权利和义务内容的社会关系就是法律关系，反之，不具有法律上权利和义务内容的关系则不是法律关系，而是其他关系如道德关系。民事法律关系具有三要素，即民事法律关系的主体、民事法律关系的客体、民事法律关系的内容。民事法律关系的主体，是指参加民事法律关系，享有民事权利，承担民事义务的自然人、法人。民事法律关系的客体，是指民事法律关系主体的权利和义务所指向的对象，其可以是物、行为，也可以是无形财产，例如人身法律关系的客体是人身利益。民事法律关系的内容，就是民事权利和民事义务。权利本质上是一种利益，当受到法律保护时，其就被称为民事权利。义务是指因他人行为而对自己行为作出限制，即必须为某种行为或者必须不为某种行为。权利和义务不可分，没有无权利的义务，也没有无义务的权利。民法是权利学，是以权利为本位，以权利为体系的。民法中的权利包括物权、债权、知识产权、人身权。

民事法律事实是指能够引起民事法律关系发生、变更、消灭的客观事实。其中，不以人的主观意志为转移的事实，称为事件；人们有意识、有目的所进行的客观活动，称为人的行为。例如住户甲将花盆放在阳台上，一阵大风将阳台上花盆刮下来，砸到楼下汽车顶上。甲将花盆放在阳台上是其有意识、有目的的行为，而大风将花盆刮下属于事件，这是一个由人的行为和事件结合在一起构成的损害赔偿法律关系。若因台风、海啸等原因使大家的花盆都被刮下来，则属于不可抗力，属于意外事件，当事人可以不承担民事损害赔偿。损害赔偿是行为，但损害赔偿法律关系是侵权行为之债，是法律关系。又如，一个人违反交通规则造成交通事故，将他人撞死，这时一个民事法律事实即构成：造成的人身伤害以及财产损失是侵权行为之债，是民事法律关系；违反交通规则是违反了行政法律规定，是行政法律关系；如果有逃逸行为，或者造成严重的损害事故，则涉及刑事法律关系。

5．民事法律行为和代理

民事法律行为是民事主体通过意思表示设立、变更、终止民事法律关系的行为。代理是民事主体通过代理人实施的民事法律行为。《民法总则》在民法通则和合同法规定的基础上，主要对民事法律行为和代理制度作了以下完善：一是扩充了民事法律行为的内涵，既包括合法的法律行为，也包括无效、可撤销和效力待定的法律行为。这样既尊重民事主体的意愿，也强调民事主体对自己的行为负责，有利于提升民事主体的规则意识和责任意识。二是增加了意思表示的规则。意思表示是民事主体希望产生法律效果的内心意愿的外在表达，是构成民事法律行为的基础。《民法总则》对其作出方式、生效和撤回等作了规定。三是完善了民事法律行为的效力规则。《民法总则》在规定民事法律行为有效条件的同时，对重大误解、欺诈、胁迫、显失公平等行为的撤销，恶意串通行为的无效等分别作了修改补充。四是完善了代理的一般规则以及委托代理制度。

（1）民事法律行为

民事法律行为作为民事法律事实中行为的一种，具有如下三项特征并区别于其他各类民事法律事实：

1）民事法律行为是一种产生、变更、消灭民事权利义务关系的行为。这样，在法理学上，民事法律行为作为法律行为的一种，就与行政法律行为、民事诉讼法律行为、刑事诉讼法律行为等相并列。因此，理解民事法律行为的外延就不再着眼于其合法性，而在于其引起的民事法律后果。

2）民事法律行为是以行为人的意思表示作为构成要素。意思表示是指行为人追求民事法律后果的内心意思用一定的方式表示于外部的活动。比如，旅客在饭店将其要下榻某一房间的想法用口头方式告诉前台接待人员的表示就是意思表示。缺少民法所确认的意思表示的行为就不是民事法律行为。

3）民事法律行为能够实现行为人所预期的民事法律后果。民事法律行为是一种目的性行为，即以设立、变更或终止民事法律关系为目的。这一目的是行为人在实施民事法律行为之时所追求的预期后果。基于法律确认和保护民事法律行为的效力，行为人所追求的预期后果必然可以实现。可见，民事法律行为的目的与实际产生的后果是一致的。这一特点使得民事法律行为区别于民事违法行为。民事违法行为（如侵权行为）也会产生法律后果（侵权责任），但是，这种法律后果并不是行为人实施民事违法行为时所追求的后果，而是根据法律规定直接产生，并非以当事人的意思表示为根据。

民事法律行为的分类：

1）依民事法律行为的成立须有几个方面的意思表示分为单方法律行为、双方法律行为和多方法律行为。单方法律行为是指依一方当事人的意思表示而成立的法律行为，大体上可以分为两种：一是行使个人权利的行为，而该行为仅仅发生个人的权利变动，如抛弃所有权、他物权的行为等；二是涉及他人权利的发生、变更或消灭等，如债务的免除、委托代理的撤销、委托代理的授权、处分权的授予、无权代理的追认、遗嘱的订立、继承权的抛弃等。双方法律行为是指依双方当事人相对应的意思表示的一致而成立的法律行为，一般的合同（契约）都是双方法律行为。多方法律行为是指依两个或两个以上当事人彼此意思表示的一致才能成立的法律行为，如合伙合同、联营合同、订立公司章程的行为等。多方法律行为与双方法律行为的区别在于，前者的当事人所追求的利益与目标是共同的，而后者的当事人的利益与目标恰恰是相对的。

2）根据民事法律行为与原因的关系，分为有因行为与无因行为。有因行为是指与原因不可分离的行为。这里所说的原因就是民事法律行为的目的，对于有因行为，原因不存在，行为就不能生效。无因行为是指行为与原因可以分离，不以原因为要素的行为。无因行为并非没有原因，而是指原因无效并不影响行为的效力。例如债权转让或债务承担合同行为即为无因行为，此外，委托代理关系中委托人的授权行为也是无因行为。

3）以法律行为发生的效果是财产性还是身份性，分为财产行为与身份行为。财产行为是以发生财产上法律效果为目的的行为，财产行为的后果是在当事人之间发生财产权利与义务的变动，如处分行为、给付行为、处分行为与负担行为等。身份行为是指直接以发生或丧失身份关系为目的的行为，如结婚、离婚、收养等行为。

4）根据法律行为间的附属关系，分为主法律行为与从法律行为。主法律行为是指不需要其他法律行为的存在即可独立存在的法律行为，从法律行为是指以其他法律行为的存在为其存在前提的法律行为。

5）依据法律行为所产生的效果，分为负担行为与处分行为。负担行为是指以发生债权债务为其效力的行为，亦称债权行为或债务行为。处分行为是指直接发生、变更、消灭物权或准物权的行为。此外，民事法律行为还有几种重要的分类，包括单务行为与双务行为、有偿行为与无偿行为、诺成性行为与实践性行为、要式行为与不要式行为等。因这些分类存在着对应的合同分类，将在合同法中予以阐述。

法律行为的成立与生效。法律行为的成立与生效这两个概念既有区别又有联系。在现代民法上，尽管在多数情形下，"同时成立原则"仍然适用，但在民法理论和民事立法上，已经将二者区分开来，并且在一些场合下，法律行为的成立与生效确实不是同时完成的。法律行为的成立是指当事人意思表示的完成，其着眼点在于某一法律行为是否已经客观存在。而法律行为的生效，是指法律行为的当事人约定的权利义务内容产生了法律效力，其着眼点在于法律是否对某一已成事实的法律行为的效果给予积极性评价。因此，法律行为的生效除了当事人的意思表示的一致外，还以意思表示的内容及形式的合法为要件。概言之，法律行为的生效是以民事法律行为的成立为前提的；但已成立的法律行为，不一定都能生效，生效与否还要看是否具备法定的生效要件。由此可见，法律行为的成立与否属于一种事实判断，法律行为的生效与否则属于一种价值判断。

6. 民事责任和诉讼时效

民事责任是民事主体不履行或者不完全履行民事义务的法律后果。关于民事责任，《民法总则》主要作了以下规定：一是民事主体应当依照法律规定或者当事人约定履行民事义务，不履行或者不完全履行的，应当依法承担民事责任。二是列举了停止侵害、返还财产、恢复原状、赔偿损失、惩罚性赔偿等承担民事责任的主要方式。三是为匡正社会风气，鼓励见义勇为的行为，《民法总则》规定，因自愿实施紧急救助行为造成受助人损害的，救助人不承担民事责任。《民法总则》还规定，因保护他人民事权益而使自己受到损害的，由侵权人承担民事责任，受益人可以给予适当补偿。没有侵权人、侵权人逃逸或者无力承担民事责任，受害人请求补偿的，受益人应当给予适当补偿。

诉讼时效制是指权利人在法定期间内不行使权利，权利不受保护的法律制度。关于诉讼时效，《民法总则》主要作了以下规定：一是将现行民法通则规定的二年一般诉讼时效期间延长为三年，以适应社会生活中新的情况不断出现，交易方式与类型不断创新，权利义务关系更趋复杂的现实情况与司法实践，有利于建设诚信社会，更好地保护债权人合法权益。二是增加了未成年人遭受性侵害后诉讼时效的特殊起算点，给受性侵害的未成年人成年后提供寻求法律救济的机会，保护未成年人利益。

1.2.2 物权法

1. 物权概述

物权是指权利人直接支配标的物享有其利益并排除他人之干涉的民事财产权。

（1）物权的特征

1）物权是民事财产权的一种，在这一点上物权与债权相同。作为财产权，物权以可流转为原则，以不得流转为例外；由于物权是财产权，所以物权受到侵害以后可以通过损害赔偿实现完全救济；又由于物权是财产权，所以受到侵害以后即便权利人受有精神损害也不得要求精神损害赔偿。

2）物权的客体是特定的物。

3）物权是支配权、绝对权和对世权。

（2）物权的效力

物权的优先效力。物权的优先效力体现在如下两个方面：一是物权对于债权的优先效力。在同一标的物上物权与债权并存时，物权有优先于债权的效力。这一原则也有例外，即买卖不破租赁。二是物权相互间的优先效力。同一个标的物上存在两个以上物权的，先成立的物权优先于后成立的物权。这一原则有两个例外：第一，法定物权优先于意定物权，例如留置权无论成立在先还是在后都优先于标的物上的抵押权和质权；第二，他物权成立在后，但是优先于所有权。

物权的追及效力。所谓物权的追及效力是指不论标的物辗转于何人之手物权人均可追及至物之所在行使其权利。物权的追及效力也有一个例外，即动产的善意取得制度。

物权的妨害排除力。物权作为绝对权、对世权具有对抗任何第三人的效力，因此任何人不得干涉权利人行使其物权。物权的权利人在其权利的实现上遇有某种妨害时，物权人有权对于造成妨害其权利事由发生的人请求排除此等妨害，称为物上请求权。

（3）物权法定

物权法定是指物权的种类、物权的内容和效力都只能由法律加以规定，当事人不得任意创设，其具体内容包括：

1）类型法定。所谓类型法定是指物权的类型只能由《物权法》或者其他法律规定，不得由当事人随意创设，即当事人在其协议中不得明确规定其通过合同设定的权利为物权，也不得设定与法定的物权不相符合的物权。当事人创设物权法所未规定的物权不能发生物权的效力，但是这并不能否定当事人的约定的效力，当事人的约定仍然有效，但只能在当事人之间发生法律效力（作为合同只产生债权效力）。

2）物权的内容由法律规定，而不能由当事人通过协议设定。

3）物权的效力必须由法律规定，而不能由当事人通过协议设定。

4）物权的公示方法必须由法律规定，不得由当事人随意确定。物权法定原则与合同自由原则的区别体现了合同法与物权法的不同之处。

物权法定原则不仅仅禁止当事人约定法律所未规定的物权类型和内容，而且也限制法律以外的其他法律规范创设《物权法》和其他法律所未规定的物权类型，因此行政法规、地方法规和部门规章等均不能创设物权类型和改变法律所规定的物权内容。

我国现行民法规范确认的物权包括：所有权，国有、集体土地的使用权，其他自然资源所有权，土地承包经营权，典权，抵押权，质权，留置权。

（4）物权法定

1）自物权与他物权。自物权是权利人对于自己的物所享有的权利。因其与他人之物无关，故称作自物权。所有权是自物权。他物权是在他人所有的物上设定的物权，是对他人的物享有的权利，其内容是在占有、使用、收益或者处分某一方面对他人的物的支配。

2）动产物权与不动产物权。这是根据物权的客体是动产还是不动产所作的分类。不动产所有权、建设用地使用权、不动产抵押权等是不动产物权，而动产所有权、动产质权、留置权则是动产物权。

3）主物权与从物权。这是根据物权是否具有独立性所作的分类。主物权是指能够独立存在的物权，如所有权、建设用地使用权。从物权则是指必须依附于其他权利而存在的物权。如抵押权、质权、留置权，是为担保的债权而设定的。在与需役地的所有权或使用权的关系中，地役权是从物权，地役权随需役地所有权或使用权的消灭而消灭。

4）所有权与限制物权。这是根据标的物支配范围的不同对物权所作的分类。所有权是全面支配标的物的物权，限制物权是于特定方面支配标的物的物权。

2．物权的变动

（1）物权变动的概念

物权的变动是物权的产生、变更和消灭的总称。从权利主体方面观察，即物权的取得、变更和丧失。物权的产生即物权人取得了物权，在特定的权利主体与不特定的义务主体之间形成了物权法律关系，并使特定的物与物权人相结合。物权取得分为原始取得和继受取得。原始取得是指不以他人的权利及意思为依据，而是依据法律直接取得物权。继受取得是指以他人的权利及意思为依据取得物权。其中，创设的继受取得是指所有人在自己的所有物上为他人设定他物权，而由他人取得一定的他物权。移转的继受取得是指物权人将自己享有的物权以一定法律行为移转给他人，由他人取得该物权。物权的变更是指物权的主体、客体或内容的变更。物权的消灭是指物权的丧失，分为绝对消灭和相对消灭。绝对消灭即物权本身不存在，如物的毁灭；相对消灭，如物的买卖、赠予。

（2）物权变动的原则

物权是对物进行直接支配的权利，具有优先权和物上请求权的效力。如果不以一定的可以从外部察知的方式表现物权的产生、变更、消灭，必然会产生很多纠纷，难以确保交易安全。

1）公示原则。公示原则要求物权的产生、变更、消灭，必须以一定的可以从外部察知的方式表现出来。这是因为物权具有排他性，其变动常有排他的后果，如果没有一定的可以从外部察知的方式将其变动表现出来，就会给第三人带来无法预测的损害，影响交易的安全。如不动产以登记为不动产物权的公示方法，动产以交付为动产物权的公示方法。

2）公信原则。物权的变动以登记和交付为公示方法，当事人如果信赖这种公示而为一定的行为，即使登记或交付所表现的物权状态与真实的物权状态不符，也不能影响物权变动的效力——公信原则的基本要求。

物权的变动之所以遵循公信原则，是因为仅遵循公示原则，在进行物权交易时，固然不必顾虑他人主张未有公示的物权，免受不测的损害。但公示所表现的物权状态与真实的物权状态不相符合的情况在现实生活中也是存在的，如果在物权交易中都预先一一调查，必然十分不便。物权变动以公信原则为救济，使行为人信赖登记与交付所公示的物状态进行交易，不必担心其实际权利的状况。

对于动产以交付（占有）公信力，对于不动产以登记公信力。一般来说，物权的变动本应在事实和形式上都是真实的才会产生变动，但由于这两个原则被采用的结果，就会导致即使事实上已经变动，但形式上没有采取公示方法，仍然不发生物权变动的效力；如果形式上已经履行变动手续，但事实上并未变动，仍然发生物权变动的效力。

（3）物权变动的原因

1）物权的取得。物权可基于民事法律行为而取得，如买卖、互易、遗赠、赠与等；也可基于非民事法律行为而取得，主要有：因取得时效取得物权，因征收或没收取得物权，因法律的规定取得物权（留置权），因附合、混合、加工取得所有权，因继承取得所有权，因拾得遗失物、发现埋藏物取得所有权，因合法建造取得所有权，因人民法院、仲裁委员会的法律文书取得物权，孳息的所有权取得。

天然孳息由所有权人取得；既有所有权人又有用益物权人的，由用益物权人取得。当事人另有约定的，按照约定。法定孳息当事人有约定的，按照约定取得；没有约定或者约定不明的，按照交易习惯取得。

2）物权的消灭。物权的消灭原因包括民事法律行为的原因和民事法律行为以外的原因。民事法律行为的原因：

①抛弃。权利人一方作出意思表示即产生效力，是单方法律行为；他物权的抛弃，须向因抛弃而受利益的人为意思表示。抛弃的意思表示不一定向特定人为之，只要权利人抛弃其占有、表示其抛弃的意思，即产生抛弃的效力。不动产物权的抛弃，还需办理注销登记才能发生效力。原则上物权一经权利人抛弃即归于消灭，但当因为物权的抛弃妨害他人的权利时，则物权人不得任意抛弃其权利。

②合同。这是指当事人之间关于约定物权存续的期间，或约定物权消灭的意思表示一致的民事行为。在合同约定的期限届满或约定物权消灭的合同生效时，物权即归于消灭。例如，债务人将其土地使用权抵押后，经与抵押权人协商，另以价值相当的房产做抵押，消灭原来的土地使用权抵押。

③撤销权的行使。法律或合同规定有撤销权的，撤销权的行使会导致物权消灭。例如，承包经营权人没有按承包合同的规定向集体组织交付承包收益时，集体组织可以撤销其承包经营权。

民事法律行为以外的原因：

①标的物灭失。物权的标的物如果在生产中被消耗、在生活中被消费，如油料燃烧、食物被吃掉、汽车报废，或者标的物因其他原因灭失，如地震、大火导致房屋倒塌、烧毁，在这些情况下，由于标的物不存在了，该物的物权也就不存在了。应当注意的是，标的物虽然毁损，但是对于其残余物，原物的所有人仍然享有所有权。如房屋毁坏虽然会使房屋所有权由于消灭，但所有人基于所有权的效力，仍可取得砖土瓦木等动产所有权。另外，由于担保物权的物上代位性，在担保标的物灭失或毁损时，担保物权续存于保险金、赔偿金等在经济上为该标的物的替代物之上。

②法定期间的届满。在法律对他物权的存续规定了期间时，该期间届满，则物权消灭。

③混同。混同是指法律上的两个主体资格归属于一人，无并存的必要，一方为另一方所吸收的关系。混同分为债权与债务的混同和物权的混同，这里仅指物

权的混同。物权的混同，是指同一物的所有权与他物权归属于一人时，其他物权因混同而消灭。例如甲在其房屋上为乙设定抵押权，后来乙购买了该栋房屋取得其所有权，则所有权与抵押权同归于一人，抵押权消灭。另外，物权的混同还指所有权以外的他物权与以该他物权为标的的物之权利归属于一人时，其权利因混同而消灭。例如，甲对乙的土地享有使用权，甲在其土地使用权上为丙设定了抵押权，后来丙因某种原因取得了甲的土地使用权，这时土地使用权与以该土地使用权为标的的抵押权归属于一人，抵押权消灭。

3. 不动产所有权

（1）土地所有权

1）国家土地所有权。城市市区的土地属于全民所有即国家所有。农村和城市郊区的土地，除法律规定属于国家所有的以外，属于集体所有。

2）集体土地所有权。集体土地所有权的主体：

①村农民集体。村农业生产合作社等农业集体经济组织或村民委员会对土地进行经营、管理。

②如果村范围内的土地已经分别属于村内两个以上农业集体经济组织所有的，可以属于各该农业集体经济组织的农民集体所有。

③如果土地已经属于乡（镇）农民集体所有的，可以属于乡（镇）农民集体所有。

（2）建筑物分区所有权

1）专有部分：数人区分一建筑物而各有的那一部分。以此专有部分为客体的区分所有权，为各区分所有人单独所有，在性质上与一般所有权并无不同。区分所有人就专有部分的使用、收益、处分，不得违反各区分所有人的共同利益。

2）共有部分：区分所有的建筑物及其附属物的共同部分，即专有部分之外的建筑物的其他部分。建筑物的共有部分，为相关区分所有人所共有，均不得分割。区分所有人对共有部分，应按其目的加以使用。共有部分的修缮费以及其他负担，由各区分所有人按其所有部分的价值分担。

3）建筑物区分所有权：数人区分一建筑物而各有其专有部分，并就共用部分按其应有部分享有所有权。

（3）相邻关系

两个或两个以上相互毗邻的不动产所有人或使用人，在行使占有、使用、收益、处分权利时方式的权利义务关系。其本质是一方所有人或使用人的财产权利的延伸，同时又是对他方所有人或使用人的财产权利的限制。处理相邻关系的原则是：有利生产、方便生活、团结互助、公平合理。

（4）共有

共有是指两个或两个以上的人对同一项财产享有所有权。共有人按照约定管理共有的不动产或者动产；没有约定或者约定不明确的，各共有人均享有管理的权利和义务。共有分为按份共有和共同共有。

1）按份共有。按份共有是指两个或两个以上的人对同一项财产按照份额享有所有权。各个共有人对于共有物按照份额享有所有权，各个共有人对于共有物按照各自的份额对共有物分享权利、分担义务。按份共有并不是把共有物分为若干份，各共有人各享有一个所有权，而是共有人对共有物按照各自的份额享有权利和承担义务。各个共有人虽然拥有一定的份额，但共有人的权利并不仅限于共有物的某一部分，而是及于共有物的全部。共有人按照各自的份额对共有物共享所有权。

按份共有人有权处分其份额。共有人对其份额只能进行法律上的处分，即将其份额分出或转让。共有人对其份额可以转让而不必征得其他共有人的同意。出售时，其他共有人在同等条件下，有优先购买的权利。处分共有的不动产以及对共有的不动产作重大修缮的，应当经占份额三分之二以上的按份共有人同意，但共有人之间另有约定的除外。

2）共同共有。共同共有是指两个或两个以上的人基于共同关系，共同享有一物的所有权。共同共有根据共同关系（由法律直接规定或由合同约定），以共同关系的存在为前提。共同共有没有共有份额。共同共有是不确定份额的共有，只要共同共有关系存在，共有人就不能划分自己对财产的份额。只有在共同共有关系消灭，对共有财产进行分割时，才能确定各个共有人应得的份额。共同共有的共有人平等地享有权利和承担义务。各个共有人对于共有物，平等地享有占有、使用、收益、处分权。处分共有的不动产以及对共有的不动产作重大修缮的，应当经全体共同共有人同意，但共有人之间另有约定的除外。

（5）善意取得制度

无处分权人将不动产转让给受让人的，所有权人有权追回，但符合下列情形的，受让人取得该不动产或者动产的所有权：

1）受让人受让该不动产或者动产时是善意的；

2）以合理的价格转让；

3）转让的不动产或者动产依照法律规定应当登记的已经登记，不需要登记的已经交付给受让人。

受让人善意取得不动产或者动产的所有权的，原所有权人有权向无处分权人请求赔偿损失。

4．用益物权

用益物权指对他人所有的物，在一定范围内进行占有、使用、收益、处分的他物权。用益物权人只是在一定方面具有支配标的物的权利，没有完全的支配权。所有人为了充分发挥物的效用，将所有权与其部分权能相分离，由用益物权人享有和行使对物的一定范围的使用、收益权能的结果。用益物权是所有权派生的权利。用益物权一旦产生，其权利人就在设定的范围内独立地支配其标的物，进行使用和收益。用益物权人不仅可以排除一般的人对于其行使用益物权的干涉，而且用益物权人在其权利范围内可以依据用益物权直接对抗物的所有人对其权利的非法妨害。

（1）土地承包经营权

土地承包经营权是承包人因从事种植业、林业、畜牧业、渔业生产或其他生产经营项目而承包使用、收益集体所有或国家所有的土地或森林、山岭、草原、荒地、滩涂、水面的权利。农村集体经济组织实行家庭承包经营为基础、统分结合的双层经营体制。农民集体所有和国家所有由农民集体使用的耕地、林地、草地以及其他用于农业的土地，依法实行土地承包经营制度。耕地的承包期为三十年，草地的承包期为三十年至五十年，林地的承包期为三十年至七十年，特殊林木的林地承包期，经国务院林业行政主管部门批准可以延长。前款规定的承包期届满，由土地承包经营权人按照国家有关规定继续承包。土地承包经营权自土地承包经营权合同生效时设立。县级以上地方人民政府应当向土地承包经营权人发放土地承包经营权证、林权证、草原使用权证，并登记造册，确认土地承包经营权。土地承包经营权人依照农村土地承包法的规定，有权将土地承包经营权采取转包、互换、转让等方式流转。流转的期限不得超过承包期的剩余期限。未经依法批准，不得将承包地用于非农建设。

（2）建设用地使用权

建设用地使用权是因建筑物或其他构筑物而使用国家所有的土地的权利。建设用地使用权人依法对国家所有的土地享有占有、使用和收益的权利，有权利用该土地建造建筑物、构筑物及其附属设施。建设用地使用权可以在土地的地表、地上或者地下分别设立。新设立的建设用地使用权，不得损害已设立的用益物权。设立建设用地使用权，可以采取出让或者划拨等方式。工业、商业、旅游、娱乐和商品住宅等经营性用地以及同一土地有两个以上意向用地者的，应当采取招标、拍卖等公开竞价的方式出让。严格限制以划拨方式设立建设用地使用权。采取划拨方式的，应当遵守法律、行政法规关于土地用途的规定。采取招标、拍卖、协议等出让方式设立建设用地使用权的，当事人应当采取书面形式订立建设用地使用权出让合同。集体所有的土地作为建设用地的，应当依照土地管理法等法律规定办理。

（3）宅基地使用权

宅基地使用权是指农村集体经济组织的成员依法享有的在农民集体所有的土地上建造个人住宅的权利。根据我国物权法的规定，宅基地使用权人依法对集体所有的土地享有占有和使用的权利，有权依法利用该土地建造住宅及其附属设施。宅基地使用权的取得、行使和转让，适用土地管理法等法律和国家有关规定。宅基地因自然灾害等原因灭失的，宅基地使用权消灭。对失去宅基地的村民，应当重新分配宅基地。已经登记的宅基地使用权转让或者消灭的，应当及时办理变更登记或者注销登记。

（4）地役权

地役权是以他人土地供自己土地便利而使用的权利。地役权人有权按照合同约定，利用他人的不动产，以提高自己的不动产的效益。地役权的成立，必须有两块土地的存在：为其便利而使用他人的土地为需役地，供他人土地便利而使用的土地为供役地。地役权具有从属性和不可分性，与需役地所有权或使用权共命运，地役权不得与需役地分离而为其他权利的标的，如果在需役地上设定其他权利，则地役权亦包括在内。

地役权自地役权合同生效时设立。当事人要求登记的，可以向登记机构申请地役权登记；未经登记，不得对抗善意第三人。供役地权利人应当按照合同约定，允许地役权人利用其土地，不得妨害地役权人行使权利。地役权人应当按照合同约定的利用目的和方法利用供役地，尽量减少对供役地权利人物权的限制。地役权的期限由当事人约定，但不得超过土地承包经营权、建设用地使用权等用益物权的剩余期限。土地所有权人享有地役权或者负担地役权的，设立土地承包经营权、宅基地使用权时，该土地承包经营权人、宅基地使用权人继续享有或者负担已设立的地役权。土地上已设立土地承包经营权、建设用地使用权、宅基地使用权等权利的，未经用益物权人同意，土地所有权人不得设立地役权。地役权不得单独转让。土地承包经营权、建设用地使用权等转让的，地役权一并转让，但合同另有约定的除外。地役权不得单独抵押。土地承包经营权、建设用地使用权等抵押的，在实现抵押权时，地役权一并转让。需役地以及需役地上的土地承包经营权、建设用地使用权部分转让时，转让部分涉及地役权的，受让人同时享有地役权。供役地以及供役地上的土地承包经营权、建设用地使用权部分转让时，转让部分涉及地役权的，地役权对受让人具有约束力。

5. 担保物权

担保物权是为确保债权的实现而设定的，以直接取得或支配特定财产的交换价值为内容的权利。担保物权具有从属性和不可分性。担保物权以主债的成立为前提，随主债的转移而转移，并随主债的消灭而消灭。担保物权所担保的债权的债权人得就担保物的全部行使其权利。

（1）抵押权

抵押权是债务人或第三人不转移占有而供担保的不动产及其他财产，优先清偿其债权的权利。抵押权依抵押行为而设立，抵押行为是当事人以意思表示设定抵押权的双方民事法律行为，其具体表现形式为抵押合同。设立抵押权，当事人应当采取书面形式订立抵押合同。抵押权自登记时设立。

债务人或者第三人有权处分的下列财产可以抵押：

1）建筑物和其他土地附着物；

2）建设用地使用权；

3）以招标、拍卖、公开协商等方式取得的荒地等土地承包经营权；

4）生产设备、原材料、半成品、产品；

5）正在建造的建筑物、船舶、航空器；

6）交通运输工具；

7）法律、行政法规未禁止抵押的其他财产。

下列财产不得抵押：

1）土地所有权；

2）耕地、宅基地、自留地、自留山等集体所有的土地使用权，但法律规定可以抵押的除外；

3）学校、幼儿园、医院等以公益为目的的事业单位、社会团体的教育设施、医疗卫生设施和其他社会公益设施；

4）所有权、使用权不明或者有争议的财产；

5）依法被查封、扣押、监管的财产；

6）法律、行政法规规定不得抵押的其他财产。

（2）质权

质权是指为了担保债权的履行，债务人或第三人将其动产或权利移交债权人占有，当债务人不履行债务时，债务人有就其占有的财产优先受偿的权利。

（3）留置权

留置权是指债权人按照合同约定占有债务人的财产，在债务人逾期不履行债务时，有留置该财产，并就该财产优先受偿的权利。

1.2.3 合同法

1. 合同法概述

合同是指平等主体的自然人、法人、其他组织之间设立、变更、终止民事权利义务关系的协议。合同是一种民事法律行为，基于当事人在平等的基础上意思表示一致而成立。合同法是调整平等主体之间关于债权债务合同关系的法律规范。

（1）合同法的基本原则

1）平等原则。《合同法》第三条规定："合同当事人的法律地位平等，一方不得将自己的意志强加给另一方。"这条规定体现了合同法的平等原则。平等原则主要表现为当事人的法律地位是平等的，相互间不存在服从与命令、管理与被管理的关系，当事人必须平等地协商相互间的权利义务，当事人的权利平等地受法律保护。

2）自愿原则。合同的订立完全由当事人的真实意愿来决定。《合同法》第四条规定："当事人依法享有自愿订立合同的权利，任何单位和个人不得非法干预。"这条规定体现了合同法的自愿原则。合同自愿原则是民法上意思自治原则的具体体现及中心内容，它贯穿于合同动态发展的整个过程，包括订约自由、选择合同相对人的自由、决定合同内容的自由、选择合同方式的自由、变更和解除合同的自由等。

3）公平原则。合同当事人在订立合同时，应依照公平原则确定双方的权利和义务，平等地签订和履行合同条款。《合同法》第五条规定："当事人应当遵循公平原则确立各方的权利义务。"这条规定体现了合同法的公平原则。公平原则原本是道德上的准则，但作为合同法的基本原则就成了法律准则。它坚持正义与效益的统一，既要求当事人按照公平原则设立权利义务，也要求按照公平原则履行合同，处理当事人之间的纠纷。

4）诚实信用原则。合同当事人行使权利、履行义务应真诚实在，恪守信用，不滥用权利，不弄虚作假，认真履行合同义务。《合同法》第六条规定："当事人行使权利、履行义务应当遵循诚实信用原则。"这条规定体现了合同法的诚实信用原则。诚实信用原则与公平原则一样本来都是道德准则，但作为合同法的基本原则就成了法律准则，通常被称为"帝王规则"，由此可见其重要性。它既要求当事人在行使权利时不得滥用权利，不得损害他方的合法利益，也要求在履行义务上不欺诈，严格遵守诺言；要求当事人既依约定履行主义务，也应依要求履行附随义务。

5）守法与公序良俗原则。合同当事人应遵守法律和行政法规，尊重和维护社会共同利益。《合同法》第七条规定："当事人订立、履行合同，应当遵守法律、行政法规，尊重社会公德，不得扰乱社会经济秩序，损害社会公共利益。"这条规定体现了合同法的守法与公序良俗原则，即当事人订立、履行合同，不得违反法律、法规的规定，不得违反公序良俗（公共秩序和善良风俗）。公序良俗的基本内容包括社会经济秩序、社会公共利益和社会公德。

（2）合同的种类

1）有名合同与无名合同。根据法律、行政法规是否规定了合同的名称和相应的适用范围，可以分为有名合同和无名合同。有名合同是指法律上或者经济生活习惯上按其类型已确定了一定名称的合同，又称典型合同。《合同法》中规定了15种合同，《担保法》《土地管理法》《城市房地产管理法》等对有关的合同作了规范，这些都是有名合同。无名合同是指法律尚未规定其名称和相应的调整范围的合同，也称非典型合同，如旅游合同、服务合同等。无名合同参照相近似合同的规定，没有相近似的合同，按照合同法总则的规定执行。

2）双务合同与单务合同。双务合同即缔约双方相互负担义务，双方的义务与权利相互关联、互为因果的合同，如买卖合同、承揽合同、委托合同（无偿有偿都是双务）、保管合同（无偿有偿都是双务）。单务合同指仅由当事人一方负担义务，而他方只享有权利的合同，如赠与（唯一一个纯粹的无偿合同）、自然借款（无偿有偿都是单务）等合同为典型的单务合同。

3）有偿合同与无偿合同。有偿合同为合同当事人一方因取得权利需向对方偿付一定代价的合同，如买卖、互易合同等。无偿合同即当事人一方只取得权利而不偿付代价的合同，故又称恩惠合同，如赠与、使用合同等。有些合同既可以是有偿的也可以是无偿的，由当事人协商确定，如委托、保管等合同。双务合同都是有偿合同，单务合同原则上为无偿合同，但有的单务合同也可为有偿合同，如民间借贷合同。

4）诺成合同与实践合同。以当事人双方意思表示一致，合同即告成立的，为诺成合同，亦称不要物合同。除双方当事人意思表示一致外，尚须实物给付，合同始能成立的，为实践合同，亦称要物合同。

5）要式合同与非要式合同。凡合同成立须依特定形式始为有效的，为要式合同；反之，则为非要式合同。

6）主合同与从合同。凡不依他种合同的存在为前提而能独立成立的合同，称为主合同。凡必须以他种合同的存在为前提始能成立的合同，称为从合同。例如债权合同为主合同，保证该合同债务之履行的保证合同为从合同。从合同以主合同的存在为前提，故主合同消灭时，从合同原则上亦随之消灭。反之，从合同的消灭，并不影响主合同的效力。

2．合同的主体和内容

（1）合同订立的主体资格要求

合同法规定，当事人订立合同，应当具有相应的民事权利能力和民事行为能力。

1）自然人的民事权利能力和民事行为能力。民事权利能力是指法律赋予的享有民事权利和承担民事义务的资格。它始于出生，终于死亡。民事行为能力是指自然人能够通过自己的行为取得民事权利和承担民事义务的资格。民事行为能力可分为三类：完全民事行为能力、限制民事行为能力人、无民事行为能力人。

2）法人的民事权利能力和民事行为能力。在我国，法人可分为企业法人、事业单位法人、机关法人和社会团体法人。法人的民事权利能力和民事行为能力都始于法人的成立，终于法人的终止。

（2）内容

合同一般包括以下内容：

1）当事人的名称或姓名、住所；

2）标的；

3）数量；

4）质量；

5）价款或酬金；

6）履行的期限、地点、方式；

7）违约责任；

8）解决争议的方法。

3．合同的订立

（1）要约

要约是一方当事人向对方提出订立合同的建议和要求，即希望与他人订立合同的意思表示。发出要约的一方称要约人，对方称受要约人。要约的内容具体确定，表明经受要约人承诺，要约人即受该意思表示约束。要约必须是特定人所作的意思表示。要约一般应向特定的相对人作出。

要约于到达受要约人时生效。要约经受要约人承诺，合同即告成立。要约可以撤回。撤回要约的通知应当在要约到达受要约人之前或者与要约同时到达受要约人。要约可以撤销。撤销要约的通知应当在受要约人发出承诺通知之前到达受要约人。但有下列情形之一的，要约不得撤销：第一，要约人确定了承诺期限或者以其他形式明示要约不可撤销；第二，受要约人有理由认为要约是不可撤销的，并已经为履行合同作了准备工作。

要约失效的情形：第一，拒绝要约的通知到达要约人；第二，要约人依法撤销要约；第三，承诺期限届满，受要约人未作出承诺；第四，受要约人对要约的内容作出实质性变更。

（2）承诺

承诺是受要约人同意要约全部内容的意思表示。承诺必须由受要约人或其代理人作出，承诺的内容必须与要约的内容一致，承诺必须在要约规定的期限内到达要约人。承诺一般应当以通知的方式作出，即以书面或口头形式明确肯定把承诺送达要约人。承诺生效时，合同成立。承诺可以撤回。撤回承诺的通知应当在承诺通知到达要约人之前或者与承诺通知同时到达要约人。

（3）缔约过失责任

缔约过失责任是指在合同订立过程中，由于一方当事人的过错，致使合同不能成立，损害了对方当事人的利益而应承担的赔偿责任。适用缔约过失责任的三种情形：第一，假借订立合同，恶意进行磋商；第二，故意隐瞒与订立合同有关的重要事实或者提供虚假情况；第三，有其他违背诚实信用原则的行为。

4．合同的效力

合同对各方当事人的强制约束力。依法成立的合同，自成立时生效。法律、行政法规规定应当办理批准、登记等手续方可生效的合同，合同成立后必须经特别手续方能生效。

（1）有效合同

依法成立的合同具有法律效力，受到国家保护。

1）当事人必须具有相应的民事行为能力。

2）合同双方当事人意思表示必须真实。

3）合同必须不违反法律和社会公共利益。

（2）无效合同

无效合同是指国家不予承认和保护的、没有法律效力的合同。无效合同从订立时起就没有法律约束力。《合同法》第五十二条规定，有下列情形之一的，合同无效：

1）一方以欺诈、胁迫的手段订立合同，损害国家利益。

2）恶意串通，损害国家、集体或者第三人利益。

3）以合法形式掩盖非法目的。

4）损害社会公共利益。

5）违反法律、行政法规的强制性规定。

（3）效力未定的合同

指合同有效要件的某个方面存在瑕疵，其效力尚处于不确定状态的合同。

1）限制民事行为能力人自己订立的合同，经法定代理人追认后，合同才有效。若法定代理人拒绝追认，合同无效。

2）行为人没有代理权、超越代理权或者代理权终止后以被代理人名义订立的合同，未经被代理人追认，合同无效，对被代理人不发生效力，由行为人承担责任。

3）无处分权的人处分他人财产，其处分行为无效；若经权利人追认或无处分权的人在订立合同后取得处分权的，该处分行为有效。

（4）可撤销的合同

因重大误解订立的合同，显失公平的合同，一方以欺诈、胁迫的手段或乘人之危订立的合同是可撤销的合同。对于此类合同，受损害方有权请求人民法院或者仲裁机构予以变更或撤销。被撤销的合同自始即没有法律效力。

合同确认无效或被撤销后，因该合同取得的财产应予以返还。不能返还或没有必要返还的，应当折价补偿。有过错的一方应当赔偿对方因此受到的损失。双方都有过错的，各自承担相应的责任。

5．合同的履行

合同当事人要遵循全面履行和诚实信用的履行原则，切实完成合同义务。

（1）合同履行的一般规则

合同生效后，各方当事人应严格按照合同约定的内容切实全面履行合同义务。如果双方就合同的质量、价款或者报酬、履行地点等内容没有约定或约定不明确的，可以协议补充。不能达成补充协议的，按合同有关条款或依交易习惯确定。

（2）合同履行的特别规则

1）同时履行抗辩权。同时履行抗辩权是指在没有约定履行顺序的双务合同中，当事人应同时履行自己的义务。如果债务清偿期届满，一方当事人仍未履行义务或履行义务不符合约定要求的，他方当事人有权拒绝其履行要求，暂不履行自己的义务。

2）后履行抗辩权。后履行抗辩权是指在双务合同中，当事人依照合同约定或法律规定，有履行的先后顺序，先履行一方未履行债务或履行债务不符合约定的，后履行一方有权拒绝其相应的履行要求。

3）不安抗辩权。不安抗辩权是指在双务合同中应当先履行债务的当事人，有确切证据证明后履行义务的当事人出现不能保证其债务履行的法定情形，先履行债务的当事人可以终止履行自己的义务的行为。

不安抗辩权适用下列情形：经营状况严重恶化；转移财产、抽逃资金，以逃避债务；丧失商业信誉；有丧失或者可能丧失履行债务能力的其他情形。

当事人没有确切证据中止履行的，应当承担违约责任。当事人中止履行的，应当通知对方。对方提供适当担保时，应当恢复履行。

4）中止履行。中止履行是指在合同履行过程中，由于某种特定情况的出现而暂停合同履行的行为。

5）提前履行或部分履行。提前履行或部分履行是指在不损害债权人利益的前提下，债务人可以提前履行债务或部分履行债务。

（3）合同的保全

合同的保全是指为防止债务人财产的不正当减少给债权人的权利带来危害而设置的一种保全形式。

1）代位权。代位权是指因债务人怠于行使享有的对第三人的到期权而对债权人造成损害的，债权人可以向人民法院请求以自己的名义代位行使债务人对第三人的债权，以保全自己的利益实现。

行使代位权需符合以下条件：

①债权人对债务人的债权合法；

②债务人怠于行使其到期债权，对债权人造成损害；

③债务人的债权已到期；

④债务人的债权不是专属于债务人自身的债权。

2）撤销权。撤销权是指因债务人放弃其到期债权或者无偿转让财产，对债权人造成损害的，债权人可以请求人民法院撤销债务人的行为。

行使撤销权需符合以下条件：

①债务人实施了一定的处分其财产或者权利的行为；

②债务人实施的处分行为须发生于债务成立之时或之后；

③债务人的处分行为会对债权人造成损害；

④债务人和受让人主观上有恶意或过错。

（4）合同的担保

合同的担保是指当事人在订立合同时，为确保合同切实履行而采取的具有法律效力的保证措施。

1）保证。保证是指保证人与债权人约定，当债务人不履行债务时，保证人按照约定履行债务或承担责任的行为。

保证人的资格要求：

①具有代为清偿债务能力的法人、其他组织或自然人，可以作保证人，但国家机关不得为保证人；

②学校、幼儿园、医院等以公益为目的的事业单位、社会团体不得为保证人；

③企业法人的分支机构、职能部门不得为保证人。

保证的方式分为一般保证和连带保证。

2）抵押。抵押是指债务人或者第三人不转移特定财产的占有，将该财产作为债权的担保。

抵押物的范围：

①抵押人所有的房屋和其他地上定着物；

②抵押人所有的机器、交通运输工具和其他财产；

③抵押人依法有权处分的国有土地使用权、永恒和其他地上定着物；

④抵押人依法有权处分的国有的机器、交通运输工具和其他财产；

⑤抵押人依法承包并经发包方同意抵押荒山、荒沟、荒丘、荒滩等荒地的土地使用权等；

⑥依法可以抵押的其他财产。

抵押应当以书面形式订立抵押合同。法律规定必须要进行登记的，要办理抵押物登记。

3）质押。质押分为动产质押和权利质押。动产质押是指债务人或第三人将其动产移交债权人占有，将该动产作为债权的担保。质押应当订立书面质押合同。质押合同自质物移交于质权人占有时生效。权利质押是指债务人或第三人将其享有的并可依法转让的财产权利凭证交给债权人占有，作为债权的担保。下列权利可进行质押：

①汇票、本票、支票、债券、存款单、仓单、提单；

②依法可以转让的股份、股票；

③依法可以转让的商标专用权、专利权、著作权中的财产权；

④依法可以质押的其他权利。

4）留置。留置是指债权人按照合同的约定占有债务人的动产，债务人不按照合同约定的期限履行债务的，债权人有权依法留置该财产，以该财产折价或者以拍卖、变卖该财产的价款优先受偿。

行使留置权需符合下列条件：

①债权人须已合法地占有债务人的财产；

②该财产须与该合员有关；

③债务已届清偿期；

④不违反约定。

5）定金。定金是合同当事人一方为了保证合同的履行，在合同订立时预先给付对方当事人的一定数额的金钱。

定金罚则：给付定金的一方不履行约定的债务的，无权要求返还定金；收受定金的一方不履行约定的债务的，应当双倍返还定金。

6. 合同的变更、转让及终止

合同的变更是指合同成立后，尚未履行完毕之前，合同当事人协商一致，就合同的内容进行修改和补充的行为。合同的转让是指合同当事人一方依法将其合同全部或部分权利和义务转让给第三人的行为。合同的终止是指合同双方当事人之间的权利义务关系因一定法律事实的出现而归于消灭的行为。合同因债务已经按照约定履行、合同解除、债务互相抵消等情形而终止。

7．违约责任及合同纠纷的解决

（1）违约责任及其构成要件

违约责任是指合同当事人因不履行或不完全履行合同义务所应承担的民事责任。其构成要件是：第一，要有违约事实存在；第二，违约方当事人必须不具备法定或约定的免责条件。合同法确立违约责任的原则是无过错责任原则，即只要违约方没有法定或约定的免责条件，无论其主观上是否有过错均要承担违约责任。

（2）违约责任的承担方式

违约责任的承担方式主要有解除合同、继续履行、支付违约金、赔偿损失、实际履行、支付延期付款的利息、支付违约金、请求强制履行、承担修理、更换、重作、退货、减少价款或者报酬、支付违约金等。

（3）违约责任的免除

违约责任因不可抗力而免责、因合同约定的免责条件出现而免责。

（4）合同纠纷的解决

合同纠纷是指合同当事人双方在签订、履行和终止合同的过程中，对所订立的合同是否成立、生效、合同成立的时间、合同内容的解释、合同的履行、合同责任的承担以及合同的变更、解除、转让等有关事项产生的纠纷。尽管合同是在双方当事人意思表示一致的基础上订立的，但由于当事人所处地位的不同，从不同的立场出发，对某些问题的认识往往会得出相互冲突的结论，因此，产生合同争议在所难免。为了及时解决合同纠纷，稳定市场经济秩序，保护合同当事人的合法权益，促进国民经济的发展，《合同法》对合同争议的处理作出了专门规定。无论是哪种合同争议，都需要采取适当的方式（或者途径）来解决，根据《合同法》的规定，产生合同争议时当事人可以通过协商或者调解解决；当事人不愿协商、调解或者协商、调解不成的，可以根据仲裁协议向仲裁机构申请仲裁；当事人没有订立仲裁协议或者仲裁协议无效的，可以向人民法院起诉。

1.3　行政法知识

1.3.1　行政法概述

行政法是指行政主体在行使行政职权和接受行政法制监督过程中与行政相对人、行政法制监督主体之间发生的各种关系，以及行政主体内部发生的各种关系的法律规范的总称。它由规范行政主体和行政权设定的行政组织法、规范行政权行使的行政行为法、规范行政权运行程序的行政程序法、规范行政权监督的行政监督法和行政救济法等部分组成。其重心是控制和规范行政权，保护行政相对人的合法权益。

1. 行政法的基本原则

行政法的基本原则是指反映行政法本质和具体制度规则内在联系的共同性规则。基本原则的作用主要是指导行政法的制定、修改和废止，指导行政法的统一适用和解释，弥补法制漏洞。行政法的基本原则主要有两种来源：一是国家立法性和政策性文件的规定，二是行政法学理论的阐述。

（1）合法行政原则

合法行政是行政法的首要原则，其他原则可以当作这一原则的延伸。实行合法行政原则是行政活动区别于民事活动的主要标志。合法行政原则的根据是行政机关在政治制度上对立法机关的从属性。合法行政原则是我国根本政治制度——人民代表大会制度在国家行政制度上的体现和延伸。人民代表大会制度确定了国家行政机关对人民代表大会的从属性。宪法第二条和第三条规定，中华人民共和国的一切权力属于人民，人民行使国家权力的机关是全国人民代表大会和地方各级人民代表大会。国家行政机关由人民代表大会产生，对它负责，受它监督。这样就从根本法上解决了国家行政权力来源的合法性问题。宪法第五条规定，中华人民共和国实行依法治国，建设社会主义法治国家。一切国家机关都必须遵守宪法和法律。国家行政机关应当依照宪法和法律行使行政职权。

合法行政的内涵和要求，随着宪法制度的演变、行政职能的消长而不断变化。早期的合法行政是绝对、消极和机械的公法原则。为适应时代变迁和行政职能变化的需要，合法行政原则不断得到新的解释。从历史发展看，我国的行政法制度尚处于发展进程中的初级阶段。从改革开放初期提出发扬社会主义民主健全社会主义法制，到宪法规定实行依法治国，我国法律在规范行政活动方面的作用正在逐步增强。

我国合法行政原则在结构上包括对现行法律的遵守和依照法律授权活动两个方面。

1）行政机关必须遵守现行有效的法律。这方面的基本要求是：行政机关实施行政管理，应当依照法律、法规、规章的规定进行，禁止行政机关违反现行有效的立法性规定。第一，行政机关的任何规定和决定都不得与法律相抵触，行政机关不得作出不符合现行法律的规定和决定。行政机关的规定和决定违法，就不能取得法律效力。第二，行政机关有义务积极执行和实施现行有效法律规定的行政义务。行政机关不积极履行法定作为义务，将构成不作为违法。

2）行政机关应当依照法律授权活动。这一方面的基本要求是：没有法律、法规、规章的规定，行政机关不得作出影响公民、法人和其他组织合法权益或者增加公民、法人和其他组织义务的决定。在行政机关与公民、法人和其他组织关系上：第一，行政机关采取行政措施必须有立法性规定的明确授权；第二，没有立法性规定的授权，行政机关不得采取影响公民、法人和其他组织权利义务的行政措施。行政机关不遵守这一不作为义务，将构成行政违法。

（2）合理行政原则

合理行政原则的主要含义是行政决定应当具有理性，属于实质行政法治的范畴，尤其适用于裁量性行政活动。最低限度的理性，是指行政决定应当具有一个有正常理智的普通人所能达到的合理与适当，并且能够符合科学公理和社会公德。更为规范的行政理性表现为以下三个原则：

1）公平公正原则。要平等对待行政管理相对人，不偏私、不歧视。

2）考虑相关因素原则。作出行政决定和进行行政裁量，只能考虑符合立法授权目的的各种因素，不得考虑不相关因素。

3）比例原则。行政机关采取的措施和手段应当必要、适当。行政机关实施行政管理可以采用多种方式实现行政目的的，应当避免采用损害当事人权益的方式。

（3）程序正当原则

程序正当是当代行政法的主要原则之一。它包括了以下几个方面：

1）行政公开原则。除涉及国家秘密和依法受到保护的商业秘密、个人隐私的外，行政机关实施行政管理应当公开，以实现公民的知情权。

2）公众参与原则。行政机关作出重要规定或者决定，应当听取公民、法人和其他组织的意见。特别是作出对公民、法人和其他组织不利的决定，要听取他们的陈述和申辩。

3）回避原则。行政机关工作人员履行职责，与行政管理相对人存在利害关系时，应当回避。

（4）高效便民原则

高效便民原则包括两个方面。

1）行政效率原则。基本内容有二：首先是积极履行法定职责，禁止不作为或者不完全作为；其次是遵守法定时限，禁止超越法定时限或者不合理延迟。延迟是行政不公和行政侵权的表现。

2）便利当事人原则。在行政活动中增加当事人程序负担，是法律禁止的行政侵权行为。在国际贸易中，行政当局不合理延迟和增加当事人程序负担，也被认为是政府设置的贸易壁垒形式。

（5）诚实守信原则

诚实守信原则包括两个方面。

1）行政信息真实原则。行政机关公布的信息应当全面、准确、真实。无论是向普通公众公布的信息，还是向特定人或者组织提供的信息，行政机关都应当对其真实性承担法律责任。

2）保护公民信赖利益原则。非因法定事由并经法定程序，行政机关不得撤销、变更已经生效的行政决定；因国家利益、公共利益或者其他法定事由需要撤回或者变更行政决定的，应当依照法定权限和程序进行，并对行政管理相对人因此而受到的财产损失依法予以补偿。

（6）权责统一原则

权责统一原则包括两个方面。

1）行政效能原则。行政机关依法履行经济、社会和文化事务管理职责，要由法律、法规赋予其相应的执法手段，保证政令有效。

2）行政责任原则。行政机关违法或者不当行使职权，应当依法承担法律责任。这一原则的基本要求是行政权力和法律责任的统一，即执法有保障、有权必有责、用权受监督、违法受追究、侵权须赔偿。

2．行政主体与行政行为

行政主体是指享有国家行政权，能以自己的名义行使行政权，并能独立地承担因此而产生的相应法律责任的组织。国家行政机关是最主要的行政主体，此外依照法定授权而获得行政权的组织，也可以成为行政主体。

行政相对人是指行政管理法律关系中与行政主体相对应的另一方当事人，即行政主体的行政行为影响其权益的个人或组织。我国公民、法人或其他组织以及我国境内的外国人、无国籍人、外国组织，都可以作为行政法律关系的行政相对人主体参加行政法律关系，享有一定的权利，并承担一定的义务。

行政行为是指行政主体行使行政职权，作出的能够产生行政法律效果的行为。行政行为的概念包括以下几层含义：

1）行政行为是行政主体所为的行为。

2）行政行为是行使行政职权，进行行政管理的行为。

3）行政行为是行政主体实施的能够产生行政法律效果的行为。

3．行政法律责任

行政法律责任是指行政法律关系主体由于违反行政法律规范或不履行行政法律义务而依法应承担的行政法律后果。行政法律责任的基本特征：

1）行政法律责任的主体是行政法律关系主体。

2）行政法律责任是行政法律关系主体的行政违法或行政不当所引起的行政法律后果。

3）有权追究行政法律责任的机关是国家权力机关和国家行政机关。

行政法律责任的承担方式：

1）行政主体承担行政法律责任的方式主要有：接受通报批评；赔礼道歉，承认错误；恢复名誉，消除影响；返还权益，恢复原状；停止违法行政行为；撤销违法决定，撤销违法的抽象行政行为；履行职责，纠正行政不当，重新作出行政行为、行政赔偿等。

2）行政相对人承担行政法律责任的方式主要有：承认错误，检讨；恢复名誉、返还原物；赔偿损失；行政处罚等。

1.3.2 行政许可与行政处罚

1．行政许可

行政许可是指国家行政机关对不特定的一般人依法负有不作为义务的事项，在特定条件下，对特定对象解除禁令，允许他作为的行政活动。行政许可的主体是行政机关，对象是自然人、法人或者非法人组织，内容是准予申请人从事特定活动。行政许可的特征主要有以下几个方面：

1）行政许可是依法申请的行政行为。行政相对方针对特定的事项向行政主体提出申请，是行政主体实施行政许可行为的前提条件。无申请则无许可。

2）行政许可的内容是国家一般禁止的活动。行政许可以一般禁止为前提，以个别解禁为内容。即在国家一般禁止的前提下，对符合特定条件的行政相对方解除禁止使其享有特定的资格或权利，能够实施某项特定的行为。

3）行政许可是行政主体赋予行政相对方某种法律资格或法律权利的具体行政行为。行政许可是针对特定的人、特定的事作出的具有授益性的一种具体行政行为。

4）行政许可是一种外部行政行为。行政许可是行政机关针对行政相对方的一种管理行为，是行政机关依法管理经济和社会事务的一种外部行为。行政机关审批其他行政机关或者其直接管理的事业单位的人事、财务、外事等事项的内部管理行为不属于行政许可。

5）行政许可是一种要式行政行为。行政许可必须遵循一定的法定形式，即应当是明示的书面许可，应当有正规的文书、印章等予以认可和证明。实践中最常见的行政许可的形式就是许可证和执照。

设定行政许可，应当遵循经济和社会发展规律，有利于发挥公民、法人或者其他组织的积极性、主动性，维护公共利益和社会秩序，促进经济、社会和生态环境协调发展。下列事项可以设定行政许可：

1）直接涉及国家安全、公共安全、经济宏观调控、生态环境保护以及直接关系人身健康、生命财产安全等特定活动，需要按照法定条件予以批准的事项。

2）有限自然资源开发利用、公共资源配置以及直接关系公共利益的特定行业的市场准入等，需要赋予特定权利的事项。

3）提供公众服务并且直接关系公共利益的职业、行业，需要确定具备特殊信誉、特殊条件或者特殊技能等资格、资质的事项。

4）直接关系公共安全、人身健康、生命财产安全的重要设备、设施、产品、物品，需要按照技术标准、技术规范，通过检验、检测、检疫等方式进行审定的事项。

5）企业或者其他组织的设立等，需要确定主体资格的事项。

6）法律、行政法规规定可以设定行政许可的其他事项。

2. 行政处罚

行政处罚是指行政机关或其他行政主体依法定职权和程序对违反行政法规尚未构成犯罪的相对人给予行政制裁的具体行政行为。

行政处罚的种类：

1）警告。

2）罚款。

3）没收违法所得、没收非法财物。

4）责令停产停业。

5）暂扣或者吊销许可证、暂扣或者吊销执照。

6）行政拘留。

7）法律、行政法规规定的其他行政处罚。

法律可以设定各种行政处罚。限制人身自由的行政处罚，只能由法律设定。行政法规可以设定除限制人身自由以外的行政处罚。法律对违法行为已经作出行政处罚规定，行政法规需要作出具体规定的，必须在法律规定的给予行政处罚的行为、种类和幅度的范围内规定。地方性法规可以设定除限制人身自由、吊销企业营业执照以外的行政处罚。法律、行政法规对违法行为已经作出行政处罚规定，地方性法规需要作出具体规定的，必须在法律、行政法规规定的给予行政处罚的行为、种类和幅度的范围内规定。

行政处罚由具有行政处罚权的行政机关在法定职权范围内实施。国务院或者经国务院授权的省、自治区、直辖市人民政府可以决定一个行政机关行使有关行政机关的行政处罚权，但限制人身自由的行政处罚权只能由公安机关行使。法律、法规授权的具有管理公共事务职能的组织可以在法定授权范围内实施行政处罚。

公民、法人或者其他组织因违法受到行政处罚，其违法行为对他人造成损害的，应当依法承担民事责任。违法行为构成犯罪，应当依法追究刑事责任，不得以行政处罚代替刑事处罚。行政机关实施行政处罚时，应当责令当事人改正或者限期改正违法行为。对当事人的同一个违法行为，不得给予两次以上罚款的行政处罚。

1.3.3 行政复议和行政诉讼

1. 行政复议

行政复议是指公民、法人或者其他组织认为行政主体的具体行政行为违法或不当侵犯其合法权益，依法向主管行政机关提出复查该具体行政行为的申请，行政复议机关依照法定程序对被申请的具体行政行为进行合法性、适当性审查，并作出行政复议决定的一种法律制度。其特征主要有：

1）行政复议以行政争议和部分民事争议为处理对象。

2）直接以具体行政行为为审查对象。

3）以合法性和合理性为审查标准。

4）以书面审理为主要方式。

5）以行政相对人为申请人，以行政主体为被申请人。

6）以行政机关为处理机关。

公民、法人或者其他组织认为具体行政行为侵犯其合法权益的，可以自知道该具体行政行为之日起六十日内提出行政复议申请，但是法律规定的申请期限超过六十日的除外。因不可抗力或者其他正当理由耽误法定申请期限的，申请期限自障碍消除之日起继续计算。

对县级以上地方各级人民政府工作部门的具体行政行为不服的，由申请人选择，可以向该部门的本级人民政府申请行政复议，也可以向上一级主管部门申请行政复议。对海关、金融、国税、外汇管理等实行垂直领导的行政机关和国家安全机关的具体行政行为不服的，向上一级主管部门申请行政复议。对地方各级人民政府的具体行政行为不服的，向上一级地方人民政府申请行政复议。对省、自治区人民政府依法设立的派出机关所属的县级地方人民政府的具体行政行为不服的，向该派出机关申请行政复议。

行政复议机关收到行政复议申请后，应当在五日内进行审查，对不符合本法规定的行政复议申请，决定不予受理，并书面告知申请人；对符合本法规定，但是不属于本机关受理的行政复议申请，应当告知申请人向有关行政复议机关提出。除前款规定外，行政复议申请自行政复议机关负责法制工作的机构收到之日起即为受理。公民、法人或者其他组织依法提出行政复议申请，行政复议机关无正当理由不予受理的，上级行政机关应当责令其受理；必要时，上级行政机关也可以直接受理。

2．行政诉讼

行政诉讼是个人、法人或其他组织认为行政主体以及法律法规授权的组织作出的行政行为侵犯其合法权益，依法定程序向人民法院起诉，人民法院在当事人及其他诉讼参与人的参加下，对具体行政行为的合法性进行审查并作出裁决的制度。行政诉讼的特征主要有：

1）行政案件由人民法院受理和审理。

2）人民法院审理的行政案件只限于就行政机关作出的具体行政行为的合法性发生的争议。

3）行政复议不是行政诉讼的前置阶段或必经程序。

4）行政案件的审理方式原则上为开庭审理。

《行政诉讼法》规定：公民、法人或者其他组织认为行政机关和行政机关工作人员的行政行为侵犯其合法权益的，有权依照本法向人民法院提起诉讼。前款所称行政行为，包括法律、法规、规章授权的组织作出的行政行为。人民法院应当保障公民、法人和其他组织的起诉权利，对应当受理的行政案件依法受理。行政机关及其工作人员不得干预、阻碍人民法院受理行政案件。被诉行政机关负责人应当出庭应诉。不能出庭的，应当委托行政机关相应的工作人员出庭。

公民、法人或者其他组织不服复议决定的，可以在收到复议决定书之日起十五日内向人民法院提起诉讼。复议机关逾期不作决定的，申请人可以在复议期满之日起十五日内向人民法院提起诉讼。法律另有规定的除外。公民、法人或者其他组织直接向人民法院提起诉讼的，应当自知道或者应当知道作出行政行为之日起六个月内提出。法律另有规定的除外。因不动产提起诉讼的案件自行政行为作出之日起超过二十年，其他案件自行政行为作出之日起超过五年提起诉讼的，人民法院不予受理。公民、法人或者其他组织申请行政机关履行保护其人身权、财产权等合法权益的法定职责，行政机关在接到申请之日起两个月内不履行的，公民、法人或者其他组织可以向人民法院提起诉讼。法律、法规对行政机关履行职责的期限另有规定的，从其规定。公民、法人或者其他组织在紧急情况下请求行政机关履行保护其人身权、财产权等合法权益的法定职责，行政机关不履行的，提起诉讼不受前款规定期限的限制。公民、法人或者其他组织因不可抗力或者其他不属于其自身的原因耽误起诉期限的，被耽误的时间不计算在起诉期限内。公民、法人或者其他组织因前款规定以外的其他特殊情况耽误起诉期限的，在障碍消除后十日内，可以申请延长期限，是否准许由人民法院决定。

3. 行政复议和行政诉讼的区别

（1）二者受理的机关不同

行政诉讼由法院受理；行政复议由行政机关受理。一般由原行政机关的上级机关受理，特殊情况下，由本级行政机关受理。

（2）二者解决争议的性质不同

人民法院处理行政诉讼案件属于司法行为，适用行政诉讼法；行政机关处理行政争议属于行政行为的范围，应当适用行政复议法。

（3）二者适用的程序不同

行政复议适用行政复议程序，而行政诉讼适用行政诉讼程序。行政复议程序简便、迅速、廉价，但公正性有限；行政诉讼程序复杂且需要更多的成本，但公正的可靠性大。行政复议实行一裁终局制度；而行政诉讼实行二审终审制度。

（4）二者的审查强度不同

根据《行政诉讼法》的规定，原则上法院只能对行政主体行为的合法性进行审查；而根据《行政复议法》的规定，行政复议机关可以对行政主体行为的合法性和适当性进行审查。

（5）二者的受理和审查范围不同

《行政诉讼法》和《行政复议法》对于受理范围均作出了比较详细的规定。从列举事项来看，《行政复议法》的受案范围要广于《行政诉讼法》。

此外，《行政复议法》还规定对国务院的规定、县级以上地方各级人民政府及其工作部门的规定、乡镇人民政府的规定等规范性文件可以一并向行政复议机关提出审查申请。

本章小结与拓展

通过本章学习，掌握法律适用规则、物权的种类、物权的变动、合同的种类、合同的订立，熟悉民事主体、民事权利、民事法律关系、民事法律行为和代理、民事责任和诉讼时效，了解行政法知识。重点阅读：《民法总论》《物权法》《合同法》《行政许可法》《行政处罚法》《行政复议法》《行政诉讼法》等。继续关注我国民法典的编纂工作进展情况。民法典总则编（即民法总则），已于2017年3月召开的十二届全国人大第五次会议审议通过；而编纂民法典各分编，将于2018年上半年整体提请全国人大常委会审议，经全国人大常委会分阶段审议后，拟于2020年3月将民法典各分编一并提请全国人民代表大会会议审议通过，从而形成统一的民法典。

思考题

1. 法的渊源有哪些？

2. 法律适用规则有哪些？

3. 民事法律关系有哪几个要素？

4. 民法的基本原则有哪些？

5. 什么是民事法律事实？

6. 什么是民事法律行为？

7. 民事法律行为是如何分类的？

8. 什么是物权？有何特征？

9. 物权有哪些效力？

10. 什么是物权变动？

11. 建筑物分区所有权的含义是什么？

12. 什么叫共有？共有分哪两大类？

13. 善意取得制度是什么？

14. 什么叫用益物权？对用益物权有哪些一般规定？

15. 《物权法》对建设用地使用权的设立作了哪些规定？

16. 《物权法》对宅基地使用权作了哪些规定？

17. 《物权法》对地役权作了哪些规定？

18. 什么叫担保物权？

19. 担保物权与所担保的主债权是什么关系？

20. 订立合同的主体资格有哪些要求？

21. 什么是要约？什么是承诺？

22. 无效合同有哪些情形？

23．什么是合同的效力待定？

24．合同履行有哪些特别规则？

25．违约责任的承担有哪些方式？

26．合同纠纷如何解决？

27．可以设定行政许可的情形有哪些？

28．行政复议和行政诉讼有何区别？

第 2 章

房地产概述

2.1 房地产业

2.1.1 房地产

房地产是可开发的土地及其地上定着物、建筑物，包括物质实体和依托于物质实体上的权益。房地产既是一种客观存在的物质形态，同时也是一项法律权利。作为一种客观存在的物质形态，房地产是指房产和地产的总称，包括土地和土地上永久建筑物及其所衍生的权利。房产是指建筑在土地上的各种房屋，包括住宅、厂房、仓库和商业、服务、文化、教育、卫生、体育以及办公用房等。地产是指土地及其上下一定的空间，包括地下的各种基础设施、地面道路等。房地产由于其自己的特点即位置的固定性和不可移动性，在经济学上又被称为不动产。房地产可以有三种存在形态：土地、建筑物、房地合一。法律意义上的房地产本质是一种财产权利，这种财产权利是指寓含于房地产实体中的各种经济利益以及由此而形成的各种权利，如所有权、使用权、抵押权、租赁权等。

2.1.2 房地产业

房地产业是从事房地产投资、开发、经营、管理和服务的产业。具体指以土地和建筑物为经营对象，从事房地产开发、建设、经营、管理以及维修、装饰和服务的集多种经济活动为一体的综合性产业，是具有先导性、基础性、带动性和风险性的产业。

在房地产开发经营等过程中，需要多学科的知识和多行业的参与，例如测绘、勘察设计、城市规划、建筑、法律、市场营销等。但目前人们普遍的看法是，房地产业主要包括房地产开发经营、房地产中介服务、物业管理和其他房地产活动。其中，房地产中介服务和物业管理合称房地产服务行业；房地产中介服务又分为房地产经纪服务、房地产估价服务、房地产咨询服务等。因此，房地产业可分为房地产开发经营行业和房地产服务行业，房地产服务行业又可分为房地产中介服务行业和物业管理行业，房地产中介服务行业又可分为房地产经纪行业、房地产估价行业、房地产咨询行业等。

2.2 房地产法的渊源

我国房地产法的渊源有宪法、法律、行政法规、地方性法规、部门规章、地方政府规章等，它们按照一定的内在联系组成了一个共同的有机整体，构成房地产法规体系。

2.2.1 宪法的相关规定

宪法对于房地产作出了原则性规定，如宪法第十条规定："城市的土地属于国家所有。农村和城市郊区的土地，除由法律规定属于国家所有的以外，属于集体所有；宅基地和自留地、自留山，也属于集体所有。国家为了公共利益的需要，可以依照法律规定对土地实行征收或者征用并给予补偿。任何组织或者个人不得侵占、买卖或者以其他形式非法转让土地。土地的使用权可以依照法律的规定转让。一切使用土地的组织和个人必须合理地利用土地。"

2.2.2　房地产法律

与房地产相关的法律主要包括《城市房地产管理法》、《土地管理法》、《物权法》等，这些法律均是以调整房地产法律关系为主要内容的专门法律，其中《城市房地产管理法》确立了我国房地产管理的基本原则，并对房地产开发用地、房地产开发、房地产交易、房地产权属登记等主要管理环节，确立了一系列基本制度，作出了具体规定。其他相关的法律还包括《民法总则》、《城乡规划法》、《合同法》等。

2.2.3　房地产行政法规

与房地产相关的行政法规主要有：《城市房地产开发经营管理条例》、《国有土地上房屋征收与补偿条例》、《物业管理条例》、《土地管理法实施条例》以及《住房公积金管理条例》等。

2.2.4　房地产地方性法规

地方性法规是有立法权的地方人民代表大会及其常务委员会制定的调整本行政区域内房地产法律关系的规范性文件，在本行政区域内有效，如《江西省房屋登记条例》、《安徽省城市房地产交易管理条例》等。

2.2.5　房地产部门规章

房地产方面的部门规章主要是指国务院住房城乡建设行政主管部门制定的规章，如《商品房销售管理办法》、《房屋登记办法》等。另外，国家发改委、国土资源部也颁布了一些有关房地产方面的部门规章，有些部门规章是多部门联合发布的。地方政府规章是地方人民政府根据法律、法规的规定，制定的调整本行政区域内房地产管理的具体问题的规范性文件。

2.2.6　最高人民法院有关房地产的司法解释

最高人民法院的司法解释，是指在审理房地产案件中，对房地产法的有关问题进行解释，或者对疑难问题进行研究并就此发布指导性的文件，如《最高人民法院关于审理商品房买卖合同纠纷案件适用法律若干问题的解释》、《最高人民法院关于审理建设工程施工合同纠纷案件适用法律问题的解释》等，它们也是我国房地产法规体系的组成部分。

此外，房地产法律体系还应当包括房地产规范性文件和技术规范，如《住房城乡建设部等部门关于加强房地产中介管理促进行业健康发展的意见》等规范性文件，以及《房地产估价规范》、《房产测量规范》等国家标准。

2.3 房地产权利及其登记

2.3.1 房地产权利体系

1. 房地产权利概述

房地产权利是以房地产利益为内容，直接体现一定财产利益的民事权利。房地产权利的特征主要有：

1）房地产权利属于财产权。

2）房地产权利是众多权利的集合。从权利的性质上说，包括房地产物权、房地产债权、房地产继承权等。

3）房地产权利的客体包括物和行为。房地产物权的客体是物，房地产债权的客体是行为。

2. 房地产权利的分类

（1）土地权利与房屋权利

土地权利：以土地利益为内容的权利。包括土地所有权、土地使用权、土地租赁权。

房屋权利：以房屋利益为内容的权利。包括房屋所有权、房屋租赁权等。

（2）城市房地产权利与农村房地产权利

城市房地产权利：以城市房地产利益为内容的权利。

农村房地产权利：以农村房地产利益为内容的权利。

（3）房地产物权、房地产债权、房地产继承权

房地产物权：权利人依法对特定的土地、房屋享有直接支配和排他的权利。

房地产债权：房地产权利人请求特定债务人为特定行为的权利。

房地产继承权：继承人有权继承被继承人房地产的权利。

（4）建筑物区分所有权

建筑物区分所有权是由专有所有权、共用部分共有权及成员权三位一体的复合性权利。

（5）房地产相邻关系和地役权

相邻关系是对相邻不动产利用关系的最低程度的限制，只能满足相邻人最低的利用要求。地役权按照合同约定。

2.3.2 房地产登记制度的历史变迁

1. 改革开放之前

我国的土地及定着物登记制度有着悠久的历史，早在黄帝、大禹时代就有"平水土、划九州"之说；周朝的"井田制"、秦朝的"商鞅变法"、汉朝的"屯田制"、明朝的"鱼鳞图册和赋役黄册制度"及清朝的"地丁合一，排丁入亩制度"等，都是我国早期进行房地产权属登记的法令和制度，其主要目的是为分定田产，缴纳税赋所用。

新中国成立后至今，房地产登记制度经历了以下几个不同的发展阶段。1949—1955年为公有制和私有制并存阶段。根据当时的政策规定，对公共房产进行管理和分配，对私有房产仍允许买卖，但应在政府房产管理机构进行登记，发给《房产契证》。从1956年社会主义改造时期到1978年"文化大革命"结束整整二十多年，我国的房地产权属登记工作一直都处于失管或瘫痪状态。社会主义改造时期，国家通过赎买政策逐步把资本主义私有制的土地和房屋都改造为社会主义全民所有制；把城乡个体所有制改造为社会主义集体所有制，土地和房屋都属国家和集体所有，不再进行确权登记发证。居民手中只持有房屋经租证和公有房屋租赁证。1966—1978年"文化大革命"期间，房地产权属登记工作更是处于瘫痪状态，大量房地产档案资料、历史资料被毁，房地产登记制度发展停滞不前。

2. 改革开放之后

1978年改革开放到1986年《土地管理法》和1994年《城市房地产管理法》颁布实施期间，我国的房地产权属登记经历了从房地合一到房地分离的演变过程。

1）在《土地管理法》出台前，主要根据《关于城市（镇）房地产产权产籍管理暂行规定》《城市私有房屋管理条例》《关于开展全国房屋普查的通知》《城乡建设环境保护部关于开展城镇房产产权登记、核发产权证工作的通知》等政策规定，设立房地产权属登记机构，通过房屋普查，落实私房政策，在全国范围内开展城镇房屋总登记发证工作，并遵照原城乡建设环境保护部《关于颁发〈房屋所有权证〉式样及房屋所有权登记发证工作的通知》精神，统一了全国房屋所有权证式样，这是我国历史上第一本依法统一制作、登记内容规范的房屋所有权证。

2）《土地管理法》《城市房地产管理法》出台之后到社会主义市场经济体制确立期间，根据其规定，实行房地分离，分别由土地管理部门和房产管理部门负责土地使用权和房产所有权的登记发证工作。无论公有还是私有都必须持有土地使用权证和房屋所有权证才视为合法有效。

3）2007年《物权法》的颁布实施，使我国的房地产权属登记发证工作又进入了新时期。根据《物权法》的规定："不动产登记由不动产所在地的登记机构办理"，"国家对不动产实行统一登记制度"。我国现阶段的房地产权属登记模式各地有所不同，发证工作有所差异：第一，登记机构设置和登记内容不同。目前我国除在少数城市实行"房地合一"的房地产权属登记模式外，大多数城市都实行土地使用权和房屋所有权分属土地管理部门和房产管理部门分别进行登记的"房地分离"模式；第二，全国范围内的农村房地产权属登记工作进展缓慢、不能同步，有的地方甚至根本没开展这一工作。

4）为贯彻《物权法》的精神，国土资源部、建设部于2008年先后颁布实施《土地登记办法》和《房屋登记办法》。国土资源部为规范土地登记行为，保护土地权利人的合法权益，根据《物权法》、《土地管理法》、《城市房地产管理法》和《土地管理法实施条例》，制定了《土地登记办法》（国土资源部令第40号），于2008年2月1日起施行。建设部为了规范房屋登记行为，维护房地产交易安全，保护权利人的合法权益，依据《中华人民共和国物权法》、《中华人民共和国城市房地产管理法》、《村庄和集镇规划建设管理条例》等法律、行政法规，制定了《房屋登记办法》（建设部令第168号），于2008年7月1日起施行。

5）不动产登记工作部际联席会议制度。为建立不动产统一登记工作机制，加强不动产统一登记职责整合后的协调配合，国务院于2014年2月24日同意建立不动产登记工作部际联席会议（以下简称联席会议）制度。

①主要职责。联席会议的主要职责是：在国务院领导下，协调解决不动产统一登记制度建立和执行过程中的重大问题；研究提出不动产统一登记制度建立的工作思路和政策建议；协调不动产统一登记工作的宣传和舆论引导；协调不动产登记的制度体系、技术规范、信息平台建设等重要问题；研究不动产登记条例及相关法律法规的起草修订；统筹协调对地方不动产统一登记工作的监督指导；完成国务院交办的其他事项。

②成员单位。联席会议由国土资源部、中央编办、财政部、住房城乡建设部、农业部、税务总局、林业局、法制办、海洋局9个部门组成，国土资源部为联席会议牵头单位。国土资源部部长担任联席会议召集人，分管负责同志担任副召集人，各成员单位有关负责同志为联席会议成员。联席会议成员因工作变动需要调整的，由所在单位提出，联席会议确定。

联席会议办公室设在国土资源部，承担联席会议日常工作，督促落实联席会议议定事项。联席会议设联络员，由各成员单位有关司局负责同志担任。

③工作规则。联席会议根据工作需要定期或不定期召开会议，由召集人或副召集人主持。成员单位根据工作需要可以提出召开会议的建议。研究具体事项时，可根据工作需要邀请其他部门和单位参加会议。联席会议以会议纪要形式明确会议议定事项，经与会部门和单位同意后印发有关方面并抄报国务院，重大事项由联席会议牵头单位按程序向国务院报告。

④工作要求。各成员单位要按照职责分工，主动研究不动产统一登记制度实施的有关问题，切实履行本部门职责，认真落实联席会议确定的工作部署和任务。各成员单位要相互支持，密切配合，形成合力，充分发挥联席会议的作用。联席会议办公室要及时向各成员单位通报工作进展情况。

2.3.3　房地产权利登记

1．不动产统一登记制度

《物权法》规定国家对不动产实行统一登记制度。不动产物权的设立、变更、转让和消灭，经依法登记，发生效力；未经登记，不发生效力，但法律另有规定的除外。依法属于国家所有的自然资源，所有权可以不登记。不动产物权的设立、变更、转让和消灭，依照法律规定应当登记的，自记载于不动产登记簿时发生效力。

物权法的实施过程中，只有一个原则，即"登记生效，未登记则无效，法律另有规定的除外。"这一规定不仅适用于房地产物权，也适用于土地物权和国家批准企业、集体经济组织和私人开采的矿产物权等。《物权法》只规定了一种不动产物权可以不须登记，即依法属于国家所有的自然资源物权。未办理物权登记不影响合同的效力。《物权法》规定：当事人之间订立有关设立、变更、转让和消灭不动产物权的合同，除法律另有规定或者合同另有约定外，自合同成立时生效；未办理物权登记的，不影响合同效力。这一规定强调了合同双方对不动产物权的设立、变更、转让和消灭，以签订合同为生效条件和生效时间，规定只确认物权设立、变更、转让和消灭的合同有效，并未确认物权有效。也就是说，当事人可以根据双方的合同约定，要求对方履行有关物权合同约定的设立、变更、转让和消灭等义务，而不能在合同有效期间行使不动产物权的权利，因为物权依法登记是根本性原则。假如，甲买了乙的住宅一处，双方签订了合同，并交付了房款，但没有向房产行政机关办理产权登记。从《合同法》角度讲，双方的物权买卖行为合法，应该受到法律的保护。但由于没有办理房产产权登记，从物权法律规定来看，房产所有权人仍然是乙。甲并没有取得乙住宅的物权，假如在此期间，乙方欠有丙的外债发生诉讼纠纷，丙依法申请法院查封了乙的住宅，则甲对丙的申请法院查封行为就没有对抗权利。又如，在甲乙双方房屋买卖成交以后，丁要求租赁甲所买受的房产。依照惯例应该由甲与丁签订租赁合同，但依《物权法》的规定，甲没有出租权利，即使甲与丁签订了租赁合同也属于无效合同。由此可见，《物权法》颁布以后，不动产所有权权利的变更中，依法登记是十分重要的。

《物权法》规定，统一登记的范围、登记机构和登记办法，由法律、行政法规规定。《不动产登记暂行条例》于2014年12月24日公布，自2015年3月1日起施行。不动产登记暂行条例规定国家实行不动产统一登记制度，不动产登记遵循严格管理、稳定连续、方便群众的原则；不动产权利人已经依法享有的不动产权利，不因登记机构和登记程序的改变而受到影响。

2．不动产登记要求

（1）登记机构

国务院国土资源主管部门负责指导、监督全国不动产登记工作。县级以上地方人民政府应当确定一个部门为本行政区域的不动产登记机构，负责不动产登记工作，并接受上级人民政府不动产登记主管部门的指导、监督。不动产登记由不动产所在地的县级人民政府不动产登记机构办理；直辖市、设区的市人民政府可以确定本级不动产登记机构统一办理所属各区的不动产登记。跨县级行政区域的不动产登记，由所跨县级行政区域的不动产登记机构分别办理。不能分别办理的，由所跨县级行政区域的不动产登记机构协商办理；协商不成的，由共同的上一级人民政府不动产登记主管部门指定办理。国务院确定的重点国有林区的森林、林木和林地，国务院批准项目用海、用岛，中央国家机关使用的国有土地等不动产登记，由国务院国土资源主管部门会同有关部门规定。

（2）不动产登记簿

不动产登记机构应当按照国务院国土资源主管部门的规定设立统一的不动产登记簿。不动产登记簿应当采用电子介质，暂不具备条件的，可以采用纸质介质，明确不动产登记簿唯一、合法的介质形式。不动产登记簿应当载明不动产自然状况、权属状况等相关事项，依法将各类登记事项准确、完整、清晰地记载于不动产登记簿。任何人不得损毁不动产登记簿，除依法予以更正外不得修改登记事项。

（3）登记程序

第一，因买卖、设定抵押权等申请不动产登记的，应当由当事人双方共同申请。

第二，有下列情形之一的，可以由当事人单方申请：

1）尚未登记的不动产首次申请登记的。

2）继承、接受遗赠取得不动产权利的。

3）人民法院、仲裁委员会生效的法律文书或者人民政府生效的决定等设立、变更、转让、消灭不动产权利的。

4）权利人姓名、名称或者自然状况发生变化，申请变更登记的。

5）不动产灭失或者权利人放弃不动产权利，申请注销登记的。

6）申请更正登记或者异议登记的。

7）法律、行政法规规定可以由当事人单方申请的其他情形。

第三，不动产登记机构将申请登记事项记载于不动产登记簿前，申请人可以撤回登记申请。

第四，不动产登记机构应当在办公场所和门户网站公开申请登记所需材料目录和示范文本等信息。

第五，不动产登记机构应当自受理登记申请之日起30个工作日内办结不动产登记手续，法律另有规定的除外。

（4）不动产权属证书

《不动产登记暂行条例》规定：权属证书是权利人享有该不动产物权的证明。权属证书记载的事项，应当与登记簿一致；记载不一致的，除有证据证明登记簿确有错误外，以不动产登记簿为准。这一规定非常重要，即不动产登记簿登记事项效力高于不动产权属证书，如果权利人因权属证书记载的事项与登记簿记载不一致而提起行政诉讼，权利人如果没有确凿的证据，其诉讼结果只能以不动产登记簿为准。

3. 权利当事人的权利义务

（1）申请登记人

即向登记机构申请登记不动产物权的当事人。《不动产登记暂行条例》规定：当事人申请登记，应当根据不同登记事项提供权属证明和不动产界址、面积等必要材料。申请登记的不动产权属证书必须是依法领取的，不动产界址、空间界限必须清楚，面积必须准确。根据规定，如果是申请人提供的上述材料记载的数据不准确，一旦发生争议，将由申请人承担责任，行政登记机构不对该登记事项承担责任。

（2）权利人、利害关系人

《不动产登记暂行条例》规定权利人、利害关系人可以申请查询、复制登记资料，登记机构应当提供。

权利人是依法享有物权所有权的人；利害关系人是与物权权利具有利害关系的人。权利人、利害关系人可以是物权的实际所有人、名义所有人、共有人、抵押权人、占有人等。

如果行政登记机构没有正当理由拒绝权利人、利害关系人的查询、复制，权利人、利害关系人可以通过行政复议或行政诉讼维护自己的申请查询和申请复制登记资料的权利。

（3）异议权

权利人、利害关系人可以根据《不动产登记暂行条例》规定，在认为不动产登记簿记载事项错误时，申请更正登记。不动产登记簿记载的权利人书面同意更正或者有证据证明登记确有错误的，登记机构应当予以更正。权利人不同意更正的，利害关系人可以申请异议登记。登记机构予以异议登记的，申请人在异议登记之日起十五日内不起诉，异议登记失效。异议登记不当，造成权利人损害的，权利人可以向申请人请求损害赔偿。

权利人、利害关系人主张异议权时，如果行政登记机构拒绝，可以通过行政复议和行政诉讼维护自己的异议权。

（4）预告登记权

《不动产登记暂行条例》规定：当事人签订买卖房屋或者其他不动产物权的协议，为保障将来实现物权，按照约定可以向登记机构申请预告登记。

"预告登记后，未经预告登记的权利人同意，处分该不动产的，不发生物权效力。"也就是说，物权经过预告登记后，原权利人不可随意或单方面处置预告登记的物权，只有经过预告登记权利人同意后的处置才可以生效。

"预告登记后，债权消灭或者自能够进行不动产登记之日起三个月内未申请登记的，预告登记失效。"此规定对经预告登记后物权保护期限是三个月。如果预告登记期满，预告登记人没有向登记机关办理登记，预告登记内容则不发生法律效力，如果出现产权变更情况，预告登记权利人则失去对抗权。

预告登记权是行政登记机构必须为申请人提供的一种行政预登记服务，如果行政机构没有正当理由拒绝当事人的申请，当事人可以通过行政复议和行政诉讼维护自己的预告登记权。

（5）请求赔偿权

《不动产登记暂行条例》规定：当事人提供虚假材料申请登记，给他人造成损害的，应当承担赔偿责任。权利人的请求赔偿权只能向造成损害的当事人主张，如果是行政机关导致的损害赔偿，也可以向行政机关主张。

4．登记信息的共享与保护

1）国务院国土资源主管部门应当会同有关部门建立统一的不动产登记信息管理基础平台。各级不动产登记机构登记的信息应当纳入统一的不动产登记信息管理基础平台。

2）不动产登记机构能够通过实时互通共享取得的信息，不得要求不动产登记申请人重复提交。

3）不动产登记机构、不动产登记信息共享单位及其工作人员应当对不动产登记信息保密；涉及国家秘密的不动产登记信息，应当依法采取必要的安全保密措施。

4）权利人、利害关系人可以依法查询、复制不动产登记资料，不动产登记机构应当提供。

5）有关国家机关可以依照法律、行政法规的规定查询、复制与调查处理事项有关的不动产登记资料。

6）查询不动产登记资料的单位、个人应当向不动产登记机构说明查询目的，不得将查询获得的不动产登记资料用于其他目的；未经权利人同意，不得泄露查询获得的不动产登记资料。

5．法律责任

1）不动产登记机构登记错误给他人造成损害，或者当事人提供虚假材料申请登记给他人造成损害的，依照《物权法》的规定承担赔偿责任。

2）不动产登记机构工作人员进行虚假登记，损毁、伪造不动产登记簿，擅自修改登记事项，或者有其他滥用职权、玩忽职守行为的，依法给予处分；给他人造成损害的，依法承担赔偿责任；构成犯罪的，依法追究刑事责任。

3）伪造、变造不动产权属证书、不动产登记证明，或者买卖、使用伪造、变造的不动产权属证书、不动产登记证明的，由不动产登记机构或者公安机关依法予以收缴；有违法所得的，没收违法所得；给他人造成损害的，依法承担赔偿责任；构成违反治安管理行为的，依法给予治安管理处罚；构成犯罪的，依法追究刑事责任。

4）不动产登记机构、不动产登记信息共享单位及其工作人员，查询不动产登记资料的单位或者个人违反国家规定，泄露不动产登记资料、登记信息，或者利用不动产登记资料、登记信息进行不正当活动，给他人造成损害的，依法承担赔偿责任；对有关责任人员依法给予处分；有关责任人员构成犯罪的，依法追究刑事责任。

本章小结与拓展

通过本章学习，掌握房地产法的渊源、房地产权利体系，熟悉不动产统一登记制度，了解房地产及房地产业概念。重点阅读：《宪法》和《城市房地产管理法》等相关法律法规。密切关注有关房地产的立法进展，如房地产税的立法动态、房地产交易立法进展等。关注《最高人民法院关于适用〈中华人民共和国物权法〉若干问题的解释（一）》（法释〔2016〕5号），并用以解决较为复杂的房地产产权纠纷。该司法解释已于2016年3月1日起施行。

思考题

1. 简述房地产的含义。
2. 简述房地产业及其分类。
3. 我国房地产法的渊源主要有哪些？
4. 简述我国房地产权属登记制度的历史变迁。
5.《物权法》关于不动产登记有何主要规定？
6. 什么是不动产登记簿？
7. 不动产登记权利当事人有何权利义务？
8. 什么是预告登记？
9. 什么是异议登记？
10. 不动产登记信息如何共享与保护？

第 3 章

建设用地管理与征收法规

3.1　土地制度概述

土地制度是一切社会形态中最重要、最基本的制度，它对一个国家一定时期的上层建筑起着决定性的作用。土地政策是土地制度得以实行的措施体系或行为准则。因此，土地制度是土地政策的基础，土地政策又是土地制度的具体体现。

3.1.1　土地制度的含义及其基本特征

土地制度是指在特定的社会经济条件下土地关系的总称，是一个国家人地关系的法定结合形式，它包括土地所有制、土地使用制和土地管理制度。

土地所有制是指人们在一定社会条件下拥有土地的经济形式。它是整个土地制度的核心，是土地关系的基础。

土地使用制度是对土地使用的程序、条件和形式的规定，是土地制度的另一个重要组成部分。土地使用权是依法对一定土地进行利用、管理并取得收益的权利，是土地使用制度的法律体现形式。在整个土地制度中，土地所有制决定着土地使用制。每一个社会形态都存在着与土地所有制相适应的土地使用制及其具体形式。就土地所有权与使用权两者之间的关系而言，土地使用制可大致分为土地所有权与使用权相结合和土地所有权与使用权相分离两大类。在土地所有权与土地使用权分离条件下的土地使用制可分为有偿使用和无偿划拨使用两类。

土地管理制度，是国家对全国（或某一区域）的土地，在宏观上进行管理、监督和调控的制度、机制和手段的综合，由中央和各级地方政府实施。

3.1.2　我国现行的土地制度

我国现行的土地所有制为社会主义土地公有制，它分为社会主义全民所有制和社会主义劳动群众集体所有制。土地的社会主义全民所有制，具体采取的是社会主义国家所有制的形式，由社会主义国家代表全体劳动人民占有属于全民的土地，行使占有、使用、收益和处分等权利。土地的社会主义劳动群众集体所有制，具体采取的是社会主义集体经济组织所有制的形式，由各个社会主义集体经济组织代表各该集体经济组织的全体劳动人民占有属于该集体的土地，行使占有、使用、收益和处分等权利。

现行城市土地使用制是指在不改变土地所有权归国家所有的情况下，国家可采用拍卖、招标或协议的方式将土地使用权有偿、有限期地出让给土地使用者；土地使用者在使用年限内可以将土地使用权依法转让、出租、抵押或者用于其他经济活动，其合法权益受国家法律保护；土地使用权期满，土地连同地上的建筑物由政府无偿收回；需要继续使用的，可以申请续期，申请批准后，期限可以延长，同时按当时市场行情补交出让金；在特殊情况下，根据社会公共利益的需要，国家可以依照法律程序提前收回，并根据土地使用者已使用的年限和开发、利用土地的实际情况给予相应的补偿。现行农村集体土地使用制是在土地所有权归集体的条件下，把土地使用权承包给农户，以户为单位独立经营，自负盈亏，除向集体上交提留和向国家交纳农业税以外，其余全部收入归农户个人，即家庭联产承包责任制。

3.2 国有建设用地管理

3.2.1 建设用地的概念与分类

建设用地是指建造建筑物、构筑物的土地，包括城乡住宅和公共设施用地、工矿用地、交通水利设施用地、旅游用地、军事设施用地等。建设用地利用的结果，基本上是以非生态附着物的形式。农业用地则主要是依赖于土地的肥力。

1. 按附着物的性质

按附着物的性质分类，建设用地可分为：

1）建筑物用地。建筑物是指人们在内进行生产、生活或其他活动的房屋或场所。

2）构筑物用地。构筑物是指人们一般不直接在内进行生产、生活或其他活动的建筑物。建筑物和构筑物统称为建筑。

2. 按建设用地的利用方式

按建设用地的利用方式分类，建设用地可分为：

1）商服用地。

2）工矿仓储用地。

3）公用设施用地。

4）公共建筑用地。

5）住宅用地。

6）交通设施用地。

7）水利设施用地。

8）其他建设用地。

3. 按土地所有权

按土地所有权分类，建设用地可分为：

1）国有建设用地。指属于国家所有即全民所有的用于建造建筑物、构筑物的土地，包括城市市区的土地、铁路、公路、机场、国有企业、港口等国家所有的建设用地。

2）集体所有建设用地。包括农民宅基地、乡（镇）村公共设施、公益事业、乡村办企业使用农民集体所有的建设用地。

4. 按建设用地的用途

按建设用地的用途分类，建设用地可分为：

1）非农业建设用地，指一切非农业用途的建设用地，主要包括以下三类：①城镇、工矿、村庄用地；②交通用地；③乡镇企业、农村作坊、机械化养殖场、采矿区、废石场、垃圾堆场等。

2）农业建设用地，指直接用于农业生产需要或规定用于农业生产配套工程的用地，如作物的暖房、育秧室、农用水泵、农用道路等建设所需使用的土地。

5. 按建设用地的规模

按建设用地的规模分类，建设用地可分为：

1）大型项目建设用地，指根据规定的建设规模和建设投资确认为大型项目进行建设所需要使用的土地。

2）中型项目建设用地，指根据规定的建设规模和建设投资确认为中型项目进行建设所需要使用的土地。

3）小型项目建设用地，指根据规定的建设规模和建设投资确认为小型项目进行建设所需要使用的土地。

6. 按建设用地的状况

按建设用地的状况分类，建设用地可分为：

1）新增建设用地，指新近某一时点以后由其他非建设用地转变而来的建设用地。

2）存量建设用地，指新近某一时点以前已有的建设用地。这两类建设用地在进入市场交易过程中，有不同的方式和审批要求。

7. 按建设用地的使用期限

按建设用地的使用期限分类，建设用地可分为：

1）永久性建设用地，是指建设用地一经使用后就不再恢复原来状态的土地。

2）临时建设用地，是指在实施过程中，需要临时性使用的土地。

3.2.2 建设用地管理的原则和内容

1. 建设用地管理的含义

建设用地管理是土地利用管理的重要内容，它是指国家调整建设用地关系，合理组织建设用地利用而采取的行政、法律、经济和工程的综合性措施。

所谓调整建设用地关系是指建设用地权属的确立与变更，以及理顺和协调在解决建设用地的分配和再分配过程中，所产生的各种关系。建设用地权属的确立与变更是指国有土地使用权和集体土地使用权的确立与变更，一般是通过土地征收、划拨、城镇国有土地使用权出让、转让以及集体土地使用权的转移来实现的。

而土地分配与再分配过程中所产生的各种关系是指建设用地与农业用地之间的关系，城镇与郊区之间的关系，建设单位与主管部门之间的关系，各部门之间的用地关系，征地单位与被征地单位之间的关系，建设用地与环境保护、生态平衡之间的关系等。

所谓合理组织建设用地利用是指对建设用地进行组织、利用、控制、监督。

建设用地的组织是指对建设项目的可行性研究、布局、选址、规划以及设计方案的实施，参与组织指导工作；建设用地的利用则是指国家对建设用地的开发以及再开发采取的引导和约束的措施；建设用地的控制是指对建设用地采用宏观调控和微观管理措施；建设用地的监督则是对建设用地的动态变化趋势的监测，以及对规划方案的实施和建设用地计划指标执行情况进行的监督，是国家对一切非农业用地的开发和再开发以及合理利用的控制、指导和监督。

2．建设用地管理的原则

（1）实行统一管理的原则

对建设用地实行统一管理是指国家在管理建设用地上实行统一的法律和政策，由统一的管理部门负责管理，采取统一的措施，制定统一的规划、计划和建设用地标准。1986年，我国颁布了第一部《土地管理法》，并成立了统一管理土地的部门，实现了城乡地政、全国土地的统一管理。目前，国土资源部的建立，进一步强化了土地管理的职能。

（2）规划总体控制的原则

《土地管理法》的一个重要变化就是对建设用地的管理方式实行了重大改革，即以土地用途管制的方式代替了过去的分级限额审批制度，并强调了土地利用总体规划对建设用地的宏观控制作用。《土地管理法》强调了土地利用总体规划对建设用地的控制作用。农用地转为建设用地，要视其是否符合土地利用总体规划的要求。如果确实需要改变用途，应当首先通过规定的程序对土地利用总体规划进行修改，否则不能批准转为建设用地。

（3）节约和集约用地的原则

节约用地，就是指各项建设都要尽量节省用地，想方设法地不占或少占耕地。集约用地，是指每宗建设用地必须提高投入产出的强度，提高土地利用的集约化程度。通过整合、置换和储备，合理安排土地投放的数量和节奏，改善建设用地结构与布局，挖掘用地潜力，提高土地配置和利用效率。

（4）有偿使用土地的原则

1988年，《土地管理法》进行了修订，1990年，国务院颁布《城镇国有土地使用权出让和转让暂行条例》，我国国有土地有偿使用制度正式建立。建设用地的管理也从单一的资源管理向资源和资产管理并重的模式转变。1994年第八届全国人民代表大会常务委员会第八次会议通过的《城市房地产管理法》进一步明确了国有土地使用权出让等有偿使用方式。《土地管理法》规定，除一些公共设施、公益事业和基础设施外，国有土地供应原则上都应采用有偿使用的方式，土地有偿使用将成为我国建设用地供应的基本制度。实行土地有偿使用，不但可以增加国家收入，防止国有资产流失，还可以促进土地资源的优化配置和合理利用，是控制建设用地增长的有效经济手段。

3．建设用地管理的内容

建设用地管理的内容按其工作过程和业务要求主要分为：

（1）建设用地的规划和计划管理

土地利用规划和计划是建设用地管理的基本依据，尤其涉及农用地转为建设用地时，首先要视其是否符合土地利用总体规划的要求，其次要视其是否符合土地利用年度计划的要求。

（2）建设用地的供应管理

建设用地供应是指国家将土地使用权提供给建设单位使用的过程。根据我国现行的有关法律法规规定，我国建设用地的供应方式主要有两大类：有偿使用与行政划拨。有偿方式又分为三种，即土地使用权出让、土地使用权作价出资入股与土地使用权租赁。出让可按形式不同分为拍卖、招标、挂牌和协议出让。

（3）建设用地的征收管理

建设用地征收管理过程中的主要内容包括农用地转用审批、土地征收审批和农民安置补偿等。

（4）农村建设用地管理

农村建设用地是指在城镇建设规划区以外，主要由乡（镇）集体和农民个人投资的各项生产、生活和社会公共设施以及公益事业建设所需要使用的土地。如乡镇企业用地、村镇公共设施建设用地、农民宅基地用地等。

3.2.3 建设用地的供应方式与政策

1. 建设用地供应的含义

所谓供地是指土地行政主管部门依据国家法律法规与政策，将建设用地提供给建设用地单位使用的过程。供地行为主要涉及是否提供建设用地、提供建设用地的方式、提供建设用地的数量、提供建设用地的位置以及提供建设用地所需要的条件等问题。

2. 供地的基本依据与政策

（1）根据国家的产业政策，决定是否供地

依据国家有关规定，对于不同类别的项目，有不同的供地政策。一般分为以下三类：

1）国家鼓励类项目——可以供地，甚至要积极供地。

2）国家限制类项目——限制供地。

凡列入《限制供地项目目录》，属于在全国范围内统一规划布点、生产能力过剩需总量控制和涉及国防安全、重要国家利益的建设项目，地方人民政府批准提供建设用地前，须先取得国土资源部许可，再履行批准手续。

凡列入《限制供地项目目录》，属于大量损毁土地资源或以土壤为生产料的，需要低于国家规定地价出让、出租土地的，按照法律法规限制的其他建设项目，各省、自治区、直辖市人民政府土地行政主管部门应采取有效措施，对其供地进行严格的监督管理和指导。

对限制供地项目用地，必须根据建设用地标准和设计规范进行严格审查，对超过用地标准，违反集约用地原则的，要坚决予以核减用地面积。由于限制供地项目多为竞争性项目，要尽量采取招标、拍卖方式提供建设用地。

对未经国土资源部许可或不符合省、自治区、直辖市土地行政主管部门有关规定向限制供地项目提供建设用地的，国土资源部可责成地方政府收回批准文件；省、自治区、直辖市土地行政主管部门也可根据有关限制供地条件作出相应规定。

3）国家禁止类项目——禁止供地。按照《禁止供地项目目录》，禁止提供建设用地的是：危害国家安全或者损害社会公共利益的，国家产业政策明令淘汰的生产方式、产品和工艺所涉及的，国家产业政策规定禁止投资的，按照法律法规规定禁止的其他建设项目。

凡列入《禁止供地项目目录》的建设用地，在禁止期限内，土地行政主管部门不得受理其建设项目用地报件，各级人民政府不得批准提供建设用地。国土资源部和国家经贸委将根据经济技术进步、社会发展、集约用地和保护环境的要求，按照国家产业政策和建设用地供应状况，不定期地组织编制、发布和调整《限制供地项目目录》和《禁止供地项目目录》。

（2）根据有关法律，决定供地方式

1）划拨方式供地。

2）有偿使用方式供地。有偿使用的形式包括：国有土地使用权出让、出租和作价出资或者入股。

（3）根据规划，决定供地的具体位置

根据土地利用总体规划、城市规划、村庄和集镇规划，决定供地的具体位置。

（4）根据年度计划，决定供地时间

根据建设时间和土地供应年度计划，决定供地时间。

（5）根据用地定额，决定供地数量

根据国家规定的具体建设用地定额指标，决定供地数量。

3．供地方案

市、县人民政府土地行政主管部门对建设用地单位的申请，审查认为可以供地的，拟订供地方案（涉及农用地和征地的同时拟订方案）。

供地方案的内容应当包括供地方式、面积、用途和时间，土地有偿使用费的标准、数额等。

（1）供地方案的报批条件

供地方案符合下列条件的，土地行政主管部门方可报人民政府批准：

1）符合国家的土地供应政策。

2）申请用地面积符合建设用地标准和集约用地的要求。

3）划拨方式供地，符合法定的划拨用地条件。

4）以有偿使用方式供地的，供地的方式、年限、有偿使用费的标准、数额符合规定。

5）只占用国有未利用地的，必须符合规划、界址清楚、面积准确。

（2）批准权限

1）不涉及农用地转用和征地的，按一般建设用地的审批权限执行。

2）涉及征收的，同征收的审批权限。

3）不涉及征收但涉及农转用的，同农转用的审批权限。

（3）供地方案的批后实施

供地方案批准并且实现征地后，可正式供地。

1）以划拨方式供地的由市、县政府土地行政主管部门向建设单位颁发《国有土地划拨决定书》和《建设用地批准书》，依照规定办理土地登记。

2）以有偿方式提供国有土地使用权的由市、县政府土地行政主管部门按报批的土地有偿使用合同，与用地单位签订正式合同，并颁发《建设用地批准书》，用地单位按规定交清土地有偿使用费后，颁发《国有土地使用证》。其中以拍卖和招标形式供地的，组织拍卖、招标。

3）依法使用集体土地的由市、县土地行政主管部门与用地单位签订《建设使用集体土地协议书》，并颁发《建设用地批准书》。

3.2.4 建设用地审批制度

1．建设项目用地预审

建设项目用地预审，是指国土资源主管部门在建设项目审批、核准、备案阶段，依法对建设项目涉及的土地利用事项进行的审查。预审应当遵循下列原则：

1）符合土地利用总体规划。

2）保护耕地，特别是基本农田。

3）合理和集约节约利用土地。

4）符合国家供地政策。

建设项目用地实行分级预审。需人民政府或有批准权的人民政府发展和改革等部门审批的建设项目，由该人民政府的国土资源主管部门预审。需核准和备案的建设项目，由与核准、备案机关同级的国土资源主管部门预审。需审批的建设项目在可行性研究阶段，由建设用地单位提出预审申请。需核准的建设项目在项目申请报告核准前，由建设单位提出用地预审申请。需备案的建设项目在办理备案手续后，由建设单位提出用地预审申请。应当由国土资源部预审的建设项目，国土资源部委托项目所在地的省级国土资源主管部门受理，但建设项目占用规划确定的城市建设用地范围内土地的，委托市级国土资源主管部门受理。受理后，提出初审意见，转报国土资源部。

申请用地预审的项目建设单位，应当提交下列材料：

1）建设项目用地预审申请表。

2）建设项目用地预审申请报告，内容包括拟建项目的基本情况、拟选址占地情况、拟用地是否符合土地利用总体规划、拟用地面积是否符合土地使用标准、拟用地是否符合供地政策等。

3）审批项目建议书的建设项目提供项目建议书批复文件，直接审批可行性研究报告或者需核准的建设项目提供建设项目列入相关规划或者产业政策的文件。

负责初审的国土资源主管部门在转报用地预审申请时，应当提供下列材料：

1）对申报材料作出的初步审查意见。

2）标注项目用地范围的土地利用总体规划图、土地利用现状图及其他相关图件。

3）属于《土地管理法》第二十六条规定情形，建设项目用地需修改土地利用总体规划的，应当出具规划修改方案。

受国土资源部委托负责初审的国土资源主管部门应当自受理之日起二十日内完成初审工作，并转报国土资源部。预审应当审查以下内容：

1）建设项目用地是否符合国家供地政策和土地管理法律、法规规定的条件。

2）建设项目选址是否符合土地利用总体规划，属《土地管理法》第二十六条规定情形，建设项目用地需修改土地利用总体规划的，规划修改方案是否符合法律、法规的规定。

3）建设项目用地规模是否符合有关土地使用标准的规定；对国家和地方尚未颁布土地使用标准和建设标准的建设项目，以及确需突破土地使用标准确定的规模和功能分区的建设项目，是否已组织建设项目节地评价并出具评审论证意见。占用基本农田或者其他耕地规模较大的建设项目，还应当审查是否已经组织踏勘论证。

国土资源主管部门应当自受理预审申请或者收到转报材料之日起二十日内，完成审查工作，并出具预审意见。二十日内不能出具预审意见的，经负责预审的国土资源主管部门负责人批准，可以延长十日。

预审意见应当包括对《建设项目用地预审管理办法》第十一条规定内容的结论性意见和对建设用地单位的具体要求。预审意见是有关部门审批项目可行性研究报告、核准项目申请报告的必备文件。建设项目用地预审文件有效期为三年，自批准之日起计算。已经预审的项目，如需对土地用途、建设项目选址等进行重大调整的，应当重新申请预审。未经预审或者预审未通过的，不得批复可行性研究报告、核准项目申请报告；不得批准农用地转用、土地征收，不得办理供地手续。预审审查的相关内容在建设用地报批时，未发生重大变化的，不再重复审查。

2．建设用地审查报批

依法应当报国务院和省、自治区、直辖市人民政府批准的建设用地的申请、审查、报批和实施，由县级以上国土资源主管部门负责建设用地的申请受理、审查、报批工作。在建设项目审批、核准、备案阶段，建设单位应当向建设项目批准机关的同级国土资源主管部门提出建设项目用地预审申请。受理预审申请的国土资源主管部门应当依据土地利用总体规划、土地使用标准和国家土地供应政策，对建设项目的有关事项进行预审，出具建设项目用地预审意见。在土地利用总体规划确定的城市建设用地范围外单独选址的建设项目使用土地的，建设单位应当向土地所在地的市、县国土资源主管部门提出用地申请。

建设单位提出用地申请时，应当填写《建设用地申请表》，并附具下列材料：

1）建设项目用地预审意见。

2）建设项目批准、核准或者备案文件。

3）建设项目初步设计批准或者审核文件。

建设项目拟占用耕地的，还应当提出补充耕地方案；建设项目位于地质灾害易发区的，还应当提供地质灾害危险性评估报告。国家重点建设项目中的控制工期的单体工程和因工期紧或者受季节影响急需动工建设的其他工程，可以由省、自治区、直辖市国土资源主管部门向国土资源部申请先行用地。

申请先行用地，应当提交下列材料：

1）省、自治区、直辖市国土资源主管部门先行用地申请。

2）建设项目用地预审意见。

3）建设项目批准、核准或者备案文件。

4）建设项目初步设计批准文件、审核文件或者有关部门确认工程建设的文件。

5）国土资源部规定的其他材料。

经批准先行用地的，应当在规定期限内完成用地报批手续。

市、县国土资源主管部门对材料齐全、符合条件的建设用地申请，应当受理，并在收到申请之日起30日内拟订农用地转用方案、补充耕地方案、征收土地方案和供地方案，编制建设项目用地呈报说明书，经同级人民政府审核同意后，报上一级国土资源主管部门审查。在土地利用总体规划确定的城市建设用地范围内，为实施城市规划占用土地的，由市、县国土资源主管部门拟订农用地转用方案、补充耕地方案和征收土地方案，编制建设项目用地呈报说明书，经同级人民政府审核同意后，报上一级国土资源主管部门审查。在土地利用总体规划确定的村庄和集镇建设用地范围内，为实施村庄和集镇规划占用土地的，由市、县国土资源主管部门拟订农用地转用方案、补充耕地方案，编制建设项目用地呈报说明书，经同级人民政府审核同意后，报上一级国土资源主管部门审查。报国务院批准的城市建设用地，农用地转用方案、补充耕地方案和征收土地方案可以合并编制，一年申报一次；国务院批准城市建设用地后，由省、自治区、直辖市人民政府对设区的市人民政府分期分批申报的农用地转用和征收土地实施方案进行审核并回复。

建设只占用国有农用地的，市、县国土资源主管部门只需拟订农用地转用方案、补充耕地方案和供地方案。建设只占用农民集体所有建设用地的，市、县国土资源主管部门只需拟订征收土地方案和供地方案。建设只占用国有未利用地，按照《土地管理法实施条例》第二十四条规定应由国务院批准的，市、县国土资源主管部门只需拟订供地方案；其他建设项目使用国有未利用地的，按照省、自治区、直辖市的规定办理。

建设项目用地呈报说明书应当包括用地安排情况、拟使用土地情况等，并应附具下列材料：

1）经批准的市、县土地利用总体规划图和分幅土地利用现状图，占用基本农田的，同时提供乡级土地利用总体规划图。

2）有资格的单位出具的勘测定界图及勘测定界技术报告书。

3）地籍资料或者其他土地权属证明材料。

4）为实施城市规划和村庄、集镇规划占用土地的，提供城市规划图和村庄、集镇规划图。

有关国土资源主管部门收到上报的建设项目用地呈报说明书和有关方案后，对材料齐全、符合条件的，应当在5日内报经同级人民政府审核。同级人民政府审核同意后，逐级上报有批准权的人民政府，并将审查所需的材料及时送该级国土资源主管部门审查。

对依法应由国务院批准的建设项目用地呈报说明书和有关方案，省、自治区、直辖市人民政府必须提出明确的审查意见，并对报送材料的真实性、合法性负责。

省、自治区、直辖市人民政府批准农用地转用、国务院批准征收土地的，省、自治区、直辖市人民政府批准农用地转用方案后，应当将批准文件和下级国土资源主管部门上报的材料一并上报。有批准权的国土资源主管部门应当自收到上报的农用地转用方案、补充耕地方案、征收土地方案和供地方案并按规定征求有关方面意见后30日内审查完毕。建设用地审查应当实行国土资源主管部门内部会审制度。

建设项目施工和地质勘察需要临时使用农民集体所有的土地的，依法签订临时使用土地合同并支付临时使用土地补偿费，不得办理土地征收。

以有偿使用方式提供国有土地使用权的，由市、县国土资源主管部门与土地使用者签订土地有偿使用合同，并向建设单位颁发《建设用地批准书》。土地使用者缴纳土地有偿使用费后，依照规定办理土地登记。以划拨方式提供国有土地使用权的，由市、县国土资源主管部门向建设单位颁发《国有土地划拨决定书》和《建设用地批准书》，依照规定办理土地登记。《国有土地划拨决定书》应当包括划拨土地面积、土地用途、土地使用条件等内容。建设项目施工期间，建设单位应当将《建设用地批准书》公示于施工现场。

3.2.5 土地使用权出让管理

1．土地使用权出让的含义

土地使用权出让是指国家以土地所有者的身份将土地使用权在一定年限内让

与土地使用者，并由土地使用者向国家支付土地使用权出让金的行为。

2．土地使用权出让的法律关系

土地使用权出让法律关系的主体，一方为出让方，一方为受让方。由于国家是国有土地的所有权人，出让一方为国家。《城市房地产管理法》规定，土地使用权出让合同由市、县人民政府土地管理部门与土地使用者签订。土地使用权出让中的受让方是指土地使用者。《城镇国有土地使用权出让和转让暂行条例》规定："中华人民共和国境内外的公司、企业、其他组织和个人，除法律另有规定者外，均可依照本条例的规定取得土地使用权，进行土地开发、利用、经营"，由此规定可见，受让方一般不受限制，除非法律另有规定。

《城市房地产管理法》规定了土地使用权出让双方的基本权利与义务：土地使用者必须按照出让合同约定，支付土地使用权出让金；未按照出让合同约定支付土地使用权出让金的，土地管理部门有权解除合同，并可以请求违约赔偿。土地使用者按照出让合同约定支付土地使用权出让金的，市、县人民政府土地管理部门必须按照出让合同约定，提供出让的土地；未按照出让合同约定提供出让的土地的，土地使用者有权解除合同，由土地管理部门返还土地使用权出让金，土地使用者并可以请求违约赔偿。

土地使用权出让的客体是国有土地使用权，而不是国有土地所有权。根据《宪法》第十条的规定，我国实行土地公有制，土地所有权只有两种形式，即国有土地所有权和农村集体土地所有权，任何组织和个人不得侵占、买卖或者以其他形式非法转让土地。但土地使用权可以依照法律的规定转让。需要说明的是，出让土地使用权的范围不包括该幅出让土地的地下资源、埋藏物和市政公用设施。此外，规定出让土地使用权的期限，是土地使用权出让的重要内容。

3．土地使用权出让的年限

出让土地使用权的最高使用年限，就是法律规定的一次签约出让土地使用权的最高年限。土地使用权年限届满时，土地使用者可以申请续期，具体由出让方和受让方在签订合同时确定，但不能高于法律规定的最高年限。考虑到我国国民经济和社会发展过程中的一系列变化的因素，《城市房地产管理法》对土地使用权出让最高年限仅作了授权性的规定，即"土地使用权出让最高年限由国务院规定"。据此，《国有土地使用权出让和转让暂行条例》按照出让土地的用途不同规定了各类用地使用权出让的最高年限：

1）居住用地70年。

2）工业用地50年。

3）教育、科技、文化、卫生、体育用地50年。

4）商业、旅游、娱乐用地40年。

5）综合或者其他用地50年。

4．土地使用权出让方式

土地使用权的出让方式是指国有土地的代表（地方人民政府）将国有土地使

用权出让给土地使用者时所采取的方式或程序，它表明以什么形式取得土地使用权。关于土地使用权的出让方式，《城市房地产管理法》规定：土地使用权出让，可以采取拍卖、招标或者双方协议的方式。《物权法》规定：工业、商业、旅游、娱乐和商品住宅等经营性用地以及同一土地有两个以上意向用地者的，应当采取招标、拍卖等公开竞价的方式出让。目前，我国现行国有建设用地使用权的出让方式包括四种：拍卖、招标、挂牌和协议出让。协议出让主要适用于市政公益事业项目、非营利项目及政府为调整经济结构、实施产业政策而需要给予扶持、优惠的项目，采取此方式出让土地使用权的出让金不得低于国家规定所确定的最低价。以协议方式出让土地使用权，没有引入竞争机制，不具有公开性，人为因素较多，因此对这种方式要加以必要限制，以免造成不公平竞争、以权谋私及国有资产流失。房地产开发用地一般采取拍卖、招标、挂牌卖等公开竞价的方式出让。招标出让国有建设用地使用权，是指市、县人民政府国土资源行政主管部门（以下简称出让人）发布招标公告，邀请特定或者不特定的自然人、法人和其他组织参加国有建设用地使用权投标，根据投标结果确定国有建设用地使用权人的行为。拍卖出让国有建设用地使用权，是指出让人发布拍卖公告，由竞买人在指定时间、地点进行公开竞价，根据出价结果确定国有建设用地使用权人的行为。挂牌出让国有建设用地使用权，是指出让人发布挂牌公告，按公告规定的期限将拟出让宗地的交易条件在指定的土地交易场所挂牌公布，接受竞买人的报价申请并更新挂牌价格，根据挂牌期限截止时的出价结果或者现场竞价结果确定国有建设用地使用权人的行为。

招标、拍卖或者挂牌出让国有建设用地使用权，应当遵循公开、公平、公正和诚信的原则。国有建设用地使用权招标、拍卖或者挂牌出让活动，应当有计划地进行。市、县人民政府国土资源行政主管部门根据经济社会发展计划、产业政策、土地利用总体规划、土地利用年度计划、城市规划和土地市场状况，编制国有建设用地使用权出让年度计划，报经同级人民政府批准后，及时向社会公开发布。

出让人应当根据招标拍卖挂牌出让地块的情况，编制招标拍卖挂牌出让文件。招标拍卖挂牌出让文件应当包括出让公告、投标或者竞买须知、土地使用条件、标书或者竞买申请书、报价单、中标通知书或者成交确认书、国有建设用地使用权出让合同文本。出让人应当至少在投标、拍卖或者挂牌开始日前20日，在土地有形市场或者指定的场所、媒介发布招标、拍卖或者挂牌公告，公布招标拍卖挂牌出让宗地的基本情况和招标拍卖挂牌的时间、地点。出让人在招标拍卖挂牌出让公告中不得设定影响公平、公正竞争的限制条件。挂牌出让的，出让公告中规定的申请截止时间，应当为挂牌出让结束日前2天。对符合招标拍卖挂牌公告规定条件的申请人，出让人应当通知其参加招标拍卖挂牌活动。

招标拍卖挂牌公告应当包括下列内容：

1）出让人的名称和地址。

2）出让宗地的面积、界址、空间范围、现状、使用年期、用途、规划指标要求。

3）投标人、竞买人的资格要求以及申请取得投标、竞买资格的办法。

4）索取招标拍卖挂牌出让文件的时间、地点和方式。

5）招标拍卖挂牌时间、地点、投标挂牌期限、投标和竞价方式等。

6）确定中标人、竞得人的标准和方法。

7）投标、竞买保证金。

8）其他需要公告的事项。

市、县人民政府国土资源行政主管部门应当根据土地估价结果和政府产业政策综合确定标底或者底价。标底或者底价不得低于国家规定的最低价标准。确定招标标底，拍卖和挂牌的起叫价、起始价、底价，投标、竞买保证金，应当实行集体决策。招标标底和拍卖挂牌的底价，在招标开标前和拍卖挂牌出让活动结束之前应当保密。

（1）投标、开标程序

1）投标人在投标截止时间前将标书投入标箱。招标公告允许邮寄标书的，投标人可以邮寄，但出让人在投标截止时间前收到的方为有效。

标书投入标箱后，不可撤回。投标人应当对标书和有关书面承诺承担责任。

2）出让人按照招标公告规定的时间、地点开标，邀请所有投标人参加。由投标人或者其推选的代表检查标箱的密封情况，当众开启标箱，点算标书。投标人少于三人的，出让人应当终止招标活动。投标人不少于三人的，应当逐一宣布投标人名称、投标价格和投标文件的主要内容。

3）评标小组进行评标。评标小组由出让人代表、有关专家组成，成员人数为五人以上的单数。

评标小组可以要求投标人对投标文件作出必要的澄清或者说明，但是澄清或者说明不得超出投标文件的范围或者改变投标文件的实质性内容。

评标小组应当按照招标文件确定的评标标准和方法，对投标文件进行评审。

4）招标人根据评标结果，确定中标人。

按照价高者得的原则确定中标人的，可以不成立评标小组，由招标主持人根据开标结果，确定中标人。对能够最大限度地满足招标文件中规定的各项综合评价标准，或者能够满足招标文件的实质性要求且价格最高的投标人，应当确定为中标人。

（2）拍卖会程序

1）主持人点算竞买人。

2）主持人介绍拍卖宗地的面积、界址、空间范围、现状、用途、使用年期、规划指标要求、开工和竣工时间以及其他有关事项。

3）主持人宣布起叫价和增价规则及增价幅度。没有底价的，应当明确提示。

4）主持人报出起叫价。

5）竞买人举牌应价或者报价。

6）主持人确认该应价或者报价后继续竞价。

7）主持人连续三次宣布同一应价或者报价而没有再应价或者报价的，主持人落槌表示拍卖成交。

8）主持人宣布最高应价或者报价者为竞得人。

竞买人的最高应价或者报价未达到底价时，主持人应当终止拍卖。拍卖主持人在拍卖中可以根据竞买人竞价情况调整拍卖增价幅度。

（3）挂牌出让程序

1）在挂牌公告规定的挂牌起始日，出让人将挂牌宗地的面积、界址、空间范围、现状、用途、使用年期、规划指标要求、开工时间和竣工时间、起始价、增价规则及增价幅度等，在挂牌公告规定的土地交易场所挂牌公布。

2）符合条件的竞买人填写报价单报价。

3）挂牌主持人确认该报价后，更新显示挂牌价格。

4）挂牌主持人在挂牌公告规定的挂牌截止时间确定竞得人。

挂牌时间不得少于10日。挂牌期间可根据竞买人竞价情况调整增价幅度。挂牌截止应当由挂牌主持人主持确定。挂牌期限届满，挂牌主持人现场宣布最高报价及其报价者，并询问竞买人是否愿意继续竞价。有竞买人表示愿意继续竞价的，挂牌出让转入现场竞价，通过现场竞价确定竞得人。挂牌主持人连续三次报出最高挂牌价格，没有竞买人表示愿意继续竞价的，按照下列规定确定是否成交：

1）在挂牌期限内只有一个竞买人报价，且报价不低于底价，并符合其他条件的，挂牌成交。

2）在挂牌期限内有两个或者两个以上的竞买人报价的，出价最高者为竞得人；报价相同的，先提交报价单者为竞得人，但报价低于底价者除外。

3）在挂牌期限内无应价者或者竞买人的报价均低于底价或者均不符合其他条件的，挂牌不成交。

以招标、拍卖或者挂牌方式确定中标人、竞得人后，中标人、竞得人支付的投标、竞买保证金，转作受让地块的定金。出让人应当向中标人发出中标通知书或者与竞得人签订成交确认书。中标通知书或者成交确认书应当包括出让人和中标人或者竞得人的名称，出让标的，成交时间、地点、价款以及签订国有建设用地使用权出让合同的时间、地点等内容。中标通知书或者成交确认书对出让人和中标人或者竞得人具有法律效力。出让人改变竞得结果，或者中标人、竞得人放弃中标宗地、竞得宗地的，应当依法承担责任。中标人、竞得人应当按照中标通知书或者成交确认书约定的时间，与出让人签订国有建设用地使用权出让合同。中标人、竞得人支付的投标、竞买保证金抵作土地出让价款；其他投标人、竞买人支付的投标、竞买保证金，出让人必须在招标拍卖挂牌活动结束后5个工作日内予以退还，不计利息。

招标拍卖挂牌活动结束后，出让人应在10个工作日内将招标拍卖挂牌出让结果在土地有形市场或者指定的场所、媒介公布。出让人公布出让结果，不得向受让人收取费用。受让人依照国有建设用地使用权出让合同的约定付清全部土地出让价款后，方可申请办理土地登记，领取国有建设用地使用权证书。

未按出让合同约定缴清全部土地出让价款的，不得发放国有建设用地使用权证书，也不得按出让价款缴纳比例分割发放国有建设用地使用权证书。应当以招标拍卖挂牌方式出让国有建设用地使用权而擅自采用协议方式出让的，对直接负责的主管人员和其他直接责任人员依法给予处分；构成犯罪的，依法追究刑事责任。中标人、竞得人有下列行为之一的，中标、竞得结果无效；造成损失的，应当依法承担赔偿责任：

①提供虚假文件隐瞒事实的；

②采取行贿、恶意串通等非法手段中标或者竞得的。

国土资源行政主管部门的工作人员在招标拍卖挂牌出让活动中玩忽职守、滥用职权、徇私舞弊的，依法给予处分；构成犯罪的，依法追究刑事责任。

5. 土地使用权出让合同

国有土地使用权出让合同，是指市、县人民政府土地管理部门代表国家（出让人）与土地使用者（受让人）之间就土地使用权出让事宜所达成的、明确相互间权利义务关系的书面协议。国有土地使用权出让，必须通过合同形式予以明确。《城市房地产管理法》规定："土地使用权出让，应当签订书面出让合同。土地使用权出让合同由市、县人民政府管理部门与土地使用者签订。"

建设用地使用权出让合同一般包括下列条款：

1）当事人的名称和住所。

2）土地界址、面积等。

3）建筑物、构筑物及其附属设施占用的空间。

4）土地用途。

5）使用期限。

6）出让金等费用及其支付方式。

7）解决争议的方法。

3.2.6 土地使用权划拨管理

1. 土地使用权划拨的含义

《中华人民共和国城市房地产管理法》第二十二条规定：土地使用权划拨，是指县级以上人民政府依法批准，在土地使用者缴纳补偿、安置等费用后将该幅土地交付其使用，或者将土地无偿交给土地使用者使用的行为。其主要特点如下：

1）以划拨方式取得土地使用权的，一般没有使用期限的限制。

2）以划拨方式取得土地使用权的，不得从事转让、出租、抵押等经营活动。如果需要转让、出租、抵押的，应当办理土地出让手续或经政府批准。土地使用者不使用土地时，由政府无偿收回。

3）划拨土地使用权用途不得改变，要改变须经批准。

4）以划拨方式取得土地使用权，包括土地使用者缴纳拆迁安置、补偿费用（如城市的存量或集体土地）和无偿取得两种形式。

5）取得划拨土地使用权，必须经过县级以上人民政府核准并按法定的程序办理手续。

根据《中华人民共和国土地管理法》和《中华人民共和国城市房地产管理法》的规定，下列建设用地可由县级以上人民政府依法批准划拨：

1）国家机关用地和军事用地。

2）城市基础设施用地和公益事业用地。

3）国家重点扶持的能源、交通、水利等基础设施用地。

4）法律、行政法规规定的其他用地。

需要说明的是，并不是上述所有的项目一律按划拨方式供地，而只是这些项目中政府认为应当予以扶持，并给予政策上优惠的，经过批准可以采用划拨方式提供土地使用权。

2．划拨土地使用权的管理

（1）划拨土地使用权的用途限定

土地使用者必须严格按照《国有土地划拨决定书》和《建设用地批准书》中规定的划拨土地面积、土地用途、土地使用条件等内容来使用土地，不得擅自变更。

确需改变土地用途的，应当经土地行政主管部门同意，报原批准用地的人民政府批准。建设用地经批准后，因某些情况的变化，确属必须对批准文件规定的用途作某些调整时，应向市、县人民政府土地行政主管部门提出申请。土地行政主管部门经审查后，如果认为改变的土地用途仍符合规划并允许改变的，报经原批准用地机关批准，由市、县人民政府土地行政主管部门与土地使用者重新确定土地使用条件。如果原来是划拨土地使用权要变更为有偿使用的，应当按国有土地有偿使用的有关规定办理有偿使用手续，签订土地有偿使用合同，补缴土地有偿使用费。

在城市规划区范围内，土地的用途应当符合城市规划。建设项目用地审批前，市、县人民政府城市规划主管部门应当对下列事项提出书面意见，作为土地使用权划拨的依据之一：

1）项目的性质、规模和期限。

2）城市规划设计条件。

3）城市基础设施和公用设施的建设要求。

4）基础设施建成后的产权界定。

5）项目拆迁补偿、安置要求。

此外，在城市规划区范围内改变土地用途的，报批前，也应当先经城市规划行政主管部门同意。土地行政主管部门再根据土地管理的要求，报人民政府批准。

（2）划拨土地使用权流转管理

符合下列条件的，经市、县人民政府批准，其划拨土地使用权可以转让、出租、抵押：

1）领有国有土地使用证。

2）具有合法的地上建筑物、其他附着物产权证明。

3）依照法律规定签订土地使用权出让合同，向当地市、县人民政府交付土地使用权出让金或者以转让、出租、抵押所获收益抵交土地使用权出让金。

（3）划拨土地使用权的收回

划拨土地使用权收回的条件：

1）公共利益需要使用该划拨土地。原土地使用者可以得到适当的补偿。

2）由于实施城市规划和进行旧城改造，需要调整使用土地。

3）因单位撤销、迁移等原因，不再需要使用该划拨土地的，该土地必须由国家收回。同时，因划拨土地不是有偿使用的，土地不予补偿。如果原土地使用单位需要将该划拨土地和地上建筑物转让，对该土地则按有偿使用的办法进行处理，应当补办出让手续，补交土地有偿使用费。

4）公路、铁路、机场、矿场等经核准报废的。

收回国有土地使用权的批准权限：

一般说来，划拨土地使用权的收回应由收回单位提出收回国有土地使用权的方案。如果是单独批准收回土地使用权的，应当报原批准用地的机关批准。如果是为公共利益等建设项目用地收回的，应当在报批建设项目用地的同时，报送收回国有土地使用权的方案，经依法批准，由当地人民政府土地行政主管部门实施。

3.3 闲置土地的处理

为有效处置和充分利用闲置土地，规范土地市场行为，促进节约集约用地，国土资源部修订了《闲置土地处置办法》（国土资源部令第53号），于2012年6月1日发布。新《闲置土地处置办法》自2012年7月1日起施行，该办法明确了闲置土地的调查和认定、处置和利用、预防和监管等内容。

3.3.1 闲置土地的认定

闲置土地是指国有建设用地使用权人超过国有建设用地使用权有偿使用合同或者划拨决定书约定、规定的动工开发日期满一年未动工开发的国有建设用地。已动工开发但开发建设用地面积占应动工开发建设用地总面积不足三分之一或者已投资额占总投资额不足百分之二十五，中止开发建设满一年的国有建设用地，也可以认定为闲置土地。

市、县国土资源主管部门发现有涉嫌闲置土地的，应当在三十日内开展调查核实，向国有建设用地使用权人发出《闲置土地调查通知书》。市、县国土资源主管部门履行闲置土地调查职责，可以采取下列措施：

1）询问当事人及其他证人。

2）现场勘测、拍照、摄像。

3）查阅、复制与被调查人有关的土地资料。

4）要求被调查人就有关土地权利及使用问题作出说明。

经调查核实，构成闲置土地的，市、县国土资源主管部门应当向国有建设用地使用权人下达《闲置土地认定书》。《闲置土地认定书》下达后，市、县国土资源主管部门应当通过门户网站等形式向社会公开闲置土地的位置、国有建设用地使用权人名称、闲置时间等信息；属于政府或者政府有关部门的行为导致土地闲置的，应当同时公开闲置原因，并书面告知有关政府或者政府部门。上级国土资源主管部门应当及时汇总下级国土资源主管部门上报的闲置土地信息，并在门户网站上公开。闲置土地在没有处置完毕前，相关信息应当长期公开。闲置土地处置完毕后，应当及时撤销相关信息。

3.3.2 闲置土地的处置

闲置土地处置应当符合土地利用总体规划和城乡规划，遵循依法依规、促进利用、保障权益、信息公开的原则。属于政府、政府有关部门的行为造成动工开发延迟的，国有建设用地使用权人应当向市、县国土资源主管部门提供土地闲置原因说明材料，经审核属实的，以及因自然灾害等不可抗力导致土地闲置的，市、县国土资源主管部门应当与国有建设用地使用权人协商，选择下列方式处置：

1）延长动工开发期限。签订补充协议，重新约定动工开发、竣工期限和违约责任。从补充协议约定的动工开发日期起，延长动工开发期限最长不得超过一年。

2）调整土地用途、规划条件。按照新用途或者新规划条件重新办理相关用地手续，并按照新用途或者新规划条件核算、收缴或者退还土地价款。改变用途后的土地利用必须符合土地利用总体规划和城乡规划。

3）由政府安排临时使用。待原项目具备开发建设条件，国有建设用地使用权人重新开发建设。从安排临时使用之日起，临时使用期限最长不得超过两年。

4）协议有偿收回国有建设用地使用权。

5）置换土地。对已缴清土地价款、落实项目资金，且因规划依法修改造成闲置的，可以为国有建设用地使用权人置换其他价值相当、用途相同的国有建设用地进行开发建设。涉及出让土地的，应当重新签订土地出让合同，并在合同中注明为置换土地。

6）市、县国土资源主管部门还可以根据实际情况规定其他处置方式。

除上述第4）项规定外，动工开发时间按照新约定、规定的时间重新起算。

其他原因造成土地闲置的情形，按照下列方式处理闲置土地：

1）未动工开发满一年的，由市、县国土资源主管部门报经本级人民政府批准后，向国有建设用地使用权人下达《征缴土地闲置费决定书》，按照土地出让或者划拨价款的百分之二十征缴土地闲置费。土地闲置费不得列入生产成本。

2）未动工开发满两年的，由市、县国土资源主管部门按照《中华人民共和国土地管理法》第三十七条和《中华人民共和国城市房地产管理法》第二十六条的规定，报经有批准权的人民政府批准后，向国有建设用地使用权人下达《收回国有建设用地使用权决定书》，无偿收回国有建设用地使用权。闲置土地设有抵押权的，同时抄送相关土地抵押权人。

对依法收回的闲置土地，市、县国土资源主管部门可以采取下列方式利用：

1）依据国家土地供应政策，确定新的国有建设用地使用权人开发利用。

2）纳入政府土地储备。

3）对耕作条件未被破坏且近期无法安排建设项目的，由市、县国土资源主管部门委托有关农村集体经济组织、单位或者个人组织恢复耕种。

3.3.3 闲置土地的预防和监管

市、县国土资源主管部门供应土地应当土地权利清晰，安置补偿落实到位，没有法律经济纠纷，地块位置、使用性质、容积率等规划条件明确，具备动工开发所必需的其他基本条件，防止因政府、政府有关部门的行为造成土地闲置。国有建设用地使用权有偿使用合同或者划拨决定书应当就项目动工开发、竣工时间和违约责任等作出明确约定、规定。约定、规定动工开发时间应当综合考虑办理动工开发所需相关手续的时限规定和实际情况，为动工开发预留合理时间。因特殊情况，未约定、规定动工开发日期，或者约定、规定不明确的，以实际交付土地之日起一年为动工开发日期。实际交付土地日期以交地确认书确定的时间为准。

国有建设用地使用权人应当在项目开发建设期间，及时向市、县国土资源主管部门报告项目动工开发、开发进度、竣工等情况。并在施工现场设立建设项目公示牌，公布建设用地使用权人、建设单位、项目动工开发、竣工时间和土地开发利用标准等。

国有建设用地使用权人违反法律法规规定和合同约定、划拨决定书规定恶意囤地、炒地的，依照本办法规定处理完毕前，市、县国土资源主管部门不得受理该国有建设用地使用权人新的用地申请，不得办理被认定为闲置土地的转让、出租、抵押和变更登记。

3.4 农村集体建设用地

3.4.1 农村集体建设用地的使用范围

1. 兴办乡镇企业用地

乡（镇）企业使用本集体经济组织所有的土地主要有三种类型：一是乡（镇）企业使用本乡（镇）集体所有的土地；二是村办企业使用本集体所有的土地；三是农村集体经济组织使用本集体所有的土地与其他单位、个人以土地使用权入股、联营等形式共同举办乡（镇）企业。

2. 农村村民建住宅用地

农民个人建房使用本集体所有的土地，但在两处建住宅是禁止的。城镇居民使用集体土地，或农村村民建住宅使用其他集体经济组织所有的土地是不允许的。

3. 乡（镇）村公共设施和公益事业建设用地

乡（镇）村公共设施和公益事业建设使用农民集体所有的土地。

3.4.2 农村集体建设用地的使用原则

乡镇企业、乡（镇）村公共设施、公益事业和农村村民建住宅，使用农民集体所有的建设用地，必须遵循以下原则：

1）必须符合乡（镇）土地利用总体规划，使用乡（镇）土地利用总体规划确定的建设用地，不得使用规划中确定的农用地。

2）必须依法取得县级以上人民政府批准，不论是乡镇企业、公共设施、公益事业还是农民宅基地都必须依法取得批准。

3）建设占地与农村土地整理挂钩，严格控制占用耕地。

3.4.3 乡镇企业用地的管理

乡镇企业用地，一般是指农村集体经济组织兴办企业或者与其他组织、个人以土地使用权入股、联营等形式共同举办企业所使用的土地。

涉及占用农用地的，应当先办理农用地转用审批手续。举办乡镇企业，其建设用地应当符合土地利用总体规划，严格控制、合理利用和节约使用土地，凡有荒地、劣地可以利用的，不得占用耕地、好地。举办乡镇企业使用农村集体所有的土地的，应当依照法律、法规的规定，办理有关用地批准手续和土地登记手续。乡镇企业使用农村集体所有的土地，连续闲置两年以上或者因停办闲置一年以上的，应当由原土地所有者收回该土地使用权，重新安排使用。

3.4.4 乡（镇）村公共设施、公益事业建设用地管理

涉及占用农用地的，应当先办理农用地转用审批。使用其他集体所有土地

的，应当给予补偿或调换土地。使用农民承包经营土地的，农民集体经济组织应当给予安置。涉及收回土地使用权的还应当给予补偿。

3.4.5 农村村民宅基地管理

1. 宅基地的定义

宅基地是指农民的住房、辅助用房（厨房、禽畜舍、厕所等）、沼气池（或太阳灶）和小庭院（或天井）用地，以及房前房后少量的绿化用地。宅基地不包括农民生产晒场用地。

2. 申请宅基地的条件及标准

符合以下条件，可以申请宅基地：统一规划建设的新村、居民点，需要安排宅基地的农户；原有宅基地面积低于规定限额标准，居住拥挤的农户；一些确实需要分家、分居而又无宅基地的农户；回乡落户定居而又无宅基地的离休、退休、退职职工及其家人、华侨、侨眷等。

3. 宅基地用地的审查程序

农村村民建造住房，由村民向农村集体经济组织或村民委员会提出申请，经村民委员会或村代表大会讨论通过后，报经乡（镇）人民政府审核，再报县级人民政府批准。

3.4.6 集体建设用地的收回

下列情况可以收回土地使用权：

为乡（镇）村公共设施和公益事业建设需要使用土地的，经过批准，农村集体经济组织可以收回集体建设用地使用权。但对土地使用人造成的损失，予以补偿。

不按照批准用途使用土地的，经原批准机关批准，农村集体经济组织应收回土地使用权，并不予补偿。

乡镇企业、公益事业、公共设施的所有者因某种原因被撤销或迁移到其他地方，不再需要使用或无法使用该土地的，可以由农民集体经济组织收回土地使用权。

3.4.7 集体土地使用权的转移

《土地管理法》第六十三条规定："农民集体所有的土地的使用权不得出让、转让或者出租用于非农业建设；但是，符合土地利用总体规划并依法取得建设用地的企业，因破产、兼并等情形致使土地使用权依法发生转移的除外。"根据这一规定，农民集体土地的使用权，原则上不允许用于非农业建设，只有一种情形可以例外，就是对于符合土地利用总体规划并依法取得建设用地的企业，因破产、兼并等原因使土地使用权发生转移的情形。这种情形是指乡镇企业破产、兼并，企业的资产（包括厂房等）发生转移而导致土地使用权发生转移，如果土地上没有建筑物等设施，集体土地的使用权将不允许转让，也不得转让用于非农业建设。《城市房地产管理法》规定："城市规划区内的集体所有的土地，经依法征收转为国有土地后，该幅国有土地的使用权方可有偿出让。"

3.5 集体土地征收

3.5.1 国家建设征收土地的概念

集体土地征收就是国家为了公共利益的需要，依法将集体所有的土地转变为国有土地的强制手段。征收土地具有以下特征：

1）征地是一种政府行为，是政府的专有权力。

2）必须依法批准。

3）补偿性。国家要向被征收土地的所有者支付补偿费，造成劳动力剩余的必须予以安置。

4）强制性。

5）权属转移性。

6）征地行为必须向社会公开，接受社会的公开监督。

3.5.2 征收土地的审批

征收土地实行国务院和省级人民政府两级审批制度。需报国务院批准的有：

1）基本农田。

2）基本农田以外的耕地超过35hm^{2}的。

3）其他土地超过70hm^{2}的。其他的用地由省、自治区、直辖市人民政府批准，报国务院备案。

在征收土地的审批中，要征收农用地，首先要办理农用地转用，或同时办理农用地转用审批。

3.5.3 征收土地的补偿和安置

征收土地的补偿和安置包括土地补偿、安置补助以及地上附着物和青苗的补偿等。

1．土地补偿费

（1）土地补偿费的概念

土地补偿费是国家建设征收土地时，为补偿被征地和原土地使用单位的经济损失而向其支付的款项。其实质是对农民在被征收的土地上的长期投工和投资的补偿。

（2）土地补偿费的计算

征收耕地的补偿费为该耕地征收前三年平均年产值的6～10倍。按照上述标准支付土地补偿费，尚不能使需要安置的农民保持原有生活水平的，经省、自治区、直辖市人民政府批准，可以增加安置补助费。但是土地补偿费和安置费的总和不得超过土地被征收前三年平均年产值的30倍。国务院根据社会、经济发展水平，在特殊情况下，可以提高征收耕地的土地补偿费和安置补助费的标准。

（3）新菜地开发建设基金费用收取标准

菜地，是指城市郊区为供应城市居民吃菜，连续三年以上常年种菜或养殖鱼虾等的商品菜地和精品鱼塘。

城市人口（不含郊县人口，仅指市区和郊区的非农业人口，下同）百万以上的市，每征收一亩菜地，缴纳7000～10000元。城市人口50万～100万的市，每征收1亩菜地，缴纳3000～5000元。在京、津、沪所管辖县征收为供应直辖市居民吃菜的菜地，也按该标准缴纳。城市人口不足50万的城市，每亩缴纳3000～5000元。在同一城市，对中央和地方的建设项目征地，按同一标准收取。

2. 安置补助费

（1）安置补助费的概念

所谓安置补助费是指用地单位对被征地单位安置因征地所造成的剩余劳动力所需费用而支付的补助金额。

（2）安置补助费的计算

征收耕地的安置补助费标准，是按照需要安置的农业人口数计算。需要安置的农业人口数按照被征收的耕地数量除以征地前被征地单位平均每人占有耕地的数量计算。每一个需要安置的农业人口的安置补助费标准为该耕地征收前三年平均年产值的4～6倍，但每亩耕地的安置补助费，最高不得超过其年产值的15倍。每个被安置农业人口的安置补助费具体计算公式如下：

安置补助费=被征收耕地前三年平均年产值×补偿倍数

特殊情况下，计算所得的补偿和安置费不能维持原有生活和生产水平时，经过省、自治区、直辖市人民政府批准，可以适当提高标准；但土地补偿和安置补助费之和，最高不得超过年产值的30倍。

（3）剩余劳力的安置

今后主要的安置办法是支持被征地单位从事农业开发、兴办企业或采用货币安置或自谋职业等。

目前被征用土地的人员安置途径主要有以下几种：

1）安排符合条件的人到建设用地单位或其他需要用人的单位就业。若由建设单位负责安置，则建设用地单位可免交征地安置补偿费，否则将相应的安置补助费转拨给接收单位。

2）将安置补助费金额发给需要安置的人员，由他们自己自谋职业。但农村集体经济组织和村民委员会应与自谋职业的农民签订协议。

3）被征地的集体经济组织负责安置，安置补偿费由该组织使用与管理。有条件的地方，由集体经济组织出资开垦新的土地，重新分给土地被征用的农户，经双方协调签订协议。

4）大中型建设项目或连片征地的，在有条件的地区，根据统一规划，可以从征收土地中划出一定比例的土地使用权交给被征单位和农民，支持其开发经营、兴办企业，所需征地费用由被征地单位负担。

5）大型水利水电工程用地，具有公益性，占地数量一般都很大，在征地过程中，除解决补偿安置问题外，还要解决移民安置问题。水利水电工程建设用地的移民安置，应按照就地安置的原则，首先在本乡本县内安置；在本乡本县内安置不了的，应在工程受益地方安置；在受益地方安置不了的，可按照自愿协调的原则外迁安置。移民自愿投亲靠友的，由迁出地人民政府和移民协商，签订协议，办理有关手续，迁出地人民政府应当将相应的土地补偿费和安置补助费，交给安置地人民政府，统筹安排移民的生产、生活，经安置的移民不得擅自返迁。

6）通过将国营农场土地调剂给被征地单位。

3．青苗及地上附着物补偿费

凡在批准征地方案后抢种的农作物、树木和抢建的设施，一律不予补偿。

（1）青苗补偿标准

办理征收手续时，应明确移交土地的时间，使当地村组及早准备，以免造成过多的损失。损坏被征收土地上的青苗，应当给予合理的补偿。对刚刚播种的农作物，按季产值的三分之一补偿工本费。对于成长期的农作物，最高按一季度产值补偿。对于粮食、油料和蔬菜青苗，能得到收获的，不予补偿。对于多年生的经济林木，要尽量移植，由用地单位付给移植费；如不能移植必须砍伐的，由用地单位按实际价值补偿。对于成材树木，由树木所有者自行砍伐，不予补偿。

（2）房屋拆迁补偿标准

被征土地上的房屋等设施需要拆迁时，必须在申请征收土地的同时，一并编制计划，上报批准。在国家建设工程开工之前，当地政府帮助拆迁户安排好住房。房屋拆迁补偿标准按照当地相关规定标准执行。

（3）其他附着物的补偿标准

地上附着物是指在土地上建造的一切建筑物（如平房、楼房及附属房屋等），构筑物（如水塔、水井、桥梁等）及地上定着物（如花草树木、铺设的电缆等）的总称。实践中将如房屋、水渠、路桥等建筑物与构筑物看成地上定着物，将如树、竹、花卉、园林等看成地上附着物。其他附着物的补偿标准按照当地相关规定标准执行。

4．其他规定

1）关于大中型水利、水电工程建设征收土地的补偿标准和移民办法的特殊规定。

2）《土地管理法》规定。大中型水利、水电工程建设征收土地的补偿和移民安置办法，由国务院另行规定。

3）临时占地及补偿。《土地管理法》规定，建设项目施工和地质勘查需要临时使用国有土地或者农民集体所有的土地的，报县级人民政府土地行政主管部门批准。其中，在城市规划区内的临时用地，在报批前，应当先经过有关城市规划行政主管部门同意。土地使用者应当根据土地权属，与有关土地行政主管部门或者农村集体经济组织、村民委员会签订临时使用土地的合同，并按照合同约定支付临时使用土地的补偿费。使用期满之后，用地单位负责恢复原有土地的耕作条件，对土地采取妥善的复垦措施；若用地单位一时无力直接承担这部分土地的复垦工作时，可以按恢复土地工作量向当地村组支付土地恢复费，交村组自行恢复。有的地区可以向用地单位直接收取土地复垦费，以统一进行该地区的土地复垦工作。水利、公路、航道建设工程的空地或废弃地，经过平整可以耕种或开展多种经营的，不按征地处理，仍归农村集体所有，建设单位承担平整土地的费用，并补偿该耕地一年的产值。

需要指出的是：

1）征地是国家的行政行为，而不是土地买卖。征地既是一种国家行为，也是农民对国家应尽的一种义务，并不是农民向国家卖地；国家征收土地再出让时，原土地与出让时的土地的地价差异是由国家投资所形成的，原则上这项收益应归国家所有。因此，国家对农民的补偿支付的费用仍然是补偿或补助性质的，而不是完全的地价，不能根据土地使用权的出让价格制定征地补偿标准。

2）征地补偿和安置补助的原则是保证被征地农民的生活水平不因征地而降低。即征收土地后，通过补偿、安置补助费的支付和使用，要使被征地单位的农民的生活水平达到或超过征地前的生活水平。如果达不到，应当采取相应的措施。

3.5.4　征地补偿费的支付和管理

1. 征地补偿费的支付

市、县人民政府土地行政主管部门应在土地征收批准后三个月内，将征地补偿费用支付给被征收土地的农村集体组织或村民委员会。

2. 征地补偿费的管理

（1）土地补偿费

由农村集体经济组织或者村民委员会管理，主要用于发展集体经济和改善生产和生活条件，可视土地使用者或者土地承包者对土地的投入情况给予适当补偿。

（2）安置补助费

谁负责安置，谁管理、使用，一般不安置的支付给个人。

（3）地上附着物补偿费

谁拆迁或迁建的，支付给谁；自行拆迁的，支付给附着物的所有者；林木、果树补偿给所有者。

（4）青苗补偿费

青苗补偿费支付给其所有者。

（5）对征收农业承包户的土地补偿

征收农业承包户的土地，承包期限在10年以上的，农村集体经济组织和村民委员会可以将土地补偿费的80%支付给土地承包经营者。

3.5.5　征地方案的编制

征地方案是在批准农用地转用后或同时必须上报的材料，征地方案的申请受理、审查过程与农用地转用方案基本相同。

1．征收土地方案的编制主体与内容

（1）征收土地方案编制的主体

征收土地方案一般由县级人民政府土地行政主管部门负责编制。

（2）征收土地方案的内容

征收土地方案要说明被征土地的数量、位置、权属以及土地补偿标准、安置途径等内容，以表格的形式填写，同时另附以下材料：

1)《建设拟征（占）地土地权属情况汇总表》。

2)耕地以外的其他土地的有关补偿标准的规定。

3)用地单位对本方案的意见。

4)1∶500至1∶1000征地红线图，能反映征地范围、面积、利用现状及权属关系。

2．征地方案的编制程序

（1）确定征地范围

在土地利用总体规划确定的城市、村庄和集体建设用地范围内，按年度建设占地指标，城市或村镇规模确定的各地块的用途，以及具体建设项目的用地需求，确定建设用地位置即为征地范围。对经国务院及省级人民政府批准的大型能源、交通、水利等基础设施，需征收土地利用总体规划确定的城市、村庄和集体建设用地范围以外的土地，按具体项目用地要求并经论证批准确定建设项目的准确位置，即为征地范围。

（2）现场调查

县级土地行政主管部门派工作人员到现场调查被征地村的基本情况。

（3）确定征地补偿费、需要安置的人数和安置途径

（4）拟定征收土地方案

根据征收土地方案内容，由县级以上人民政府土地行政主管部门负责拟定征收土地方案。

（5）征求意见

将拟定的征收土地方案征求被征地村的意见，在法律许可的范围内尽量使方案满足被征地农民的要求。

（6）签字上报审批

拟定的征地方案经修改和具体经办人员及分管领导签字上报至有批准权的人民政府审查批准。

3.5.6 征收土地的程序

1．拟定征收土地方案

征收土地方案由拟征收土地所在地市、县人民政府或其土地行政主管部门拟定。

2．审查报批

报有批准权限的上级政府批准。

3．方案公告

由市、县人民政府对经批准的征地方案在被征收土地所在地的乡（镇）、村予以公告。

4．征地补偿登记

被征收土地的所有权人和使用权人应当在公告规定的期限内，持土地权属证书到当地人民政府土地行政主管部门办理征地补偿登记。

5．制定征地补偿、安置方案

由市、县土地行政主管部门会同有关部门根据批准的征收土地的方案及土地所有者和使用者的登记情况（经核实）制定，即把征地方案中确定的各种补偿的总费用分配到各所有者和使用者，以及具体落实人员的安置方案。

6．公告征地补偿、安置方案并组织实施

征地补偿费用应当自征地补偿、安置方案批准之日起3个月内全部支付。

7．清理土地

征地补偿、安置方案实施后，由市、县土地行政主管部门组织有关单位对被征收的土地进行清理。

3.6 国有土地上房屋征收

3.6.1 国有土地上房屋征收概述

1．新条例的变化

为了规范国有土地上房屋征收与补偿活动，维护公共利益，保障被征收人的合法权益，根据《物权法》和《全国人民代表大会常务委员会关于修改〈中华人民共和国城市房地产管理法〉的决定》，《国有土地上房屋征收与补偿条例》（国务院令第590号）（以下简称《征收补偿条例》）经2011年1月19日国务院第141次常务会议通过，2011年1月21日，新条例自公布之日起施行，2001年6月13日国务

院公布的《城市房屋拆迁管理条例》同时废止。《征收补偿条例》具有以下几个方面的特点。

（1）明确政府是公共利益征收惟一补偿主体

过去，多数情况下由拆迁人即开发商向当地建设主管部门申请拆迁许可，获批后由开发商实施拆迁。而成为拆迁主体的开发商，为了追求利润，往往尽可能压缩拆迁补偿标准，并且把拆迁负担转嫁到房价里，这样容易造成拆迁人与被拆迁人矛盾的激化。《征收补偿条例》规定，市、县级以上地方人民政府为征收与补偿主体。政府可以确定房屋征收部门负责组织进行房屋征收与补偿工作，并规定禁止建设单位参与搬迁活动，任何单位和个人都不得采取暴力、威胁或者中断供水、供热、供气、供电和道路通行等非法方式迫使被征收人搬迁。

（2）界定了公共利益的范围

《征收补偿条例》规定，就我国的具体国情而言，工业化、城镇化是经济社会发展、国家现代化的必然趋势，符合广大人民群众的根本利益，是公共利益的重要方面。2004年我国宪法修正案为保护公民个人合法的私有财产，规定只能基于"公共利益"的需要并依照法律程序，才能进行征收或者征用。这标志着公共利益征收与商业开发征收混为一谈的拆迁模式已成为历史。

（3）将征收过程程序化，强调尊重被征收人意愿

征收程序是规范政府征收行为，维护被征收人合法权益，促使政府做好群众工作的重要保障。《征收补偿条例》提高了对征收补偿方案的公众参与程度，征收补偿方案应征求公众意见，多数被征收人认为征收补偿方案不符合《征收补偿条例》规定的，应当组织听证会并修改方案，"修改方案"被列入条例，是对被征收人权益的尊重，也是突破。政府作出房屋征收决定前，应当进行社会稳定风险评估。房屋征收决定涉及被征收人数量较多的，应当经政府常务会议讨论决定。被征收房屋的调查结果和分户补偿情况应当公布。被征收人对征收决定和补偿决定不服的，可以依法申请行政复议或者提起行政诉讼。

（4）明确征收补偿标准

房屋征收中给予多少补偿，是人们最为关注的问题，直接关系人民群众的切身利益。而且搬迁引发的矛盾大多集中在征收补偿的标准和补偿是否公平上。《征收补偿条例》规定，对被征收房屋价值的补偿，不得低于房屋征收决定公告之日被征收房屋类似房地产的市场价格。被征收房屋的价值，由具有相应资质的房地产价格评估机构按照房屋征收评估办法评估确定。

（5）明确由被征收人协商选定评估机构

过去，大多数情况下对房屋价值的评估都是由政府指定的评估机构进行的，或者由开发商和被征收人共同协商决定，有的甚至是由开发商指定的评估机构，所以许多被征收人都对这些评估机构不信任，被征收人没有选择权。《征收补偿条例》规定房地产价格评估机构由被征收人协商选定；协商不成的，通过多数决定、随机选定等方式确定，这就极大地维护了被征收人的权益，有利于房屋评估的公

平和公正。这样打破了以往一家的评估局面，并从根本上转变错估、漏估、少估等明知有误又无法改变的不公现象，使评估更贴近实际、更公平、更具科学性。

（6）明确了征收房屋的原则

《征收补偿条例》规定，房屋征收与补偿应当遵循决策民主、程序正当、结果公开的原则。决策民主要求一切从实际出发，系统全面地掌握实际情况，深入分析决策对各方面的影响，认真权衡利弊得失。要把公众参与、专家论证、风险评估、合法性审查和集体讨论决定作为重大决策的必经程序。程序正当要求政府要严格遵循法定程序，依法保障行政管理相对人、利害关系人的知情权、参与权和救济权。行政机关工作人员履行职责，与行政管理相对人存在利害关系时，应当回避。结果公开是为了避免征收补偿过程中的暗箱操作，做到公开透明、公平公正，以确保房屋征收与补偿工作的顺利开展。

2. 国有土地上房屋征收管理体制

（1）房屋征收与补偿的主体是市、县级人民政府

市、县级人民政府负责本行政区域的房屋征收与补偿工作。这里的"市、县级人民政府"是指：一是市级人民政府，主要包括除直辖市以外的设区的市、直辖市所辖区、自治州人民政府等；二是县级人民政府，主要包括不设区的市、市辖区（直辖市所辖区除外）、县、自治县人民政府等。

按照原拆迁条例的规定，取得房屋拆迁许可证的建设单位是拆迁人，这是由当时的历史条件所决定的。从近几年的实践看，由于拆迁进度与建设单位的经济利益直接相关，容易造成拆迁人与被拆迁人矛盾激化。因此，《征收补偿条例》改变了以前由建设单位拆迁的做法，规定市、县级人民政府是征收与补偿的主体，由房屋征收部门组织实施房屋征收与补偿工作。

按照《征收补偿条例》的规定，设区的市及其所辖区的人民政府都有房屋征收权。这两级人民政府在征收权限划分上，各自承担什么样的职责，原则上由设区的市人民政府确定。从有利于征收行为有效实施的角度出发，房屋征收权由区级人民政府行使较为适宜，这有利于强化属地管理责任，在纠纷发生后，可以依法、及时、就地解决，在节约成本的同时，维护被征收人的合法权益。区级人民政府行使征收权的，设区的市人民政府应当明确市、区两级人民政府在房屋征收权方面的职责分工，并切实履行好监督职责。

市、县级人民政府的职责主要有：组织有关部门论证和公布征收补偿方案，征求公众意见；对征收补偿方案的征求意见情况和修改情况进行公布，以及因旧城区改建需要征收房屋，多数人不同意情况下举行听证会；对房屋征收进行社会稳定风险评估；依法作出房屋征收决定并公布；制定房屋征收的补助和奖励办法；组织有关部门对征收范围内未经登记的建筑进行调查、认证和处理；依法作出房屋征收补偿决定等。

（2）市、县级人民政府确定的房屋征收部门组织实施房屋征收补偿工作

市、县级人民政府确定的房屋征收部门即房屋征收部门，组织实施本行政区

域的房屋征收与补偿工作。房屋征收是政府行为，房屋征收与补偿的主体应当是政府。房屋征收与以前的房屋拆迁不同，房屋征收决定、补偿决定、申请人民法院强制执行都将以政府名义作出。鉴于我国对房地产实行属地化管理，房屋征收与补偿工作量大面广，情况复杂，涉及被征收人的切身利益以及地方经济发展和社会稳定，以地方人民政府设立或者确定一个专门的部门负责房屋征收补偿工作为宜。同时，考虑到目前地方机构设置和职能分工不同，《征收补偿条例》规定市、县级人民政府确定一个房屋征收部门具体负责房屋征收的组织实施工作。房屋征收部门的设置可以有以下两种形式：一是市、县级人民政府设立专门的房屋征收部门；二是在现有的部门（如房地产管理部门、建设主管部门）中，确定一个部门作为房屋征收部门。

设区的市所辖的区级人民政府行使征收权的，设区的市人民政府房屋征收部门应当加强对区级人民政府房屋征收部门的监督，特别是在征收计划、法规政策、征收补偿方案、补偿资金使用等方面的监督。区级人民政府房屋征收部门可负责具体实施。

房屋征收部门的职责主要有：委托房屋征收实施单位承担房屋征收与补偿的具体工作，并对委托实施的房屋征收与补偿行为负责监督；拟定征收补偿方案，并报市、县级人民政府；组织对征收范围内房屋的权属、区位、用途、建筑面积等情况进行调查登记，并公布调查结果；书面通知有关部门暂停办理房屋征收范围内的新建、扩建、改建房屋和改变房屋用途等相关手续；与被征收人签订补偿协议；与被征收人在征收补偿方案确定的签约期限内达不成补偿协议或者被征收房屋所有权人不明确的，报请作出决定的市、县级人民政府作出补偿决定；依法建立房屋征收补偿档案，并将分户补偿情况在房屋征收范围内向被征收人公布等。

（3）地方人民政府有关部门在房屋征收补偿工作中互相配合

市、县级人民政府有关部门应当依照《征收补偿条例》的规定和本级人民政府规定的职责分工，互相配合，保障房屋征收与补偿工作的顺利进行。上级人民政府应当加强对下级人民政府房屋征收与补偿工作的监督。国务院住房城乡建设主管部门和省、自治区、直辖市人民政府住房城乡建设主管部门应当会同同级财政、国土资源、发展改革等有关部门，加强对房屋征收与补偿实施工作的指导。房屋征收是一个系统工程，涉及诸多方面的工作，需要政府相关部门的互相配合。例如，征收补偿中的有关工作涉及发展改革、财政等综合部门；土地使用权手续的办理，涉及土地行政主管部门；暂停办理相关手续，涉及规划、建设、房地产以及工商、税务等行政主管部门；文物古迹保护，涉及文物行政主管部门；非住宅房屋认定，涉及工商、税务等行政主管部门。

房屋征收部门可以委托房屋征收实施单位，承担房屋征收与补偿的具体工作。房屋征收实施单位不得以营利为目的。房屋征收部门对房屋征收实施单位在委托范围内实施的房屋征收与补偿行为负责监督，并对其行为后果承担法律责任。

任何组织和个人对违反《征收补偿条例》规定的行为，都有权向有关人民政府、房屋征收部门和其他有关部门举报。接到举报的有关人民政府、房屋征收部门和其他有关部门对举报应当及时核实、处理。监察机关应当加强对参与房屋征收与补偿工作的政府和有关部门或者单位及其工作人员的监察。

3.6.2　国有土地上房屋征收的程序

1．拟定征收补偿方案

房屋征收部门拟定征收补偿方案，报市、县级人民政府。征收补偿方案的内容包括房屋征收目的、房屋征收范围、实施时间、补偿方式、补偿金额、补助和奖励、安置用房面积和安置地点、搬迁期限、搬迁过渡方式和过渡期限等事项。

2．组织有关部门论证

收到房屋征收部门上报的征收补偿方案后，市、县级人民政府应当组织发展改革、城乡规划、国土资源、环境资源保护、文物保护、财政、建设等有关部门对征收补偿方案进行论证。主要论证内容包括建设项目是否符合国民经济和社会发展规划、土地利用总体规划、城乡规划和专项规划，房屋征收目的是否符合房屋征收的条件，房屋征收范围是否科学合理，补偿方案是否公平等。

3．征求公众意见

对征收补偿方案进行论证、修改后，市、县级人民政府应当予以公布，征求公众意见，期限不得少于30日。征收补偿方案征求公众意见结束后，市、县级人民政府应当将征求意见情况进行汇总，根据公众意见反馈情况对征收补偿方案进行修改，并将征求意见情况和根据公众意见修改情况及时公布。因旧城区改建需要征收房屋的，如果多数被征收人认为征收补偿方案不符合《征收补偿条例》规定，市、县级人民政府应当组织召开听证会进一步听取意见。参加听证会的代表应当包括被征收人代表和社会各界公众代表。市、县级人民政府应当听取公众意见，就房屋征收补偿方案等群众关心的问题进行说明。根据听证情况，市、县级人民政府应当对征收补偿方案进行修改完善，对合理意见和建议要充分吸收采纳。

4．房屋征收决定

市、县级人民政府作出房屋征收决定前，应当按照有关规定进行社会稳定风险评估；房屋征收决定涉及被征收人数量较多的，应当经政府常务会议讨论决定。市、县级人民政府作出房屋征收决定后应当及时公告。公告应当载明征收补偿方案和行政复议、行政诉讼权利等事项。市、县级人民政府及房屋征收部门应当做好房屋征收与补偿的宣传、解释工作。房屋被依法征收的，国有土地使用权同时收回。

5．与房屋征收相关的几项工作

1）组织调查登记。

2）对未进行登记的建筑物先行调查、认定和处理。

3）暂停办理相关手续。

4）作出房屋征收决定前，征收补偿费用应当足额到位、专户存储、专款专用。

3.6.3　国有土地上房屋征收决定

1．公共利益的界定

《征收补偿条例》在我国立法史上首次界定了公共利益，明确将因国防和外交的需要，由政府组织实施的能源、交通、水利、教科文卫体、资源环保、防灾减灾、文物保护、社会福利、市政公用等公共事业以及保障性安居工程建设、旧城区改建等纳入公共利益范畴。

1）国防和外交的需要。根据《国防法》的有关规定，国防是指国家为防备和抵抗侵略，制止武装颠覆，保卫国家的主权、统一、领土完整和安全所进行的军事活动，以及与军事有关的政治、经济、外交、科技、教育等方面的活动，是国家生存与发展的安全保障，本条所称国防的需要主要是指国防设施建设的需要；外交是一个国家在国际关系方面的活动，本条所称外交的需要主要是指使领馆建设的需要。

2）由政府组织实施的能源、交通、水利等基础设施建设的需要。基础设施是指为社会生产和居民生活提供公共服务的工程设施，是用于保证国家或地区社会经济活动正常进行的公共服务系统。根据《划拨用地目录》（国土资源部令第9号），能源、交通、水利等基础设施包括石油天然气设施、煤炭设施、电力设施、水利设施、铁路交通设施、公路交通设施、水路交通设施、民用机场设施等。由政府组织实施的项目并不限于政府直接实施或者独立投资的项目，也包括了政府主导、市场化运作的项目。

3）由政府组织实施的科技、教育、文化、卫生、体育、环境和资源保护、防灾减灾、文物保护、社会福利、市政公用等公共事业的需要。公共事业是指面向社会，以满足社会公共需要为基本目标、直接或者间接提供公共服务的社会活动。公共产品的提供方式主要有公共提供、市场提供和混合提供三种基本方式。公共事业与公益事业不同。根据《公益事业捐赠法》第三条的规定，公益事业是指非营利的救助灾害、救济贫困、扶助残疾人等困难的社会群体和个人的活动，而作为公共事业的教育、科学、文化、卫生、体育事业，环境保护、社会公共设施建设以及促进社会发展和进步的其他社会公共和福利事业等，比公益事业的范围要广，不排除具有营利性的项目。

4）由政府组织实施的保障性安居工程建设的需要。依照《国务院办公厅关于促进房地产市场平稳健康发展的通知》（国办发〔2010〕4号）的规定，保障性安居工程大致包括三类：第一类是城市和国有工矿棚户区改造，以及林区、垦区棚户区改造；第二类是廉租住房、经济适用住房、限价商品住房、公共租赁住房等；第三类是农村危房改造。国有土地上房屋征收一般只涉及前两类。

5）由政府依照城乡规划法有关规定组织实施的对危房集中、基础设施落后等地段进行旧城区改建的需要。《城乡规划法》第三十一条规定，"旧城区的改建，应当保护历史文化遗产和传统风貌，合理确定拆迁和建设规模，有计划地对危房集中、基础设施落后等地段进行改建。"根据该条规定，该项明确由政府依照城乡规划法有关规定组织实施的对危房集中、基础设施落后等地段进行旧城区改建的需要属于公共利益的需要。

6）法律、行政法规规定的其他公共利益的需要。该项是兜底条款，有利于弥补前五项规定未尽的事宜。现行法律如《土地管理法》、《城市房地产管理法》、《公益事业捐赠法》、《招标投标法》、《信托法》、《测绘法》、《海域使用管理法》等涉及了公共利益，但都没有明确界定"公共利益"。从条文内容来看，有的只对"公共利益"的范围作了一些具体界定。

2. 确需征收房屋的建设活动

建设活动应当符合有关规划。规划是政府为了满足公共需要、提供公共服务、促进国民经济社会发展、提升城市功能、改善居民的生活生产条件和环境，在充分征求社会各界和群众意见、充分考虑当地实际情况的基础上，依法编制并经过批准的，这也是调整各种相邻关系的一个手段，符合规划应当是符合公共利益的应有之义。要实现科学发展、节约合理利用土地、严格保护耕地，并严格控制征收规模，避免不必要的征收，应当通过国民经济和社会发展规划、土地利用总体规划、城乡规划和专项规划加以调控，并保障规划的科学性、民主性，尤其要加强基本农田保护，严守18亿亩耕地红线。宪法、法律和行政法规规定的规划中，国民经济和社会发展规划、城乡规划和土地利用总体规划属于综合性规划；专项规划种类较多，有气象设施建设规划、环境保护规划、放射性固体废物处置场所选址规划、防洪规划、消防规划、防震减灾规划、铁路发展规划、公路规划、港口规划、人民防空工程建设规划、城市道路发展规划等。

确需征收房屋的各项建设活动，应当符合国民经济和社会发展规划、土地利用总体规划、城乡规划和专项规划。保障性安居工程建设、旧城区改建，应当纳入市、县级国民经济和社会发展年度计划。制定国民经济和社会发展规划、土地利用总体规划、城乡规划和专项规划，应当广泛征求社会公众意见，经过科学论证。明确征收房屋的前提和要求，目的在于既保证国民经济和社会发展需要正常的土地需求，又防止不当或者过度地动用征收权，强调规划先行、规划民主。

公开征求意见过程中，有意见提出在国民经济和社会发展规划、土地利用总体规划、城乡规划和专项规划等规划编制过程中，应当加大公众参与程度。考虑到有关法律法规已就制定相关规划过程中如何确保公众参与作出了明确具体的规定，《征收补偿条例》不宜再作重复规定，因此，本条仅强调制定国民经济和社会发展规划、土地利用总体规划、城乡规划和专项规划，应当广泛征求社会公众意见，经过科学论证。以城乡规划为例，《城乡规划法》第二十六条规定："城乡规划报送审批前，组织编制机关应当依法将城乡规划《民法总则》予以公告，并采取论证会、听证会或者其他方式征求专家和公众的意见。公告的时间不得少于30日。组织编制机关应当充分考虑专家和公众的意见，并在报送审批的材料中附具意见采纳情况及理由。"这些措施有效地保证了公众对城乡规划制定的知情权和参与权。

保障性安居工程建设、旧城区改建纳入市、县级国民经济和社会发展年度计划。本条规定保障性安居工程建设和旧城区改建还应当纳入市、县级国民经济和社会发展年度计划。根据《地方各级人民代表大会和地方各级人民政府组织法》的规定，市、县级国民经济和社会发展年度计划应当经市、县级人民代表大会审查和批准。也就是说，保障性安居工程建设和旧城区改建应当经市、县级人民代表大会审议通过，方可实施房屋征收。人民代表大会是权力机关，是民意的代表机关。保障性安居工程建设和旧城区改建直接与当地广大城镇居民生活、工作密切相关，由民意的代表机关来审议通过，有利于更好地保护被征收人的利益。

3. 征收补偿方案

市、县级人民政府应当组织有关部门对征收补偿方案进行论证并予以公布，征求公众意见。征求意见期限不得少于30日。

（1）房屋征收部门拟定房屋征收补偿方案，并报市、县级人民政府

《征收补偿条例》规定市、县级人民政府确定的房屋征收部门组织实施房屋征收与补偿工作。规定房屋征收部门拟定征收补偿方案，旨在规范征收补偿程序，减少征收补偿中的矛盾纠纷。房屋征收补偿是被征收人最为关心的问题，也是产生矛盾纠纷的焦点。征收补偿方案对征收补偿起着至关重要的作用，对征收补偿会产生直接的影响。房屋征收实施的效果很大程度上取决于征收补偿方案的科学与否。房屋征收部门拟定的征收补偿方案，应当满足以下条件：

1）合法，即征收补偿方案的内容应当符合《征收补偿条例》规定，比如，补偿方式、征收评估、保障被征收人居住条件等。

2）合理，即征收补偿方案的内容应当是大多数人都能够接受的，征收范围大小合适，补偿标准公正公平，设定的奖励应当科学。

3）可行，征收补偿方案的内容，除符合法律法规规定外，还应当因地制宜，符合当地的实际情况，比如考虑当地的气候条件、风俗习惯、宗教信仰等因素。征收补偿方案的内容，本条未作具体规定。一般情况下，应当包括房屋征收范围、实施时间、补偿方式、补偿金额、补助和奖励、用于产权调换房屋的地点和面积、搬迁过渡方式和过渡期限等事项。房屋征收部门应当对房屋征收范围内房屋的权属、区位、用途、建筑面积以及租赁和用益物权等情况组织调查，依据调查结果，拟定征收补偿方案。调查一般应当在拟定征收补偿方案前进行。调查结果的详细程度对拟定征收补偿方案的可行性有直接影响。

（2）征收补偿方案由市、县人民政府负责组织论证

收到房屋征收部门上报的征收补偿方案后，市、县级人民政府应当组织发展

改革、城乡规划、国土资源、环境资源保护、文物保护、财政、建设等有关部门对征收补偿方案是否符合《征收补偿条例》及其他有关法律法规的规定进行论证。主要论证内容包括需用地的建设项目是否符合国民经济和社会发展规划、土地利用总体规划、城乡规划和专项规划，房屋征收范围是否科学合理，征收补偿方案是否公平等。组织有关部门进行论证的目的主要是为了保证征收补偿方案合理可行。

（3）征收补偿方案公布征求公众意见

对征收补偿方案进行论证、修改后，市、县级人民政府应当予以公布，征求公众意见，明确征求意见的期限不得少于30日。其主要目的是为了规范政府的征收活动，切实保证在征收、补偿活动过程中统筹兼顾公共利益和被征收人利益，进一步扩大公众参与，保障公众的知情权、参与权、建议权。《征收补偿条例》规定，在作出房屋征收决定前，房屋征收部门应当先行拟定征收补偿方案，市、县级人民政府应在拟定征收补偿方案阶段即履行征求公众意见的程序。本条严格规范政府的征收活动，旨在使被征收人更早地掌握和了解到相关信息，及时有效地参与房屋征收工作并提出意见，对政府的房屋征收行为进行监督。房屋征收工作涉及社会公共利益，也涉及被征收人的切身利益，只有得到被征收人的理解和配合，房屋征收工作才能顺利开展。因此，本条内容旨在确保征收过程的公开、公正、透明以及被征收人的参与权，以获得被征收人的理解和支持。市、县级人民政府应当将征求意见情况和根据公众意见修改的情况及时公布。因旧城区改建需要征收房屋，多数被征收人认为征收补偿方案不符合《征收补偿条例》规定的，市、县级人民政府应当组织由被征收人和公众代表参加的听证会，并根据听证会情况修改方案。市、县级人民政府作出房屋征收决定前，应当按照有关规定进行社会稳定风险评估；房屋征收决定涉及被征收人数量较多的，应当经政府常务会议讨论决定。作出房屋征收决定前，征收补偿费用应当足额到位、专户存储、专款专用。

（4）房屋征收决定公告

市、县级人民政府作出房屋征收决定后应当及时公告。公告应当载明征收补偿方案和行政复议、行政诉讼权利等事项。市、县级人民政府及房屋征收部门应当做好房屋征收与补偿的宣传、解释工作。房屋被依法征收的，国有土地使用权同时收回。被征收人对市、县级人民政府作出的房屋征收决定不服的，可以依法申请行政复议，也可以依法提起行政诉讼。房屋征收部门应当对房屋征收范围内房屋的权属、区位、用途、建筑面积等情况组织调查登记，被征收人应当予以配合。调查结果应当在房屋征收范围内向被征收人公布。房屋征收范围确定后，不得在房屋征收范围内实施新建、扩建、改建房屋和改变房屋用途等不当增加补偿费用的行为；违反规定实施的，不予补偿。房屋征收部门应当将前款所列事项书面通知有关部门暂停办理相关手续。暂停办理相关手续的书面通知应当载明暂停期限。暂停期限最长不得超过1年。

3.6.4　国有土地上房屋征收补偿

1．房屋征收补偿的内容

为了公共利益的需要，征收国有土地上单位、个人的房屋，应当对被征收房屋所有权人（以下称被征收人）给予公平补偿。房屋征收与补偿应当遵循决策民主、程序正当、结果公开的原则。作出房屋征收决定的市、县级人民政府对被征收人给予的补偿包括：

1）被征收房屋价值的补偿。

2）因征收房屋造成的搬迁、临时安置的补偿。

3）因征收房屋造成的停产停业损失的补偿。

市、县级人民政府应当制定补助和奖励办法，对被征收人给予补助和奖励。

征收个人住宅，被征收人符合住房保障条件的，作出房屋征收决定的市、县级人民政府应当优先给予住房保障。具体办法由省、自治区、直辖市制定。

2．房屋征收补偿的方式

任何单位被征收人可以选择货币补偿，也可以选择房屋产权调换。被征收人选择房屋产权调换的，市、县级人民政府应当提供用于产权调换的房屋，并与被征收人计算、结清被征收房屋价值与用于产权调换房屋价值的差价。因旧城区改建征收个人住宅，被征收人选择在改建地段进行房屋产权调换的，作出房屋征收决定的市、县级人民政府应当提供改建地段或者就近地段的房屋。

因征收房屋造成搬迁的，房屋征收部门应当向被征收人支付搬迁费；选择房屋产权调换的，产权调换房屋交付前，房屋征收部门应当向被征收人支付临时安置费或者提供周转用房。

对因征收房屋造成停产停业损失的补偿，根据房屋被征收前的效益、停产停业期限等因素确定。具体办法由省、自治区、直辖市制定。

3．被征收房屋价值的评估

市、县级人民政府作出房屋征收决定前，应当组织有关部门依法对征收范围内未经登记的建筑进行调查、认定和处理。对认定为合法建筑和未超过批准期限的临时建筑的，应当给予补偿；对认定为违法建筑和超过批准期限的临时建筑的，不予补偿。

对被征收房屋价值的补偿，不得低于房屋征收决定公告之日被征收房屋类似房地产的市场价格。被征收房屋的价值，由具有相应资质的房地产价格评估机构按照房屋征收评估办法评估确定。房屋征收评估办法由国务院住房城乡建设主管部门制定，制定过程中，应当向社会公开征求意见。

房地产价格评估机构由被征收人协商选定；协商不成的，通过多数决定、随机选定等方式确定，具体办法由省、自治区、直辖市制定。房地产价格评估机构应当独立、客观、公正地开展房屋征收评估工作，对评估确定的被征收房屋价值有异议的，可以向房地产价格评估机构申请复核评估。对复核结果有异议的，可以向房地产价格评估专家委员会申请鉴定。

4. 订立补偿协议或作出补偿决定

房屋征收部门与被征收人依照《征收补偿条例》的规定，就补偿方式、补偿金额和支付期限、用于产权调换房屋的地点和面积、搬迁费、临时安置费或者周转用房、停产停业损失、搬迁期限、过渡方式和过渡期限等事项，订立补偿协议。

补偿协议订立后，一方当事人不履行补偿协议约定的义务的，另一方当事人可以依法提起诉讼。房屋征收部门与被征收人在征收补偿方案确定的签约期限内达不成补偿协议，或者被征收房屋所有权人不明确的，由房屋征收部门报请作出房屋征收决定的市、县级人民政府依照《征收补偿条例》的规定，按照征收补偿方案作出补偿决定，并在房屋征收范围内予以公告。

补偿决定应当公平，补偿决定应当包括补偿方式、补偿金额和支付期限、用于产权调换房屋的地点和面积、搬迁费、临时安置费或者周转用房、停产停业损失、搬迁期限、过渡方式和过渡期限等事项。被征收人对补偿决定不服的，可以依法申请行政复议，也可以依法提起行政诉讼。

3.6.5 国有土地上房屋征收的法律责任

市、县级人民政府及其有关部门应当依法加强对建设活动的监督管理，对违反城乡规划进行建设的，依法予以处理。实施房屋征收应当先补偿、后搬迁。作出房屋征收决定的市、县级人民政府对被征收人给予补偿后，被征收人应当在补偿协议约定或者补偿决定确定的搬迁期限内完成搬迁。任何单位和个人不得采取暴力、威胁或者违反规定中断供水、供热、供气、供电和道路通行等非法方式迫使被征收人搬迁。禁止建设单位参与搬迁活动。被征收人在法定期限内不申请行政复议或者不提起行政诉讼，在补偿决定规定的期限内又不搬迁的，由作出房屋征收决定的市、县级人民政府依法申请人民法院强制执行。强制执行申请书应当附具补偿金额和专户存储账号、产权调换房屋和周转用房的地点和面积等材料。房屋征收部门应当依法建立房屋征收补偿档案，并将分户补偿情况在房屋征收范围内向被征收人公布。审计机关应当加强对征收补偿费用管理和使用情况的监督，并公布审计结果。

为了维护公共利益，保障被征收人的合法权益，保障房屋征收与补偿工作依法顺利进行，《房屋征收条例》明确规定了房屋征收与补偿的主体、主管部门和有关单位、个人的法律责任。承担法律责任的种类有行政责任、民事责任和刑事责任。

1. 市、县级人民政府及房屋征收部门工作人员的法律责任

市、县级人民政府及房屋征收部门的工作人员在房屋征收与补偿工作中不履行《征收补偿条例》规定的职责，或者滥用职权、玩忽职守、徇私舞弊的，由上级人民政府或者本级人民政府责令改正，通报批评；造成损失的，依法承担赔偿责任；对直接负责的主管人员和其他直接责任人员，依法给予处分；构成犯罪的，依法追究刑事责任。

2．暴力野蛮搬迁的法律责任

采取暴力、威胁或者违反规定中断供水、供热、供气、供电和道路通行等非法方式迫使被征收人搬迁，造成损失的，依法承担赔偿责任；对直接负责的主管人员和其他直接责任人员，构成犯罪的，依法追究刑事责任；尚不构成犯罪的，依法给予处分；构成违反治安管理行为的，依法给予治安管理处罚。

3．非法阻碍依法征收与补偿的法律责任

采取暴力、威胁等方法阻碍依法进行的房屋征收与补偿工作，构成犯罪的，依法追究刑事责任；构成违反治安管理行为的，依法给予治安管理处罚。

4．涉及征收补偿费用的法律责任

贪污、挪用、私分、截留、拖欠征收补偿费用的，责令改正，追回有关款项，限期退还违法所得，对有关责任单位通报批评、给予警告；造成损失的，依法承担赔偿责任；对直接负责的主管人员和其他直接责任人员，构成犯罪的，依法追究刑事责任；尚不构成犯罪的，依法给予处分。

5．出具虚假或有重大差错的评估报告的法律责任

房地产价格评估机构或者房地产估价师出具虚假或者有重大差错的评估报告的，由发证机关责令限期改正，给予警告，对房地产价格评估机构并处5万元以上20万元以下罚款，对房地产估价师并处1万元以上3万元以下罚款，并记入信用档案；情节严重的，吊销资质证书、注册证书；造成损失的，依法承担赔偿责任；构成犯罪的，依法追究刑事责任。

本章小结与拓展

通过本章学习，掌握我国现行的土地制度、土地使用权出让管理、闲置土地的处理、国有土地上房屋征收管理，熟悉国有建设用地管理、土地使用权划拨管理，了解农村集体建设用地管理、集体土地征收。重点阅读：《城市房地产管理法》《土地管理法》《城镇国有土地使用权出让和转让暂行条例》《国有土地上房屋征收与补偿条例》。关注《土地管理法》的修订、集体土地征收、农村建设用地管理等方面的立法动态。为贯彻落实党中央、国务院关于实行最严格的耕地保护制度和节约用地制度，审慎稳妥推进农村土地制度改革的有关精神，进一步保障和维护农民土地财产权益，促进农村土地资源得到更有效利用，促进城乡一体化发展，国土资源部在总结党中央、国务院专项部署的农村土地征收、集体经营性建设用地入市、宅基地管理制度改革试点成果以及多年来土地管理实践成效的基础上，对《中华人民共和国土地管理法》进行了研究修改，形成了《中华人民共和国土地管理法（修正案）》（征求意见稿），并于2017年5月23日在国土资源部门户网站面向社会公开征求意见。

思考题

1. 我国土地的基本国策是什么?

2. 属于国家所有和农民集体所有的土地有哪些?

3. 土地政策制定的原则有哪些?

4. 根据土地利用总体规划,我国土地分为哪几类?

5. 土地用途管制制度的内涵是什么?

6. 建设用地管理的内容有哪些?

7. 建设用地供应的基本依据与政策是什么?

8. 哪些建设用地可由县级以上人民政府依法批准划拨?

9. 闲置土地是如何认定的?

10. 征收土地实行什么审批制度?

11. 农村集体建设用地的使用范围是什么?

12. 农村村民宅基地如何管理?

13. 国有土地上房屋征收与补偿工作的责任主体是什么?

14. 如何界定公共利益?

15. 房屋征收的实施单位是什么?

16. 房屋征收的补偿方式有哪些?

第 4 章

城乡规划与房地产项目
勘察设计法规

4.1 城乡规划的概念和原则

1989年全国人大常委会通过了《城市规划法》，1993年国务院颁布了《村庄和集镇规划建设管理条例》，标志着我国城乡规划工作已进入了法制化轨道，形成了依法进行城乡规划的制定和实施管理的基本制度。这对于加强城市、村庄和集镇的规划、建设与管理，遏制城市和乡村无序建设、破坏生态环境等问题，促进城乡健康协调发展，发挥了重要作用。但是，近年来，随着城镇化进程的加快和社会主义市场经济体系的逐步建立，城乡规划作为保障城镇化健康有序发展的重要公共政策，其原有的管理体制、机制遇到了一些新的问题，原有法律制度已不能完全适应形势发展的需要。原有的《城市规划法》和《村庄和集镇规划建设管理条例》中的规划实施制度已经不能适应土地使用制度改革和国家投资体制改革的需要，亟须进行调整。2008年1月1日起施行的《城乡规划法》从我国国情和各地实际出发，以多年的城市和乡村规划工作实践经验为基础，借鉴国外规划立法经验，进一步强化了城乡规划管理。《城乡规划法》的出台，对于提高我国城乡规划的科学性、严肃性、权威性，加强城乡规划监管，协调城乡科学合理布局，保护自然资源和历史文化遗产，保护和改善人居环境，促进我国经济社会全面协调可持续发展具有长远的重要意义。

4.1.1 城乡规划管理的概念

城乡规划管理，是指城市人民政府按照法定程序编制和审批城市规划，并依据国家和各级政府颁布的城市规划管理的有关法规和具体规定，对批准的城市规划，采用法制的、行政的、经济的、技术的管理办法，对城市规划区内的各项建设进行统一的安排和控制，使城市的各项建设用地和建设工程活动有计划、有秩序地协调发展，保证城市规划的顺利实施。经依法批准的城市规划，是城市建设和规划管理的依据，未经法定程序不得修改。

城乡规划管理是一项政府行政职能，它包括城市规划编制审批管理和实施监察管理两部分。城乡规划的编制和管理经费纳入本级财政预算。制定和实施城乡规划，应当遵循城乡统筹、合理布局、节约土地、集约发展和先规划后建设的原则，改善生态环境，促进资源、能源节约和综合利用，保护耕地等自然资源和历史文化遗产，保持地方特色、民族特色和传统风貌，防止污染和其他公害，并符合区域人口发展、国防建设、防灾减灾和公共卫生、公共安全的需要。

城市规划分为总体规划和详细规划。详细规划分为控制性详细规划和修建性详细规划。城市总体规划的内容应当包括：城市、镇的发展布局，功能分区，用地布局，综合交通体系，禁止、限制和适宜建设的地域范围，各类专项规划等。规划区范围、规划区内建设用地规模、基础设施和公共服务设施用地、水源地和水系、基本农田和绿化用地、环境保护、自然与历史文化遗产保护以及防灾减灾等内容，应当作为城市总体规划、镇总体规划的强制性内容。城市总体规划的规划期限一般为20年。城市总体规划还应当对城市更长远的发展作出预测性安排。

4.1.2　城乡规划的原则

城乡规划工作必须遵循城乡建设和发展的客观规律，立足国情，面向未来。制定和实施城乡规划必须遵循以下五项基本原则。

1．城乡统筹原则

在规划的制定和实施过程中将城市、镇、乡和村庄的发展统筹考虑，促进城乡居民享受公共服务的均衡化。城乡规划编制单位必须按照城乡统筹的要求，根据各类规划的内容要求与特点，认真编制好相关规划。

2．合理布局原则

编制城乡规划，要从实现空间资源的优化配置，维护空间资源利用的公平性，促进能源资源的节约和利用，保障城市运行安全和效率方面，综合研究城镇布局问题，促进大中小城市和小城镇协调发展，促进城市、镇、乡和村庄的有序健康发展。

3．节约土地原则

要切实改变铺张浪费的用地观念和用地结构不合理的状况，始终把节约和集约利用土地、严格保护耕地作为城乡规划制定与实施的重要目标，要根据产业结构调整的目标要求，合理调整用地结构，提高土地利用效益，促进产业协调发展。

4．集约发展原则

编制城乡规划，必须充分认识我国长期面临的资源短缺约束和环境容量压力的基本国情，认真分析城镇发展的资源环境条件，推进城镇发展方式从粗放型向集约型转变，建设资源节约环境友好型城镇，增强可持续发展能力。

5．先规划后建设原则

各级人民政府及其城乡规划主管部门要严格依据法定的事权，及时制定城乡规划、加强规划的实施管理与监督；严格依据法定程序制定和修改城乡规划，保证法定规划的严肃性；严格依据法律规定，充分发挥法定规划对土地使用的指导和调控，促进城乡社会有序发展。

4.2　城乡规划的编制与审批

4.2.1　城乡规划的组织编制主体和审批主体

全国城镇体系规划由国务院行政主管部门组织编制。全国城镇体系规划由国务院城乡规划主管部门报国务院审批。省域城镇体系规划由省或自治区人民政府组织编制，报国务院审批。城市人民政府（包括直辖市人民政府和其他设市城市的人民政府）组织编制城市总体规划。直辖市的城市总体规划由直辖市人民政府报国务院审批。省、自治区人民政府所在地的城市以及国务院确定的城市的总体规划，由省、自治区人民政府审查同意后，报国务院审批。其他城市的总体规划，由城市人民政府报省、自治区人民政府审批。县人民政府组织编制县人民政府所在地镇的总体规划，报上一级人民政府审批。其他镇的总体规划由镇人民政府组织编制，报上一级人民政府审批。乡、镇人民政府组织编制乡规划、村庄规划，报上一级人民政府审批。

城市人民政府城乡规划主管部门根据城市总体规划的要求，组织编制城市的控制性详细规划，经本级人民政府批准后，报本级人民代表大会常务委员会和上一级人民政府备案。县人民政府所在地镇的控制性详细规划，由县人民政府城乡规划主管部门根据镇总体规划的要求组织编制，经县人民政府批准后，报本级人民代表大会常务委员会和上一级人民政府备案。镇人民政府根据镇总体规划的要求，组织编制镇的控制性详细规划，报上一级人民政府审批。城市、县人民政府城乡规划主管部门和镇人民政府可以组织编制重要地块的修建性详细规划。其他地区的修建性详细规划的编制主体是建设单位。各类修建性详细规划由城市、县城乡规划主管部门依法负责审定，修建性详细规划应当符合控制性详细规划。

4.2.2　城乡规划编制的依据

城乡规划编制以上一层次的城乡规划为依据，具体来说，就是城市的总体规划必须以所在省、自治区的省域城镇体系规划为依据；城市详细规划必须以所在城市的总体规划为依据，修建性详细规划必须以控制性详细规划为依据。此外，市辖县、区、乡镇域总体规划应当以所在城市的市域总体规划为依据。单独编制的各项专业规划同样应当以城市总体规划为依据。以上一层次的城市规划为依据，前提是这项规划必须是依法批准并有效，两者缺一不可。未经依法批准的城乡规划没有法律效力，不能指导城乡规划编制与审批；因超过规划期限或因现实情况已经发生了变化的上一层次规划，且必须作调整的，依法调整后，方可指导下一层次规划的编制和审批。

依法制定城乡规划，应当依据有关的法律规范和技术标准、技术规范，以城乡地区的现状条件和环境、资源以及自然地理、历史特点为基础。一些重大规划问题的解决必须以国家有关方针政策为依据。城市政府制定的城市社会、经济发展的长远计划，已经充分体现了政府对城市长远发展的指导意见，应当作为城乡规划制定的依据。此外，上级人民政府对下级人民政府制定城乡规划有责任提出指导性意见。上级政府的城市规划主管部门亦可根据城市规划编制情况的需要，对规划的边界条件、规划的内容深度、技术要求等提出具体的指导意见，这些都应作为规划编制的依据。

4.2.3 城乡规划的主要内容

城市总体规划、镇总体规划的内容应当包括城市、镇的发展布局，功能分区，用地布局，综合交通体系，禁止、限制和适宜建设的地域范围，各类专项规划等。规划区范围、规划区内建设用地规模、基础设施和公共服务设施用地、水源地和水系、基本农田和绿化用地、环境保护、自然与历史文化遗产保护以及防灾减灾等内容，应当作为城市总体规划、镇总体规划的强制性内容。城市总体规划、镇总体规划的规划期限一般为二十年。城市总体规划还应当对城市更长远的发展作出预测性安排。乡规划、村庄规划应当从农村实际出发，尊重村民意愿，体现地方和农村特色。乡规划、村庄规划的内容应当包括：规划区范围，住宅、道路、供水、排水、供电、垃圾收集、畜禽养殖场所等农村生产、生活服务设施、公益事业等各项建设的用地布局、建设要求，以及对耕地等自然资源和历史文化遗产保护、防灾减灾等的具体安排。乡规划还应当包括本行政区域内的村庄发展布局。

4.2.4 城乡规划的审批程序

省域城镇体系规划和城市总体规划在报上一级人民政府审批前，应当先经本级人民代表大会常务委员会审议，常务委员会组成人员的审议意见交由本级人民政府研究处理。镇总体规划在报上一级人民政府审批前，应当先经镇人民代表大会审议，代表的审议意见交由本级人民政府研究处理。城乡规划的组织编制机关报送审批省域城镇体系规划、城市总体规划或者镇总体规划，应当将本级人民代表大会常务委员会组成人员或者镇人民代表大会代表的审议意见和根据审议意见修改规划的情况一并报送。村庄规划在报送审批前，应当经过村民会议或者村民代表会议讨论同意。

城乡规划报送审批前，组织编制机关应当依法将城乡规划《民法总则》予以公告，并采取论证会、听证会或者其他方式征求专家和公众的意见。公告的时间不得少于三十日。组织编制机关应当充分考虑专家和公众的意见，并在报送审批的材料中附具意见采纳情况及理由。

省域城镇体系规划、城市总体规划、镇总体规划批准前，审批机关应当组织专家和有关部门进行审查。城乡规划审批机关在对上报的城乡规划组织审查同意后，予以书面批复。经依法批准的城乡规划，是城乡建设和规划管理的依据。城乡规划组织编制机关应当及时公布经依法批准的城乡规划。但是法律、行政法规规定不得公开的内容除外。

4.2.5 城乡规划的修改

省域城镇体系规划、城市总体规划、镇总体规划的组织编制机关应当组织有关部门和专家定期对规划实施情况进行评估，并采取论证会、听证会或者其他方式征求公众意见。组织编制机关应当向本级人民代表大会常务委员会、镇人民代表大会和原审批机关提出评估报告并附具征求意见的情况。有下列情况之一的，组织编制机关方可按照规定的权限和程序修改省域城镇体系规划、城市总体规划、镇总体规划：

1）上级人民政府制定的城乡规划发生变更，提出修改规划要求的。

2）行政区划调整确需修改规划的。

3）因国务院批准重大建设过程确需修改规划的。

4）经评估确需修改规划的。

5）城乡规划的审批机关认为应当修改规划的其他情形。

修改省域城镇体系规划、城市总体规划、镇总体规划前，组织编制机关应当对原规划的实施情况进行总结，并向原审批机关报告；修改涉及城市总体规划、镇总体规划强制性内容的，应当先向原审批机关提出专题报告，经同意后，方可编制修改方案。

修改控制性详细规划的，组织编制机关应当对修改的必要性进行论证，征求规划地段内利害关系人的意见，并向原审批机关提出专题报告，经原审批机关同意后，方可编制修改方案。控制性详细规划修改涉及城市总体规划、镇总体规划的强制性内容的，应当先修改总体规划。

修改后的各项规划，应当依照《城乡规划法》规定的审批程序报批。城市、县、镇人民政府修改近期建设规划的，应当将修改后的近期建设规划报总体规划审批机关备案。

4.3　城乡规划的实施与监督

城市规划经审批颁布后，即具有法律效力。城市规划区内的土地利用和各项建设实质上就是城市规划逐步实施的过程，城市的建设和发展，应当优先安排基础设施以及公共服务设施的建设，妥善处理新区开发与旧区改建的关系，统筹兼顾进城务工人员生活和周边农村经济社会发展、村民生产与生活的需要。城市规划的实施管理主要是报建审批管理和批后管理两部分内容。报建审批管理主要包括对建设项目选址审批核发项目选址意见书，对城市用地审批核发建设用地规划许可证，对建设工程审批核发建设工程规划许可证。批后管理主要是按照规划实施监督检查体系对违章占地和违章建设的查禁工作。在选址意见书、建设用地规划许可证、建设工程规划许可证或者乡村建设规划许可证发放后，因依法修改城乡规划给被许可人合法权益造成损失的，应当依法给予补偿。经依法审定的修建性详细规划、建设工程设计方案的总平面图不得随意修改；确需修改的，城乡规划主管部门应当采取听证会等形式，听取利害关系人的意见；因修改给利害关系人合法权益造成损失的，应当依法给予补偿。

4.3.1 建设项目选址意见书

　　国家对于建设项目，特别是国家的大、中型建设项目的宏观管理，在可行性研究阶段，主要是通过计划管理和规划管理来实现。将计划管理和规划管理有机结合起来，就能保证各项建设工程有计划并按照规划进行建设。《城乡规划法》规定，按照国家规定需要有关部门批准或者核准的建设项目，以划拨方式提供国有土地使用权的，建设单位在报送有关部门批准或者核准前，应当向城乡规划主管部门申请核发选址意见书。前款规定以外的建设项目不需要申请选址意见书。

　　《城乡规划法》还规定，在城市、镇规划区内以划拨方式提供国有土地使用权的建设项目，经有关部门批准、核准、备案后，建设单位应当向城市、县人民政府城乡规划主管部门提出建设用地规划许可申请，由城市、县人民政府城乡规划主管部门依据控制性详细规划核定建设用地的位置、面积、允许建设的范围，核发建设用地规划许可证。建设单位在取得建设用地规划许可证后，方可向县级以上地方人民政府土地主管部门申请用地，经县级以上人民政府审批后，由土地主管部门划拨土地。

4.3.2 建设用地规划许可证

　　在城市、镇规划区内以出让方式提供国有土地使用权的，在国有土地使用权出让前，城市、县人民政府城乡规划主管部门应当依据控制性详细规划，提出出让地块的位置、使用性质、开发强度等规划条件，作为国有土地使用权出让合同的组成部分。未确定规划条件的地块，不得出让国有土地使用权。以出让方式取得国有土地使用权的建设项目，在签订国有土地使用权出让合同后，建设单位应当持建设项目的批准、核准、备案文件和国有土地使用权出让合同，向城市、县人民政府城乡规划主管部门领取建设用地规划许可证。城市、县人民政府城乡规划主管部门不得在建设用地规划许可证中，擅自改变作为国有土地使用权出让合同组成部分的规划条件。规划条件未纳入国有土地使用权出让合同的，该国有土地使用权出让合同无效；对未取得建设用地规划许可证的建设单位批准用地的，由县级以上人民政府撤销有关批准文件；占用土地的，应当及时退回；给当事人造成损失的，应当依法给予赔偿。

4.3.3 建设工程规划许可证

　　在城市、镇规划区内进行建筑物、构筑物、道路、管线和其他工程建设的，建设单位或者个人应当向城市、县人民政府城乡规划主管部门或者省、自治区、直辖市人民政府确定的镇人民政府申请办理建设工程规划许可证。申请办理建设工程规划许可证，应当提交使用土地的有关证明文件、建设工程设计方案等材料。需要建设单位编制修建性详细规划的建设项目，还应当提交修建性详细规划。对符合控制性详细规划和规划条件的，由城市、县人民政府城乡规划主管部门或者省、自治区、直辖市人民政府确定的镇人民政府核发建设工程规划许可证。

城市、县人民政府城乡规划主管部门或者省、自治区、直辖市人民政府确定的镇人民政府应当依法将经审定的修建性详细规划、建设工程设计方案的总平面图予以公布。城乡规划主管部门不得在城乡规划确定的建设用地范围以外作出规划许可。

建设单位应当按照规划条件进行建设；确需变更的，必须向城市、县人民政府城乡规划主管部门提出申请。变更内容不符合控制性详细规划的，城乡规划主管部门不得批准。城市、县人民政府城乡规划主管部门应当及时将依法变更后的规划条件通报同级土地主管部门并公示。建设单位应当及时将依法变更后的规划条件报有关人民政府土地主管部门备案。

建设工程规划许可管理的主要内容包括：①建筑管理；②道路管理；③管线管理；④审定设计方案；⑤核发建设工程规划许可证；⑥放线、验线制度；⑦建设工程的竣工验收；⑧竣工资料的报送。

4.3.4 城乡规划实施的监督检查

1. 监督检查

县级以上人民政府及其城乡规划主管部门应当加强对城乡规划编制、审批、实施、修改的监督检查。地方各级人民政府应当向本级人民代表大会常务委员会或者乡、镇人民代表大会报告城乡规划的实施情况，并接受监督。县级以上人民政府城乡规划主管部门对城乡规划的实施情况进行监督检查，有权采取以下措施：

1）要求有关单位和人员提供与监督事项有关的文件、资料，并进行复制。

2）要求有关单位和人员就监督事项涉及的问题作出解释和说明，并根据需要进入现场进行勘测。

3）责令有关单位和人员停止违反有关城乡规划的法律、法规的行为。

依照《城乡规划法》规定，应当给予行政处罚，而有关城乡规划主管部门不给予行政处罚的，上级人民政府城乡规划主管部门有权责令其作出行政处罚决定或者建议有关人民政府责令其给予行政处罚。城乡规划主管部门违反《城乡规划法》规定作出行政许可的，上级人民政府城乡规划主管部门有权责令其撤销或者直接撤销该行政许可。因撤销行政许可给当事人合法权益造成损失的，应当依法给予赔偿。

2. 法律责任

对依法应当编制城乡规划而未组织编制，或者未按法定程序编制、审批、修改城乡规划的，由上级人民政府责令改正，通报批评；对有关人民政府负责人和其他直接责任人员依法给予处分。城乡规划组织编制机关委托不具有相应资质等级的单位编制城乡规划的，由上级人民政府责令改正，通报批评；对有关人民政府负责人和其他直接责任人员依法给予处分。

镇人民政府或者县级以上人民政府城乡规划主管部门有下列行为之一的，由本级人民政府、上级人民政府城乡规划主管部门或者监察机关依据职权责令改正，通报批评；对直接负责的主管人员和其他直接责任人员依法给予处分：

1）未依法组织编制城市的控制性详细规划、县人民政府所在地镇的控制性详细规划的。

2）超越职权或者对不符合法定条件的申请人核发选址意见书、建设用地规划许可证、建设工程规划许可证、乡村建设规划许可证的。

3）对符合法定条件的申请人未在法定期限内核发选址意见书、建设用地规划许可证、建设工程规划许可证、乡村建设规划许可证的。

4）未依法对经审定的修建性详细规划、建设工程设计方案的总平面图予以公布的。

5）同意修改修建性详细规划、建设工程设计方案的总平面图前未采取听证会等形式听取利害关系人的意见的。

6）发现未依法取得规划许可或者违反规划许可的规定在规划区内进行建设的行为，而不予查处或者接到举报后不依法处理的。

县级以上人民政府有关部门有下列行为之一的，由本级人民政府或者上级人民政府有关部门责令改正，通报批评；对直接负责的主管人员和其他直接责任人员依法给予处分：

①对未依法取得选址意见书的建设项目核发建设项目批准文件的；

②未依法在国有土地使用权出让合同中确定规划条件或者改变国有土地使用权出让合同中依法确定的规划条件的；

③对未依法取得建设用地规划许可证的建设单位划拨国有土地使用权的。

城乡规划编制单位有下列行为之一的，由所在地城市、县人民政府城乡规划主管部门责令限期改正，处合同约定的规划编制费一倍以上二倍以下的罚款；情节严重的，责令停业整顿，由原发证机关降低资质等级或者吊销资质证书；造成损失的，依法承担赔偿责任：

①超越资质等级许可的范围承揽城乡规划编制工作的；

②违反国家有关标准编制城乡规划的。

未依法取得资质证书承揽城乡规划编制工作的，由县级以上地方人民政府城乡规划主管部门责令停止违法行为，依照前款规定处以罚款；造成损失的，依法承担赔偿责任。以欺骗手段取得资质证书承揽城乡规划编制工作的，由原发证机关吊销资质证书，依照前款规定处以罚款；造成损失的，依法承担赔偿责任。

城乡规划编制单位取得资质证书后，不再符合相应的资质条件的，由原发证机关责令限期改正；逾期不改正的，降低资质等级或者吊销资质证书。未取得建设工程规划许可证或者未按照建设工程规划许可证的规定进行建设的，由县级以上地方人民政府城乡规划主管部门责令停止建设；尚可采取改正措施消除对规划实施的影响的，限期改正，处建设工程造价5%以上10%以下的罚款；无法采取改正措施消除影响的，限期拆除，不能拆除的，没收实物或者违法收入，可以并处建设工程造价10%以下的罚款。

建设单位或者个人有下列行为之一的，由所在地城市、县人民政府城乡规划主管部门责令限期拆除，可以并处临时建设工程造价一倍以下的罚款：

①未经批准进行临时建设的；

②未按照批准内容进行临时建设的；

③临时建筑物、构筑物超过批准期限不拆除的。

建设单位未在建设工程竣工验收后6个月内向城乡规划主管部门报送有关竣工验收资料的，由所在地城市、县人民政府城乡规划主管部门责令限期补报；逾期不补报的，处1万元以上5万元以下的罚款。城乡规划主管部门作出责令停止建设或者限期拆除的决定后，当事人不停止建设或者逾期不拆除的，建设工程所在地县级以上地方人民政府可以责成有关部门采取查封施工现场、强制拆除等措施。违反《城乡规划法》的规定，构成犯罪的，依法追究刑事责任。

4.4 规划控制线管理

城乡规划控制线是指城乡规划中确定的，具有特定用途的，需要保护和控制范围的界线，分为红线、紫线、绿线、蓝线、黄线等。规划控制线是城乡规划的组成部分，依法确定的规划控制线，未经法定程序不得修改。为加强对规划控制线的管理，建设部相继出台以下部门规章进行专项管理：《城市绿线管理办法》（自2002年11月1日起施行）、《城市紫线管理办法》（自2004年2月1日起施行）、《城市蓝线管理办法》（自2006年3月1日起施行）和《城市黄线管理办法》（自2006年3月1日起施行）。城市紫线、绿线、蓝线和黄线管理要求对城市绿地，城市历史文化街区、历史建筑的用地，城市基础设施用地，城市地表水体等用地，划定范围确定界线，进行控制管理。按照以上四个管理办法，城市紫线、绿线、蓝线和黄线的划定贯穿于法定规划的各个阶段，包括总体规划阶段、控制性详细规划阶段、修建性详细规划阶段。

4.4.1 规划红线管理

规划红线一般指建设用地规划控制线，包括用地红线、道路红线和建筑红线。对"红线"的管理，体现在对容积率、建设密度和建设高度等的规划管理。

用地红线是各类建筑工程项目用地的使用权属范围的边界线，用地红线是围起某个地块的一些坐标点连成的线，红线内土地面积就是取得使用权的用地范围。

道路红线一般是指道路用地的边界线。道路红线宽度包括：通行机动车或非机动车和行人交通所需的道路宽度；敷设地下、地上工程管线和城市公用设施所需增加的宽度；种植行道树所需的宽度。任何建筑物、构筑物不得越过道路红线。根据城市景观的要求，沿街建筑物可以从道路红线外侧退后建设。

建筑红线是城市道路两侧控制沿街建筑物或构筑物（如外墙、台阶等）靠临街面的界线，又称建筑控制线。建筑红线是指建筑物的外立面所不能超出的界线。建筑红线可与道路红线重合，一般在新城市中常使建筑红线退于道路红线之后，以便腾出用地，改善或美化环境，取得良好的效果。用地红线是围起某个地块的一些坐标点连成的线，红线内土地面积就是取得使用权的用地范围。开发建设这个地块的建筑小区时，还需要退红线2米左右，具体由地方规划管理部门规定。小区的建筑必须在退红线范围内，退出的这块地不准占用。

4.4.2 城市紫线的管理

城市紫线是指国家历史文化名城内的历史文化街区的保护范围界线，以及优秀历史建筑的保护范围界线。在编制城市规划时应当划定保护历史文化街区和历史建筑的紫线。

在城市紫线范围内，禁止进行下列活动：

1）违反保护规划的大面积拆除、开发。

2）对历史文化街区传统格局和风貌构成影响的大面积改建。

3）损坏或者拆毁保护规划确定保护的建筑物、构筑物和其他设施。

4）修建破坏历史文化街区传统风貌的建筑物、构筑物和其他设施。

5）占用或者破坏保护规划确定保留的园林绿地、河湖水系、道路和古树名木等。

6）其他对历史文化街区和历史建筑的保护构成破坏性影响的活动。

对擅自调整和改变城市紫线，擅自调整和违反保护规划的行政行为，或者由于人为原因，导致历史文化街区和历史建筑遭受局部破坏的，省、自治区建设行政主管部门和直辖市城乡规划行政主管部门等监督机关可以提出纠正决定，督促执行。国务院建设行政主管部门，省、自治区人民政府建设行政主管部门和直辖市人民政府城乡规划行政主管部门根据需要可以向有关城市派出规划监督员，对城市紫线的执行情况进行监督。

4.4.3 城市绿线的管理

城市绿线，是指城市各类绿地范围的控制线。城市绿地系统规划是城市总体规划的组成部分，要按照规定标准确定绿化用地面积，分层次合理布局公共绿地，确定防护绿地、大型公共绿地等的绿线。

《城市绿线管理办法》规定，绿线内的土地只准用于绿化建设，不得改为他用，因国家重点建设等特殊情况需要临时占用城市绿线内用地的，必须依法办理相关审批手续。

各类建设工程要与其配套的绿化工程同步设计，同步施工，同步验收。达不到规定标准的，不得投入使用。城市人民政府规划、园林绿化行政主管部门按照职责分工，对城市绿线的控制和实施情况进行检查，并向同级人民政府和上级行政主管部门报告。

4.4.4　城市蓝线的管理

城市蓝线是指城市规划确定的江、河、湖、库、渠和湿地等城市地表水体保护和控制的地域界线。编制各类城市规划，应当划定城市蓝线。在城市总体规划阶段，应当确定城市规划区范围内需要保护和控制的主要地表水体，划定城市蓝线，并明确城市蓝线保护和控制的要求。在控制性详细规划阶段，应当依据城市总体规划划定的城市蓝线，规定城市蓝线范围内的保护要求和控制指标，并附有明确的城市蓝线坐标和相应的界址地形图。城市蓝线应当与城市规划一并报批。在城市蓝线内进行各项建设，必须符合经批准的城市规划。在城市蓝线内新建、改建、扩建各类建筑物、构筑物、道路、管线和其他工程设施，应当依法向建设主管部门（城乡规划主管部门）申请办理城市规划许可，并依照有关法律、法规办理相关手续。

在城市蓝线内禁止进行下列活动：

1）违反城市蓝线保护和控制要求的建设活动。

2）擅自填埋、占用城市蓝线内水域。

3）影响水系安全的爆破、采石、取土。

4）擅自建设各类排污设施。

5）其他对城市水系保护构成破坏的活动。

4.4.5　城市黄线的管理

城市黄线是指对城市发展全局有影响的、城市规划中确定的、必须控制的城市基础设施用地的控制界线。在制定城市总体规划和详细规划时，应当划定城市黄线。城市基础设施包括：城市公共交通设施、城市供水设施、城市环境卫生设施、城市供燃气设施、城市供热设施、城市消防设施、城市通信设施等。编制城市总体规划，应当根据规划内容和深度要求，合理布置城市基础设施，确定城市基础设施的用地位置和范围，划定其用地控制界线。编制控制性详细规划，应当依据城市总体规划，落实城市总体规划确定的城市基础设施的用地位置和面积，划定城市基础设施用地界线，规定城市黄线范围内的控制指标和要求，并明确城市黄线的地理坐标，修建性详细规划应当依据控制性详细规划，按不同项目具体落实城市基础设施用地界线，提出城市基础设施用地配置原则或者方案，并标明城市黄线的地理坐标和相应的界址地形图。

在城市黄线范围内禁止进行下列活动：

1）违反城市规划要求，进行建筑物、构筑物及其他设施的建设。

2）违反国家有关技术标准和规范进行建设。

3）未经批准，改装、迁移或拆毁原有城市基础设施。

4）其他损坏城市基础设施或影响城市基础设施安全和正常运转的行为。

县级以上地方人民政府建设主管部门（城乡规划主管部门）应当定期对城市蓝线、黄线管理情况进行监督检查，对违反《城市蓝线管理办法》、《城市黄线管理办法》，在城市蓝线、黄线范围内进行各类建设活动的，按照《城乡规划法》等有关法律、法规的规定处罚。

4.5 房地产项目勘察设计

4.5.1 房地产项目勘察设计概述

勘察、设计是房地产项目前期准备工作至关重要的一步，勘察工作是设计前必须做好的准备工作，它是规划设计、基础设施建设及项目建设的基础。工程勘察是指为了满足工程建设规划、设计、施工、运营及综合活动等方面的需要，对地形、地质及水文等状况进行测绘勘探、测试，并提供相应成果和资料的活动。沿途工程中勘测、设计、处理、监测活动也属于工程勘察范畴。工程设计是运用工程技术理论及技术经济方法，按照现行技术标准，对房地产项目的工艺、土建工程、公共设施、环境保护等进行综合设计及技术经济分析，并提供作为建设依据的设计文件和图纸的活动。

根据勘察数据用途不同，可将勘察过程分为以下几类：

（1）资料分析

对工程的稳定性和适宜性做出评价，编制反映地形、地貌1：5000的地形图，为选择场址提供资料。这类勘察称为选择场址勘察。开发商一般可通过规划部门的地形图获知。

（2）初步勘察

初步勘察一般在选择场址勘察之后进行。对场地的稳定性，是否适宜建设作出地质评价，提出1：2000的地形图作为建设总平面布置、主要建筑场地地基基础设施设计的依据。

（3）详细勘察

详细勘察是在初步勘察的基础上对建筑场地进行进一步勘察，作出工程地质评价，为地基基础设计的地基处理与加固、不良地质现象防治提供地址资料并绘出1：1000的地形图。

（4）施工勘察

多数开发项目都不会进行施工勘察，只有在地质比较复杂，工程要求高的情况下，对与施工有关的工程地质问题进行勘察，为制定施工方案提供相应的工程地质资料。由以上叙述可知，这几种勘察工程程度由粗到细，逐步为工程建设提供详细的相关数据，保证开发项目的工程质量。

房地产开发商一般会以各种方式参与设计工作的全过程，同时把自己的精神和理念贯穿于设计之中，因而设计工作是房地产开发成果"具体化"和"形象化"最为重要的步骤。设计工作一般通过委托或招标等方式选择技术力量雄厚、设计质量优良的设计部门来完成。设计工作的原则：

1）要遵守国家的法律、法规，贯彻执行国家经济建设的方针、政策和基本建设程序，特别应贯彻执行提高经济效益和促进技术进步的方针。

2）要采取节约能源的措施，对北方需要供暖的开发项目要提倡区域性供暖，重视余热利用。

3）应积极改进工艺，采用行之有效的技术措施，防止各种有害因素对环境的污染，并进行综合治理和利用，使设计符合国家规定的标准。

4）开发项目的选址必须因地制宜，提高土地利用率。应尽量利用荒地、劣地，不占或少占耕地。总平面图的布置要紧凑合理。

5）引进国外先进技术必须符合我国国情，着眼提高我国技术水平和制造能力。凡引进先进技术、进口关键设备能满足需要的，就不应引进成套项目；凡能自行设计或合作设计的，就不应委托或单独依靠外国设计。

6）要坚持经济适用、美观实用并保证安全的原则。

7）要合理设计户型、日照间距、外立面等居民密切关心的内容，以有利于将来开发物业的出租出售。

为了加强对建设工程勘察、设计活动的管理，保证建设工程勘察、设计质量，保护人民生命和财产安全，国务院于2000年9月25日发布《建设工程勘察设计管理条例》，并于2015年6月12日进行了修订（国务院令第662号），2017年10月7日再次修订（国务院令第687号）。为加强工程勘察和工程设计单位的资质管理，保障国家财产和人身安全，促进技术进步，提高工程勘察设计水平，建设部于2006年12月30日发布《建设工程勘察设计资质管理规定》（建设部令第160号）。

4.5.2　勘察设计的资质资格管理

1．勘察设计单位资质管理

国家对从事建设工程勘察、设计活动的单位，实行资质管理制度。建设工程勘察、设计单位应当在其资质等级许可的范围内承揽建设工程勘察、设计业务。禁止建设工程勘察、设计单位超越其资质等级许可的范围或者以其他建设工程勘察、设计单位的名义承揽建设工程勘察、设计业务。禁止建设工程勘察、设计单位允许其他单位或者个人以本单位的名义承揽建设工程勘察、设计业务。

工程勘察资质分为工程勘察综合资质、工程勘察专业资质、工程勘察劳务资质。工程勘察综合资质只设甲级；工程勘察专业资质设甲级、乙级，根据工程性质和技术特点，部分专业可以设丙级；工程勘察劳务资质不分等级。取得工程勘察综合资质的企业，可以承接各专业（海洋工程勘察除外）、各等级工程勘察业务；取得工程勘察专业资质的企业，可以承接相应等级相应专业的工程勘察业务；取得工程勘察劳务资质的企业，可以承接岩土工程治理、工程钻探、凿井等工程勘察劳务业务。

工程设计资质分为工程设计综合资质、工程设计行业资质、工程设计专业资质和工程设计专项资质。工程设计综合资质只设甲级；工程设计行业资质、工程设计专业资质、工程设计专项资质设甲级、乙级。根据工程性质和技术特点，个别行业、专业、专项资质可以设丙级，建筑工程专业资质可以设丁级。取得工程设计综合资质的企业，可以承接各行业、各等级的建设工程设计业务；取得工程设计行业资质的企业，可以承接相应行业相应等级的工程设计业务及本行业范围内同级别的相应专业、专项（设计施工一体化资质除外）工程设计业务；取得工程设计专业资质的企业，可以承接本专业相应等级的专业工程设计业务及同级别的相应专项工程设计业务（设计施工一体化资质除外）；取得工程设计专项资质的企业，可以承接本专项相应等级的专项工程设计业务。

2. 勘察设计专业技术人员资格管理

国家对从事建设工程勘察、设计活动的专业技术人员，实行执业资格注册管理制度。

未经注册的建设工程勘察、设计人员，不得以注册执业人员的名义从事建设工程勘察、设计活动。建设工程勘察、设计注册执业人员和其他专业技术人员只能受聘于一个建设工程勘察、设计单位；未受聘于建设工程勘察、设计单位的，不得从事建设工程的勘察、设计活动。

（1）注册建筑师制度

注册建筑师是指依法取得注册建筑师证书并从事房屋建筑设计及相关业务的人员。注册建筑师制度是建筑设计人员执业技术资格认证和设计行业管理的一种国际惯例，是被世界大多数发达国家实践证明的一种以法制手段进行管理的行之有效的办法，包括严格的资格审查与考试制度、注册制度和相应的管理制度。我国注册建筑师分为一级注册建筑师和二级注册建筑师。其中一级注册建筑师注册标准不低于目前发达国家现行注册标准。这就为国际相互承认注册建筑师资格和相互开放设计市场提供了前提条件。同时考虑到我国目前建筑设计市场的特点和高水平设计人员还比较少的现实情况，设置了二级注册建筑师，以完成建筑面积较小、结构较简单的建筑设计工作。注册建筑师实行全国统一考试制度和注册管理办法。为确保注册建筑师的质量，特别对一级、二级注册建筑师接受专业教育的学历、职业实践、年限等分别作出了具体的规定。在建筑师注册过程中，主要考察其专业技术水平、职业道德等是否达到要求。一级注册建筑师由全国注册建筑师管理委员会负责注册和管理，并报住房城乡建设部备案。二级注册建筑师由省、自治区、直辖市注册建筑师管理委员会负责注册和管理，报建委（或建设厅）备案。

（2）注册结构工程师制度

注册结构工程师是指取得注册结构工程师资格证书和注册证书，从事房屋结构、桥梁结构及塔架结构等工程设计及相关业务的专业技术人员。注册结构工程师分为一级注册结构工程师和二级注册结构工程师。注册结构工程师考试实行全国统一大纲、统一命题、统一组织的办法，原则上每年举行一次。取得注册结构工程师资格证书者，要从事结构工程业务的，须申请注册。注册结构工程师注册有效期为2年，有效期届满需要继续注册的，应当在期满前30日内办理注册手续。

4.5.3　勘察设计的发包与承包

建设工程勘察设计应当依照《招标投标法》的规定，实行招标发包。

建设工程勘察、设计方案评标，应当以投标人的业绩、信誉和勘察、设计人员的能力以及勘察、设计方案的优劣为依据，进行综合评定。建设工程勘察、设计的招标人应当在评标委员会推荐的候选方案中确定中标方案。但是，建设工程勘察、设计的招标人认为评标委员会推荐的候选方案不能最大限度满足招标文件规定的要求的，应当依法重新招标。经有关主管部门批准，可以对下列建设工程的勘察、设计直接发包：

1）采用特定的专利或者专有技术的。

2）建筑艺术造型有特殊要求的。

3）国务院规定的其他建设工程的勘察、设计。

发包方可以将整个建设工程的勘察、设计发包给一个勘察、设计单位，也可以将建设工程的勘察、设计分别发包给几个勘察、设计单位。但不得将建设工程勘察、设计业务发包给不具有相应勘察、设计资质等级的建设工程勘察、设计单位。除建设工程主体部分的勘察、设计外，经发包方书面同意，承包方可以将建设工程其他部分的勘察、设计再分包给其他具有相应资质等级的建设工程勘察、设计单位。建设工程勘察、设计单位不得将所承揽的建设工程勘察、设计转包。承包方必须在建设工程勘察、设计资质证书规定的资质等级和业务范围内承揽建设工程的勘察、设计业务。

4.5.4　勘察设计的监督管理

国务院建设行政主管部门对全国的建设工程勘察、设计活动实施统一监督管理。国务院铁路、交通、水利等有关部门按照国务院规定的职责分工，负责对全国的有关专业建设工程勘察、设计活动的监督管理。县级以上地方人民政府建设行政主管部门对本行政区域内的建设工程勘察、设计活动实施监督管理。县级以上地方人民政府交通、水利等有关部门在各自的职责范围内，负责对本行政区域内的有关专业建设工程勘察、设计活动的监督管理。

建设工程勘察、设计单位在建设工程勘察、设计资质证书规定的业务范围内跨部门、跨地区承揽勘察、设计业务的，有关地方人民政府及其所属部门不得设置障碍，不得违反国家规定收取任何费用。

县级以上人民政府建设行政主管部门或者交通、水利等有关部门应当对施工图设计文件中涉及公共利益、公众安全、工程建设强制性标准的内容进行审查。施工图设计文件未经审查批准的，不得使用。

本章小结与拓展

通过本章学习，掌握城乡规划的实施与监督、规划控制线管理，熟悉城乡规划的原则、城乡规划的编制与审批，了解房地产项目勘察与设计。重点阅读：《城乡规划法》、《城市绿线管理办法》、《城市蓝线管理办法》、《城市紫线管理办法》、《城市黄线管理办法》、《城市黄线管理办法》、《建设工程勘察设计管理条例》。关注注册城市规划师职业资格制度。注册城乡规划师，是指通过全国统一考试取得注册城乡规划师职业资格证书，并依法注册后，从事城乡规划编制及相关工作的专业人员。为了加强城乡规划专业技术人才队伍建设，根据《城乡规划法》有关规定，在总结原注册城市规划师职业资格制度实施情况的基础上，人力资源社会保障部、住房城乡建设部于2017年5月22日发布《注册城乡规划师职业资格制度规定》和《注册城乡规划师职业资格考试实施办法》（人社部规〔2017〕6号）。国家对注册城乡规划师实行准入类职业资格制度，纳入全国专业技术人员职业资格证书制度统一规划。

思考题

1. 什么是城乡规划管理？

2. 城乡规划的原则有哪些？

3. 城乡规划有哪些内容？

4. 城市总体规划、镇总体规划的内容应当包括哪些？

5. 可按照规定的权限和程序修改城乡规划的情形有哪些？

6. 什么情况下要求申请领取建设项目选址意见书？

7. 城乡规划的实施主要有哪些内容？

8. 如何对城乡规划的实施进行监督检查？

9. 规划红线如何管理？

10. 什么是城市紫线、绿线、蓝线和黄线？如何划定、管理和监督？

11. 勘察设计单位资质管理主要有哪些内容？

12. 什么是注册建筑师？

13. 什么是注册结构工程师？

第 5 章

房地产开发建设法规

5.1 房地产开发企业

5.1.1 房地产开发企业的设立

房地产开发是指按照城市建设总体规划和社会经济发展的要求，在国有土地上进行基础设施建设、房屋建设，并转让房地产开发项目或者销售、出租商品房的行为。房地产开发企业是指依法设立、具有企业法人资格的经济实体，具有企业法人资格，以营利为目，主要从事房地产开发和经营业务。实践中，房地产开发企业又称为开发商或发展商，在有些法律文件中也称为建设单位，通常其企业组织为公司，又称为房地产开发公司。

1. 房地产开发企业设立的条件

1998年公布施行的《城市房地产开发经营管理条例》对房地产开发企业设立、管理有明确的规定。设立房地产开发企业应具备下列条件：

1）有符合公司法人登记的名称和组织机构。

2）有适应房地产开发经营需要的固定的办公用房。

3）有4名以上持有资格证书的房地产专业、建筑工程专业的专职技术人员，2名以上持有资格证书的专职会计人员。

4）法律、法规规定的其他条件。

2. 房地产开发企业设立的程序

新设立的房地产开发企业，应当自领取营业执照之日起30日内，持下列文件到登记机关所在地的房地产开发主管部门备案：

1）营业执照复印件。

2）企业章程。

3）企业法定代表人的身份证明。

4）专业技术人员的资格证书和聘用合同。

房地产开发主管部门应当在收到备案申请后30日内向符合条件的企业核发暂定资质证书。暂定资质证书有效期1年。房地产开发主管部门可以视企业经营情况，延长暂定资质证书有效期，但延长期不得超过2年。自领取暂定资质证书之日起1年内无开发项目的，暂定资质证书有效期不得延长。

5.1.2 房地产开发企业资质等级

国家对房地产开发企业实行资质管理。房地产开发企业资质按照企业条件分为一、二、三、四，四个资质等级。

1. 一级资质

1）从事房地产开发经营5年以上。

2）近3年房屋建筑面积累计竣工30万平方米以上，或者累计完成与此相当的房地产开发投资额（提供竣工验收备案证）。

3）连续5年建筑工程质量合格率达100%。

4）上一年房屋建筑施工面积15万平方米以上，或者完成与此相当的房地产开发投资额。

5）有职称的建筑、结构、财务、房地产及有关经济类的专业管理人员不少于40人，其中具有中级以上职称的管理人员不少于20人，持有资格证书的专职会计人员不少于4人（以上人员需提供劳动合同及社保缴纳证明）。

6）工程技术、财务、统计等业务负责人具有相应专业中级以上职称。

7）具有完善的质量保证体系，商品住宅销售中实行了《住宅质量保证书》和《住宅使用说明书》制度。

8）未发生过重大工程质量事故。

2．二级资质

1）从事房地产开发经营3年以上。

2）近3年房屋建筑面积累计竣工15万平方米以上，或者累计完成与此相当的房地产开发投资额。

3）连续3年建筑工程质量合格率达100%。

4）上一年房屋建筑施工面积10万平方米以上，或者完成与此相当的房地产开发投资额。

5）有职称的建筑、结构、财务、房地产及有关经济类的专业管理人员不少于20人，其中具有中级以上职称的管理人员不少于10人，持有资格证书的专职会计人员不少于3人。

6）工程技术、财务、统计等业务负责人具有相应专业中级以上职称。

7）具有完善的质量保证体系，商品住宅销售中实行了《住宅质量保证书》和《住宅使用说明书》制度。

8）未发生过重大工程质量事故。

3．三级资质

1）从事房地产开发经营2年以上。

2）房屋建筑面积累计竣工5万平方米以上，或者累计完成与此相当的房地产开发投资额。

3）连续2年建筑工程质量合格率达100%。

4）有职称的建筑、结构、财务、房地产及有关经济类的专业管理人员不少于10人，其中具有中级以上职称的管理人员不少于5人，持有资格证书的专职会计人员不少于2人。

5）工程技术、财务等业务负责人具有相应专业中级以上职称，统计等其他业务负责人具有相应专业初级以上职称。

6）具有完善的质量保证体系，商品住宅销售中实行了《住宅质量保证书》

和《住宅使用说明书》制度。

7）未发生过重大工程质量事故。

4．四级资质

1）从事房地产开发经营1年以上。

2）已竣工的建筑工程质量合格率达100%。

3）有职称的建筑、结构、财务、房地产及有关经济类的专业管理人员不少于5人，持有资格证书的专职会计人员不少于2人。

4）工程技术负责人具有相应专业中级以上职称，财务负责人具有相应专业初级以上职称，配有专业统计人员。

5）商品住宅销售中实行了《住宅质量保证书》和《住宅使用说明书》制度。

6）未发生过重大工程质量事故。

5．《暂定资质证书》

房地产开发主管部门应当在收到备案申请后30日内向符合条件的企业核发。

《暂定资质证书》有效期1年。房地产开发主管部门可以视企业经营情况延长《暂定资质证书》有效期，但延长期限不得超过2年。自领取《暂定资质证书》之日起1年内无开发项目的，《暂定资质证书》有效期不得延长。房地产开发企业应当在《暂定资质证书》有效期满前1个月内向房地产开发主管部门申请核定资质等级。房地产开发主管部门应当根据其开发经营业绩核定相应的资质等级。申请《暂定资质证书》的条件不得低于四级资质企业的条件。临时聘用或者兼职的管理、技术人员不得计入企业管理、技术人员总数。

6．房地产开发企业资质管理

房地产开发企业应当按照申请核定企业资质等级。未取得房地产开发资质等级证书的企业，不得从事房地产开发经营业务。国务院建设行政主管部门负责全国房地产开发企业的资质管理工作；县级以上地方人民政府房地产开发主管部门负责本行政区域内房地产开发企业的资质管理工作。

房地产开发企业资质登记实行分级审批。一级资质由省、自治区、直辖市建设行政主管部门初审，报国务院建设行政主管部门审批；二级及二级以下资质的审批办法由省、自治区、直辖市人民政府建设行政主管部门制定。

对于不符合原定资质条件或者有不良经营行为的企业，由原资质审批部门予以降级或注销资质证书。企业有下列行为之一的，由原资质审批部门公告资质证书作废，收回证书，并可处以1万元以上3万元以下的罚款：

1）隐瞒真实情况，弄虚作假骗取资质证书的。

2）无正当理由不参加资质年检的，视为年检不合格。

3）工程质量低劣，发生重大工程质量事故的。

4）超越资质等级从事房地产开发经营的。

5）涂改、出租、出借、转让、出卖资质证书的。

5.2 房地产开发项目管理

5.2.1 房地产开发项目的确定

确定房地产开发项目，应当符合土地利用总体规划、年度建设用地计划和城市规划、房地产开发年度计划的要求；按照国家有关规定需要经计划主管部门批准的，还应当报计划主管部门批准，并纳入年度固定资产投资计划。

房地产开发项目，应当坚持旧区改建和新区建设相结合的原则，注重开发基础设施薄弱、交通拥挤、环境污染严重以及危旧房集中的区域，保护和改善城市生态环境，保护历史文化遗产。

5.2.2 土地使用权的取得

《城市房地产开发经营管理条例》第十二条规定，房地产开发用地应当以出让的方式取得，但法律和国务院规定可以采用划拨方式的除外。可以采用划拨方式取得土地使用权有以下两种情形：

1)《城市房地产管理法》规定，国家机关用地和军事用地，城市基础设施用地和公益事业用地，国家重点扶持的能源、交通、水利等项目用地，法律、行政法规规定的其他用地确属必需的，可以由县级以上人民政府依法批准划拨。

《城市房地产开发经营管理条例》规定，土地使用权出让或划拨前，县级以上地方人民政府城市规划行政主管部门和房地产开发主管部门应当对下列事项提出书面意见，作为土地使用权出让或者划拨的依据之一：

①房地产开发项目的性质、规模和开发期限；

②城市规划设计的条件；

③基础设施和公共设施的建设要求；

④基础设施建成后的产权界定；

⑤项目拆迁补偿、安置要求。

2）1998年7月3日发布的《国务院关于进一步深化城镇住房制度改革加快住房建设的通知》(国发〔1998〕23号)提出：经济适用住房建设应符合土地利用总体规划和城市总体规划，坚持合理利用土地、节约用地的原则。经济适用住房建设用地应在建设用地年度计划中统筹安排，并采取行政划拨方式供应。

5.2.3 项目资本金制度

1996年8月23日国务院发布了《关于固定资产投资项目试行资本金制度的通知》(国发〔1996〕35号)。该通知规定从1996年开始，对各种经营性投资项目，包括国有单位的基本建设、技术改造、房地产开发项目和集体投资项目试行资本金制度，投资项目必须首先落实资本金才能进行建设。

投资项目资本金，是指在投资项目总投资中，由投资者认缴的出资额，对投资项目来说是非债务性资金，项目法人不承担这部分资金的任何利息和债务；投资者可按其出资的比例依法享有所有者权益，也可转让其出资，但不得以任何方式抽回。

项目投资资本金可以用货币出资，也可以用实物、工业产权、非专利技术、土地使用权作价出资，但必须经过有资格的资产评估机构依照法律、法规评估其价值，且不得高估或低估。以工业产权、非专利技术作价出资的比例不得超过投资项目资本金总额的20%，国家对采用高新技术成果有特别规定的除外。

房地产开发项目实行资本金制度，即规定房地产开发企业承揽项目必须有一定比例的资本金，可以有效地防止部分不规范的企业的不规范行为，减少楼盘"烂尾"等现象的发生。

《城市房地产开发经营管理条例》规定："房地产开发项目应当建立资本金制度，资本金占项目总投资的比例不得低于20%"。2004年4月，为加强宏观调控，调整和优化经济结构，国务院下发了《关于调整部分行业固定资产投资项目资本金比例的通知》（国发〔2004〕13号），将房地产开发项目（不含经济适用住房项目）资本金最低比例由20%提高到35%。2009年5月25日，国务院常务会议决定调整固定资产投资项目资本金比例，调整后，保障性住房和普通商品住房项目的最低资本金比例为20%，其他房地产开发项目的最低资本金比例为30%。

5.2.4 房地产项目动工开发期限

《城市房地产开发经营管理条例》规定，房地产开发企业应当按照土地使用权出让合同约定的土地用途、动工开发期限进行项目开发建设。出让合同约定的动工开发期限满1年未动工开发的，可以征收相当于土地使用权出让金20%以下的土地闲置费；满2年未动工开发的，可以无偿收回土地使用权。这样规定的目的是为了防止房地产开发企业利用土地进行非法炒作，激励土地尽快投入使用，促进土地的合理利用。

这里所指的满1年未动工开发的起止日是自土地的使用权出让合同生效之日计算起至次年同月同日止。动工开发日期是指开发建设单位进行实质性投入的日期。动工开发必须进行实质性投入，开工后必须不间断地进行基础设施、房屋建设。在有拆迁的地段进行拆迁、三通一平，即视为启动。一经启动，无特殊原因则不应当停工，如稍作启动即停工无期，不应算作开工。

《城市房地产开发经营管理条例》还规定了以下三种情况造成的违约和土地闲置，不征收土地闲置费。

1）因不可抗力造成开工延期。不可抗拒力是指依靠人的能力不能抗拒的因素，如地震、洪涝等自然灾害。

2）因政府或者政府有关部门的行为而不能如期开工的或中断建设一年以上的。

3）因动工开发必须的前期工作出现不可预见的情况而延期动工开发的。如发现地下文物、拆迁中发现不是开发商努力能解决的问题等。

5.2.5　项目手册制度

房地产开发企业应当将房地产开发项目建设过程中的主要事项记录在房地产开发项目手册中，并定期送房地产开发主管部门备案。

房地产开发项目实行项目手册制度是政府行业管理部门对房地产开发企业是否按照有关法律、法规规定，是否按照合同的约定进行开发建设而建立的一项动态管理制度。其目的主要是为了在项目实施过程中对房地产开发企业的开发活动进行监控，保护消费者的合法权益。政府行业管理部门的监控主要包括对是否按申请预售许可证时承诺的时间表进行开发建设，预售款项是否按期投入，拆迁安置是否按要求进行，工程项目是否发生变化等内容。

通过项目手册的实施，可以加强对房地产市场的监测，及时了解和掌握房地产开发项目的进展情况，督促开发企业按城市规划实施开发，按要求分期投入开发所需资金、进行配套建设、完成拆迁安置；对工程进度、质量是否符合预售条件等进行审核，有效地防止楼盘"烂尾"等现象的发生。

5.2.6　房地产项目转让

1．转让条件

（1）以出让方式取得的土地使用权

《城市房地产管理法》第三十九条规定了以出让方式取得的土地使用权，转让房地产开发项目时的条件。

按照出让合同约定已经支付全部土地使用权出让金，并取得土地使用权证书，这是出让合同成立的必要条件，也只有出让合同成立，才允许转让。按照出让合同约定进行投资开发，完成一定开发规模后才允许转让，这里又分为两种情形：一是属于房屋建设的，开发单位除土地使用权出让金外，实际投入房屋建设工程的资金额应占全部开发投资总额的25%以上；二是属于成片开发土地的，应形成工业或其他建设的用地条件，方可转让。

这两项条件必须同时具备，才能转让房地产项目。这样规定的目的在于严格限制炒买炒卖地皮，牟取暴利，以保证开发建设的顺利实施。

（2）以划拨方式取得的土地使用权

《城市房地产管理法》第四十条规定了以划拨方式取得的土地使用权，转让房地产开发项目时的条件。对于以划拨方式取得土地使用权的房地产项目，要转让的前提是必须经有批准权的人民政府审批。经审查除不允许转让外，对准予转让的有两种处理方式：

由受让方先补办土地使用权出让手续，并依照国家有关规定缴纳土地使用权出让金后，才能进行转让；可以不办理土地使用权出让手续而转让房地产，但转让方应将转让房地产所获收益中的土地收益上缴国家或作其他处理。对以划拨方式取得土地使用权的，转让房地产时，属于下列情形之一的，经有批准权的人民政府批准，可以不办理土地使用权出让手续。

1）经城市规划行政主管部门批准，转让的土地用于《城市房地产管理法》第二十四条规定的项目，即用于国家机关用地和军事用地，城市基础设施用地和公益事业用地，国家重点扶持的能源、交通、水利等项目用地以及法律、行政法规规定的其他用地。经济适用住房采取行政划拨的方式进行。因此，经济适用住房项目转让后仍用于经济适用住房的，经有批准权限的人民政府批准，也可以不补办出让手续。

2）私有住宅转让后仍用于居住的。

3）按照国务院住房制度改革有关规定出售公有住宅的。

4）同一宗土地上部分房屋转让而土地使用权不可分割转让的。

5）转让的房地产暂时难以确定土地使用权出让用途、年限和其他条件的。

6）根据城市规划土地使用权不宜出让的。

7）县级以上人民政府规定暂时无法或不需要采取土地使用权出让方式的其他情形。

2．转让的程序

《城市房地产开发经营管理条例》第二十一条规定，转让房地产开发项目，转让人和受让人应当自土地使用权变更登记手续办理完毕之日起30日内，持房地产开发项目转让合同到房地产开发主管部门备案。

为了保护已经与房地产开发项目转让人签订合同的当事人的权利，要求房地产项目转让的双方当事人在办完土地使用权变更登记后30天内，到房地产开发主管部门办理备案手续。在办理备案手续时，房地产开发主管部门要审核项目转让是否符合有关法律、法规的规定；房地产开发项目转让人已经签订的拆迁、设计、施工、监理、材料采购等合同是否作了变更；相关的权利、义务是否已经转移；新的项目开发建设单位是否具备开发受让项目的条件；同时要变更开发建设单位的名称。上述各项均满足规定条件，转让行为有效。如有违反规定或不符合条件的，房地产开发主管部门有权责令其补办有关手续或者认定该转让行为无效，并可对违规的房地产开发企业进行处罚。

备案应当提供的文件，在《城市房地产开发经营管理条例》中只提到了房地产开发项目转让合同，各地在制定具体办法时应当进一步明确应当提供的证明材料。如受让房地产开发企业的资质条件、拆迁的落实情况、土地使用权的变更手续以及其他的证明材料。房地产开发企业应当在办理完土地使用权变更登记手续后30日内，到市、县人民政府的房地产行政主管部门办理项目转让备案手续。未经备案或未按规定期限办理备案手续的房地产转让行为无效。

房地产开发企业转让房地产开发项目时，尚未完成拆迁安置补偿的，原拆迁安置补偿合同中有关的权利、义务随之转移给受让人，项目转让人应当书面通知被拆迁人。房屋拆迁补偿安置是房地产开发的重要环节之一，与被拆迁人的利益密切相关。房地产开发企业项目转让之后能否保证被拆迁人的利益不受损害，是政府部门审查房地产项目是否允许转让的重要指标。这样规定的目的是保障被拆迁人的合法权益，防止在项目转让过程中或者转让后，转让方、受让方互相推诿"扯皮"，使被拆迁人的权益受到损害。

5.3 建设工程招标投标

为了规范招标投标活动，保护国家利益、社会公众利益和招标投标的活动当事人的合法权益，提高经济效益，保证项目质量，全国人民代表大会于1999年8月通过了《招标投标法》。

5.3.1 建设工程招标投标的范围

在中华人民共和国境内进行下列工程建设项目包括项目的勘察、设计、监理以及与工程建设有关的重要设备、材料等的采购，必须进行招标：

1）大型基础设施、公用事业等关系社会公共利益、公众安全的项目。

2）全部或者部分使用国有资金投资或者国家融资的项目。

3）使用国际组织或者外国政府贷款、援助资金的项目。

4）法律或者国务院对必须进行招标的其他项目的范围有规定的，依照其规定。

5.3.2 建设工程招标投标的原则

招标投标活动应当遵循公开、公平、公正和诚实信用的原则。

任何单位和个人不得将依法必须进行招标的项目化整为零或者以其他任何方式规避招标。

依法必须进行招标的项目，其招标活动不受地区或者部门的限制。任何单位和个人不得违法限制或者排斥本地区、本系统以外的法人或者其他组织参加投标，不得以任何方式非法干涉招标投标活动。

5.3.3 对建设工程招标的管理

1．招标方式

招标分为公开招标和邀请招标。公开招标，是指招标人以招标公告的方式邀请不特定的法人或者其他组织投标；邀请招标，是指招标人以投标邀请书的方式邀请特定的法人或者其他组织投标。国家和地方重点项目，如不适宜公开招标的，经批准可以进行邀请招标。

招标人采用公开招标方式的，应当发布招标公告。招标公告应当载明招标人的名称和地址、招标项目的性质、数量、实施地点和时间以及获取招标文件的办法等事项。

招标人采用邀请招标方式的，应当向三个以上具备承担招标项目的能力、资信良好的特定的法人或者其他组织发出投标邀请书。

2．工程建设项目招标代理机构

工程招标代理机构是依法设立的对工程的勘察、设计、施工、监理以及与工程建设有关的重要设备（进口机电设备除外）、材料采购等从事招标业务代理的社会中介组织。

国家对工程招标代理机构实行资格认定制度。国务院建设行政主管部门负责全国工程招标代理机构资格认定的管理。省、自治区、直辖市人民政府建设行政主管部门负责本行政区的工程招标代理机构资格认定的管理。

从事工程招标代理业务的机构，必须依法取得工程招标代理机构资格。工程招标代理机构资格分为甲、乙两级。

申请工程招标代理机构资格的单位应当具备下列条件：

1）是依法设立的中介组织。

2）与行政机关和其他国家机关没有行政隶属关系或者其他利益关系。

3）有固定的营业场所和开展工作招标代理业务所需设施及办公条件。

4）有健全的组织机构和内部管理的规章制度。

5）具备编制招标文件和组织评标的相应专业力量。

6）具有可以作为评标委员会成员人选的技术、经济等方面的专家库。

3．建设工程的招标文件

招标人应当根据招标项目的特点和需要编制招标文件。招标文件应当包括招标项目的技术要求，对投标人资格审查的标准、投标报价要求和评标标准等所有实质性要求和条件以及拟签订合同的主要条款。

国家对招标项目的技术、标准有规定的，招标人应当按照其规定在招标文件中提出相应的要求。招标项目需要划分标段、确定工期的，招标人应当合理划分标段、确定工期，并在招标文件中载明。

招标文件不得要求或者标明特定的生产供应者以及含有倾向或者排斥潜在投标人的其他内容。

招标人不得向他人透露已获取招标文件的潜在投标人的名称、数量及可能影响公平竞争的有关招标投标的其他情况。招标人设有标底的，标底必须保密。

5.3.4 对建设工程投标的管理

投标人是响应招标、参加投标竞争的法人或者其他组织。投标人应当具备承担招标项目的能力。对投标的管理内容主要有：

投标人应当按照招标文件的要求编制投标文件。投标文件应当对招标文件提出的实质要求和条件作出响应。招标项目属于建设施工的，投标文件的内容应当包括拟派出的项目负责人与主要技术人员的简历、业绩和拟用于完成招标项目的机械设备等。

两人以上法人或者其他组织可以组成一个联合体，以一个投标人的身份共同投标。联合体各方均应当具备承担招标项目的相应能力。由同一专业的单位组成的联合体，按照资质等级较低的单位确定资质等级。联合体各方应当签订共同投标协议，明确约定各方拟承担的工程和责任，并将共同投标协议连同投标文件一并提交招标人。联合体中标的，联合体各方应当共同与招标人签订合同，就中标项目向招标人承担连带责任。招标人不得强制投标人组成联合体共同投标，不得限制投标人之间的竞争。

投标人不得相互串通投标报价，不得排挤其他投标人的公平竞争，损害招标人或者其他投标人的合法权益。投标人不得与招标人串通投标，损害国家利益、社会公众利益或者他人的合法权益。投标人不得以低于成本的报价竞标，也不得以他人名义投标或者以其他方式弄虚作假，骗取中标。

5.3.5　对开标、评标和中标的管理

1．开标

开标由招标人主持，邀请所有投标人参加。开标时间应当在招标文件确定的提交投标文件截止时间的同一时间公开进行，开标地点应当为招标文件中预先确定的地点。开标时，由投标人或者其推选的代表检查投标文件密封情况，也可由招标人委托的公证机构检查并公证，经确认无误后，由工作人员当众拆封，宣读投标人名称、投标价格和投标文件的其他主要内容。

2．评标

评标由招标人依法组成的评标委员会负责。评标委员会成员的名单在中标结果确定前应当保密。评标委员会应当按照招标文件确定的评标标准和方法，对投标文件进行评审和比较；设有标底的，应当参考标底。评标委员会完成评标后，应当向招标人提出书面评标报告，并推荐合格的中标候选人。

3．中标

中标人的投标应当符合下列条件之一：能够最大限度地满足招标文件中规定的各项综合评价标准；能够满足招标文件实质性要求，并且经评审的投标价格最低，但是投标价格低于成本的除外。

中标人确定后，招标人应当向中标人发出中标通告书，并同时将中标结果通知所有未中标的投标人。中标人应当按照合同约定履行义务，完成中标项目。中标人不得向他人转让中标项目，也不得将中标项目肢解后分别向他人转让。但中标人按照合同约定或者经招标人同意，可以将中标项目的部分非主体、非关键性工作分包给他人完成，接受分包的人应当具备相应的资格条件，并不得再次分包。

5.4 建设工程施工与监理

建设工程施工是一项复杂的生产活动，是房地产开发项目得以顺利实现的重要环节。从开发项目的报建、开工到竣工有多个工序，牵涉到投资方（甲方）、建设监理方、设计方、施工单位、建材、设备的供应单位以及最终使用者，涉及安全生产、施工质量等重大问题，因此，必须有一整套完整的、规范的、科学的管理制度。国务院、住房城乡建设部及有关部门为规范工程建设实施阶段的管理，保障工程施工的顺利进行，维护各方合法权益，先后颁布了一系列法规、规定，构成了我国现行的建设工程施工和施工企业的管理制度。

5.4.1 施工许可管理

为了加强对建筑活动的监督管理，维护建筑市场秩序，保证建筑工程的质量和安全，根据《建筑法》，住房城乡建设部于2014年6月25日重新发布了《建筑工程施工许可管理办法》（住房和城乡建设部令第18号），自2014年10月25日起施行。

1. 建筑工程施工许可管理的原则

在中华人民共和国境内从事各类房屋建筑及其附属设施的建造、装修装饰和与其配套的线路、管道、设备的安装，以及城镇市政基础设施工程的施工，建设单位在开工前应当依照本办法的规定，向工程所在地的县级以上地方人民政府住房城乡建设主管部门（以下简称发证机关）申请领取施工许可证。

工程投资额在30万元以下或者建筑面积在300平方米以下的建筑工程，可以不申请办理施工许可证。省、自治区、直辖市人民政府住房城乡建设主管部门可以根据当地的实际情况，对限额进行调整，并报国务院住房城乡建设主管部门备案。

按照国务院规定的权限和程序批准开工报告的建筑工程，不再领取施工许可证。按规定应当申请领取施工许可证的建筑工程未取得施工许可证的，一律不得开工。任何单位和个人不得将应当申请领取施工许可证的工程项目分解为若干限额以下的工程项目，规避申请领取施工许可证。

2. 申请建筑工程施工许可证的条件

建设单位申请领取施工许可证，应当具备下列条件，并提交相应的证明文件。县级以上地方人民政府住房城乡建设主管部门不得违反法律法规规定，增设办理施工许可证的其他条件。

1）依法应当办理用地批准手续的，已经办理该建筑工程用地批准手续。

2）在城市、镇规划区的建筑工程，已经取得建设工程规划许可证。

3）施工场地已经基本具备施工条件，需要征收房屋的，其进度符合施工要求。

4）已经确定施工企业。按照规定应当招标的工程没有招标，应当公开招标的工程没有公开招标，或者肢解发包工程，以及将工程发包给不具备相应资质条件的企业的，所确定的施工企业无效。

5）有满足施工需要的技术资料，施工图设计文件已按规定审查合格。

6）有保证工程质量和安全的具体措施。施工企业编制的施工组织设计中有根据建筑工程特点制定的相应质量、安全技术措施。建立工程质量安全责任制并落实到人。专业性较强的工程项目编制了专项质量、安全施工组织设计，并按照规定办理了工程质量、安全监督手续。

7）按照规定应当委托监理的工程已委托监理。

8）建设资金已经落实。建设工期不足一年的，到位资金原则上不得少于工程合同价的50%，建设工期超过一年的，到位资金原则上不得少于工程合同价的30%。建设单位应当提供本单位截至申请之日无拖欠工程款情形的承诺书或者能够表明其无拖欠工程款情形的其他材料，以及银行出具的到位资金证明，有条件的可以实行银行付款保函或者其他第三方担保。

9）法律、行政法规规定的其他条件。

3．申请办理施工许可证的程序

发证机关应当将办理施工许可证的依据、条件、程序、期限以及需要提交的全部材料和申请表示范文本等，在办公场所和有关网站予以公示。申请办理施工许可证，应当按照下列程序进行：

1）建设单位向发证机关领取《建筑工程施工许可证申请表》。

2）建设单位持加盖单位及法定代表人印鉴的《建筑工程施工许可证申请表》，并附本办法第四条规定的证明文件，向发证机关提出申请。

3）发证机关在收到建设单位报送的《建筑工程施工许可证申请表》和所附证明文件后，对于符合条件的，应当自收到申请之日起十五日内颁发施工许可证；对于证明文件不齐全或者失效的，应当当场或者五日内一次告知建设单位需要补正的全部内容，审批时间可以自证明文件补正齐全后作相应顺延；对于不符合条件的，应当自收到申请之日起十五日内书面通知建设单位，并说明理由。

建筑工程在施工过程中，建设单位或者施工单位发生变更的，应当重新申请领取施工许可证。建设单位申请领取施工许可证的工程名称、地点、规模，应当符合依法签订的施工承包合同。

4．建筑工程施工许可证的管理

发证机关作出的施工许可决定，应当予以公开，公众有权查阅。发证机关应当建立颁发施工许可证后的监督检查制度，对取得施工许可证后条件发生变化、延期开工、中止施工等行为进行监督检查，发现违法违规行为及时处理。

施工许可证分为正本和副本，正本和副本具有同等法律效力。复印的施工许可证无效。施工许可证应当放置在施工现场备查，并按规定在施工现场公开。施工许可证不得伪造和涂改。建设单位应当自领取施工许可证之日起三个月内开工。因故不能按期开工的，应当在期满前向发证机关申请延期，并说明理由；延期以两次为限，每次不超过三个月。既不开工又不申请延期或者超过延期次数、时限的，施工许可证自行废止。在建的建筑工程因故中止施工的，建设单位应当自中止施工之日起一个月内向发证机关报告，报告内容包括中止施工的时间、原因、在施部位、维修管理措施等，并按照规定做好建筑工程的维护管理工作。建筑工程恢复施工时，应当向发证机关报告；中止施工满一年的工程恢复施工前，建设单位应当报发证机关核验施工许可证。

对于未取得施工许可证或者为规避办理施工许可证将工程项目分解后擅自施工的，由有管辖权的发证机关责令停止施工，限期改正。

5.4.2 建设监理管理

1. 建设监理的概念

建设工程项目监理简称建设监理，在国外统称为工程咨询，是建设工程项目实施过程中一种科学的管理方法。它把建设工程项目的管理纳入社会化、法制化的轨道，做到高效、严格、科学、经济。建设监理盛行于西方发达国家，目前已成为国际惯例。

建设监理是对建设前期的工程咨询，建设实施阶段的招标投标、勘察设计、施工验收，直至建设后期的运转保修在内的各个阶段的管理与监督。建设监理机构，指符合规定条件而经批准成立、取得资格证书和营业执照的监理单位。它受业主委托依据法律、法规、规范、批准的设计文件和合同条款，对工程建设实施的监理。社会监理是委托性的，业主可以委托一个单位监理，也可同时委托几个单位监理；监理范围可以是工程建设的全过程监理，也可以是阶段监理，即项目决策阶段的监理和项目实施阶段的监理。我国目前的建设监理主要是指项目实施阶段的监理。业主、承包商与监理单位三方是以经济为纽带、合同为根据相互进行制约的，其中经济手段是达到控制建设工期、造价和质量三个目标的重要因素。

2. 建设监理委托合同的形式

建设监理一般是项目法人通过招标投标方式择优选定的监理单位。监理单位在接受业主的委托后，必须与业主签订建设监理委托合同，才能对工程项目进行监理。建设监理委托合同主要有四种形式。

第一种形式是根据法律要求制订，由适宜的管理机构签订正式合同并执行。

第二种形式是信件式合同，较简单，通常是由监理单位制订，由委托方签署一份备案，退给监理单位执行。

第三种形式是由委托方发出的执行任务的委托通告单。这种方法通过一份委托通知单，把监理单位在争取委托合同时提出的建议中所规定的工作内容委托给他们，成为监理单位所接受的协议。

第四种形式就是标准合同。现在国际上较为常见的一种标准委托合同格式是国际咨询工程师联合会（FIDIC）颁布的《雇主与咨询工程师项目管理协议书国际范本与国际通用规则》，最新版本是《业主/咨询工程师标准服务协议书》。

3．工程建设监理的主要工作任务和内容

监理的基本方法是控制，基本工作是"三控"、"两管"、"一协调"。"三控"是指监理工程师在工程建设全过程中的工程进度控制、工程质量控制和工程投资控制；"两管"是指监理活动中的合同管理和信息管理；"一协调"是指全面的组织协调。

1）工程进度控制是指项目实施阶段（包括设计准备、设计、施工、使用前准备各阶段）的进度控制。其控制的目的是：通过采用控制措施，确保项目交付使用时间目标的实施。

2）工程质量的控制，实际上是指监理工程师组织参加施工的承包商，按合同标准进行建设，并对形成质量的诸因素进行检测、核验，对差异提出调整、纠正措施的监督管理过程，这是监理工程师的一项重要职责。在履行这一职责的过程中，监理工程师不仅代表了建设单位的利益，同时也要对国家和社会负责。

3）工程投资控制不是指投资越省越好，而是指在工程项目投资范围内得到合理控制。项目投资控制的目标是使该项目的实际投资小于或等于该项目的设计投资（业主所确定的投资目标值）。

总之，要在计划投资范围内，通过控制的手段，实现项目的功能、建筑的造型和质量的优化。

4）合同管理。建设项目监理的合同管理贯穿于合同的签订、履行、变更或终止等活动的全过程，目的是保证合同得到全面实际的履行。

5）信息管理。建设项目的监理工作是围绕着动态目标控制展开的，而信息则是目标控制的基础。信息管理就是由电子计算机为辅助手段对有关信息进行的收集、储存、处理等。信息管理的内容是：信息流程结构图（反映各参加单位间的信息关系）；信息目录表（包括信息名称、信息提供者、提供时间、信息接收者、信息的形式）；会议制度（包括会议的名称、主持人、参加人、会议举行的时间）；信息的编码系统；信息的收集、整理及保存制度。

6）协调是建设监理能否成功的关键。协调的范围可分为内部的协调和外部的协调。内部的协调主要是工程项目系统内部人员、组织关系、各种需求关系的协调。外部的协调包括与业主有合同关系的承建单位、设计单位的协调和与业主无合同关系的政府有关部门、社会团体及人员的协调。

4．建设工程的监理

（1）必须进行监理的范围

实行监理的建设工程，建设单位应当委托具有相应资质等级的工程监理单位进行监理，也可以委托具有工程监理相应资质等级并与被监理工程的施工承包单位没有隶属关系或者其他利害关系的该工程的设计单位进行监理。

下列建设工程必须实行监理：

1）国家重点建设工程。

2）大、中型公用事业工程。

3）成片开发建设的住宅小区工程。

4）利用外国政府或者国际组织贷款、援助资金的工程。

5）国家规定必须实行监理的其他工程。

（2）建设工程监理单位的质量责任和义务

1）工程监理单位应当依法取得相应等级的资质证书，并在其资质等级许可的范围内承担工程监理业务。禁止工程监理单位超越本单位资质等级许可的范围或者以其他工程监理单位的名义承担工程监理业务。禁止工程监理单位允许其他单位或者个人以本单位的名义承担工程监理业务。工程监理单位不得转让工程监理业务。

2）工程监理单位与被监理工程的施工承包单位以及建筑材料、建筑构配件和设备供应单位有隶属关系或者其他利害关系的，不得承担该项建设工程的监理业务。

3）工程监理单位应当依照法律、法规以及有关技术标准、设计文件和建设工程承包合同，代表建设单位对施工质量实施监理，并对施工质量承担监理责任。

4）工程监理应当选派具备相应资格的总监理工程师和监理工程师进驻施工现场。未经监理工程师签字，建筑材料、建筑构配件和设备不得在工程上使用或者安装，施工单位不得进行下一道工序的施工，未经总监理工程师签字，建设单位不拨付工程款，不进行竣工验收。

5）监理工程师应当按照工程监理规范的要求，采取旁站、巡视和平行检验等形式，对建设工程实施管理。

5．建设监理程序与管理

监理单位应根据所承担的监理任务，组建工程建设监理机构。承担工程施工阶段的监理，监理机构应进驻施工现场。工程建设监理一般按下列程序进行：

1）编制工程建设监理规划。

2）按工程建设进度、分专业编制工程建设监理细则。

3）按照建设监理细则进行建设监理。

4）参与工程竣工验收，签署建设监理意见。

5）建设监理业务完成后，向项目法人提交工程建设监理档案资料。

《工程监理企业资质管理规定》对监理企业的资质审查、分级标准、申请程序、监理业务范围及管理机构与相应职责均作了详细的规定。监理企业的资质根据其人员素质、专业技能、管理水平、资金数量及实际业绩分为甲、乙、丙三级。

设立监理企业或申请承担监理业务的企业到工商行政管理部门登记注册并取得企业法人营业执照后，方可到建设行政主管部门办理资质申请手续，经资质审查合格后取得工程监理企业资质证书后才可从事监理活动。

凡外资在中国境内独资的建设项目，在委托外国监理单位承担监理时，应聘请中国监理参加，进行合作监理。中外合资的建设项目，不应委托外国监理单位承担监理，但可向外国监理单位进行技术、经济咨询。外国贷款项目原则上由中国监理单位负责监理，如因贷款要求外国监理单位参加，应与中国监理单位进行合作监理。外国赠款、捐款建设的工程项目，一般由中国监理单位承担监理。

5.4.3　建筑业企业的资质管理

住房和城乡建设部令第22号发布《建筑业企业资质管理规定》，自2015年3月1日起施行，原建设部令第159号《建筑业企业资质管理规定》同时废止。我国现行建筑业企业资质管理制度的主要内容有：

建筑业企业应当按照其拥有的资产、主要人员、已完成的工程业绩和技术装备等条件申请建筑业企业资质，经审查合格，取得建筑业企业资质证书后，方可在资质许可的范围内从事建筑施工活动。建筑业企业资质分为施工总承包资质、专业承包资质、施工劳务资质三个序列。施工总承包资质、专业承包资质按照工程性质和技术特点分别划分为若干资质类别，各资质类别按照规定的条件划分为若干资质等级。施工劳务资质不分类别与等级。

下列建筑业企业资质，由国务院住房城乡建设主管部门许可：

①施工总承包资质序列特级资质、一级资质及铁路工程施工总承包二级资质；

②专业承包资质序列公路、水运、水利、铁路、民航方面的专业承包一级资质及铁路、民航方面的专业承包二级资质；涉及多个专业的专业承包一级资质。申请企业应当向企业工商注册所在地省、自治区、直辖市人民政府住房城乡建设主管部门提出申请，其中国务院国有资产管理部门直接监管的建筑企业及其下属一层级的企业，可以由国务院国有资产管理部门直接监管的建筑企业向国务院住房城乡建设主管部门提出申请。

下列建筑业企业资质，由企业工商注册所在地省、自治区、直辖市人民政府住房城乡建设主管部门许可：

①施工总承包资质序列二级资质及铁路、通信工程施工总承包三级资质；

②专业承包资质序列一级资质（不含公路、水运、水利、铁路、民航方面的专业承包一级资质及涉及多个专业的专业承包一级资质）；

③专业承包资质序列二级资质（不含铁路、民航方面的专业承包二级资质）；铁路方面专业承包三级资质；特种工程专业承包资质。

下列建筑业企业资质，由企业工商注册所在地设区的市人民政府住房城乡建设主管部门许可：

①施工总承包资质序列三级资质（不含铁路、通信工程施工总承包三级资质）；

②专业承包资质序列三级资质（不含铁路方面专业承包资质）及预拌混凝土、模板脚手架专业承包资质；

③施工劳务资质；

④燃气燃烧器具安装、维修企业资质。

建筑业企业资质标准和取得相应资质的企业可以承担工程的具体范围，由国务院住房城乡建设主管部门会同国务院有关部门制定。国家鼓励取得施工总承包资质的企业拥有独资或者控股的劳务企业。企业可以申请一项或多项建筑业企业资质。企业首次申请或增项申请资质，应当申请最低等级资质。

5.4.4 执业资格制度

1. 注册建造师制度

为了加强对注册建造师的管理，规范注册建造师的执业行为，提高工程项目管理水平，保证工程质量和安全，依据《建筑法》《行政许可法》《建设工程质量管理条例》等法律、行政法规，2006年12月28日建设部发布了《注册建造师管理规定》（建设部令第153号），并自2007年3月1日起施行。

1）注册建造师是指通过考核认定或考试合格取得建造师资格证书，并按照《注册建造师管理规定》注册，取得建造师注册证书和执业印章，担任施工单位项目负责人及从事相关活动的专业技术人员。

2）国务院建设主管部门对全国注册建造师的注册、执业活动实施统一监督管理；国务院铁路、交通、水利、信息产业、民航等有关部门按照国务院规定的职责分工，对全国有关专业工程注册建造师的执业活动实施监督管理。注册建造师分为一级注册建造师和二级注册建造师。一级注册建造师由国务院建设主管部门核发一级建造师注册证书，并核定执业印章编号。二级注册建造师由省、自治区、直辖市人民政府建设主管部门负责受理和审批。注册建造师的具体执业范围按照《注册建造师执业工程规模标准》执行。

3）取得建造师资格证书的人员应当受聘于一个具有建设工程勘察、设计、施工、监理、招标代理、造价咨询等一项或者多项资质的单位，经注册后方可从事相应的执业活动；担任施工单位项目负责人的，应当受聘并注册于一个具有施工资质的企业。注册建造师不得同时在两个及两个以上的建设工程项目上担任施工单位项目负责人。

4）注册建造师可以从事建设工程项目总承包管理或施工管理，建设工程项目管理服务，建设工程技术经济咨询，以及法律、行政法规和国务院建设主管部门规定的其他业务。建设工程施工活动中形成的有关工程施工管理文件，应当由注册建造师签字并加盖执业印章。施工单位签署质量合格的文件上，必须有注册建造师的签字盖章。

2. 注册监理工程师制度

《监理工程师资格考试和注册试行办法》规定监理工程师应先经资格考试，取得监理工程师资格证书，再经监理工程师注册机关注册，取得监理工程师岗位证书，并被监理单位聘用，方可从事工程建设监理业务。未取得两证或两证不全者不得从事监理业务；已注册的监理工程师不得以个人名义从事监理业务。

对国外及我国港、澳、台地区的工程建设监理人员来内地执业的注册管理办法另有专门规定。

5.5 房地产质量管理

5.5.1 开发项目竣工验收

竣工验收，是建设工程施工和施工管理的最后环节，是把好工程质量的最后一关，意义十分重大。任何建设工程竣工后，都必须进行竣工验收。单项工程完工，进行单项工程验收；分期建设的工程，进行分期验收；全面工程竣工，进行竣工综合验收。凡未经验收或验收不合格的建设工程和开发项目，不得交付使用。

为贯彻《建设工程质量管理条例》，规范房屋建筑工程和市政基础设施工程的竣工验收，保证工程质量，建设部于2000年4月发布了《房屋建筑工程和市政基础设施工程竣工验收备案管理暂行办法》，2009年10月19日住房城乡建设部将此办法修正为《房屋建筑和市政基础设施工程竣工验收备案管理办法》（住房和城乡建设部令第2号）。凡在中华人民共和国境内新建、扩建、改建各类房屋建筑工程和市政基础设施工程的竣工验收备案，应当遵守《房屋建筑和市政基础设施工程竣工验收备案管理办法》。

1．建设工程竣工验收的监督管理机构

国务院住房和城乡建设主管部门负责全国房屋建筑工程和市政基础设施工程（以下统称工程）的竣工验收备案管理工作。县级以上地方人民政府建设行政主管部门负责本行政区域内工程的竣工验收备案管理工作。

建设单位收到建设工程竣工报告后，应当组织设计、施工、工程监理等有关单位进行竣工验收。建设单位应当自工程竣工验收合格之日起15日内，依照本办法规定，向工程所在地的县级以上地方人民政府建设主管部门（以下简称备案机关）备案。

2．建设工程竣工验收的条件

建设工程竣工验收应当具备下列条件：

1）完成建设工程设计和合同约定的各项内容。

2）有完整的技术档案和施工管理资料。

3）有工程使用的主要建筑材料、建筑构配件和设备的进场试验报告。

4）有勘察、设计、施工、工程监理等单位分别签署的质量合格文件。

5）有施工单位签署的工程保修书。

建设工程经验收合格的，方可交付使用。

3．工程竣工验收备案

建设单位办理工程竣工验收备案应当提交下列文件：

1）工程竣工验收备案表。

2）工程竣工验收报告。竣工验收报告应当包括工程报建日期，施工许可证号，施工图设计文件审查意见，勘察、设计、施工、工程监理等单位分别签署的质量合格文件及验收人员签署的竣工验收原始文件，市政基础设施的有关质量检测和功能性试验资料以及备案机关认为需要提供的有关资料。

3）法律、行政法规规定应当由规划、环保等部门出具的认可文件或者准许使用文件。

4）法律规定应当由公安消防部门出具的对大型的人员密集场所和其他特殊建设工程验收合格的证明文件。

5）施工单位签署的工程质量保修书。

6）法规、规章规定必须提供的其他文件。

住宅工程还应当提交《住宅质量保证书》和《住宅使用说明书》。

5.5.2　商品房交付使用

1．房地产开发企业按期交付符合交付使用条件的商品房

房地产开发企业应当按照合同约定，将符合交付使用条件的商品房按期交付给买受人。未能按期交付的，房地产开发企业应当承担违约责任。因不可抗力或者当事人在合同中约定的其他原因，需延期交付的，房地产开发企业应当及时告知买受人。

按照住房和城乡建设部《关于进一步加强房地产市场监管完善商品住房预售制度有关问题的通知》（建房〔2010〕53号）规定，商品住房交付使用条件应包括工程经竣工验收合格并在当地主管部门备案、配套基础设施和公共设施已建成并满足使用要求、北方地区住宅分户热计量装置安装符合设计要求、住宅质量保证书和住宅使用说明书制度已落实、商品住房质量责任承担主体已明确、前期物业管理已落实。房地产开发企业在商品住房交付使用时，应当向购房人出示上述相关证明资料。

2．房地产开发企业向购房人提供《住宅质量保证书》和《住宅使用说明书》

根据《城市房地产开发经营管理条例》第三十一条的规定，房地产开发企业应当在商品住房交付使用时，向购买人提供《住宅质量保证书》和《住宅使用说明书》。

《住宅使用说明书》应当对住宅的结构、性能和各部位（部件）的类型、性能、保准等作出说明，并提出使用注意事项，一般应当包含以下内容：

1）开发单位、设计单位、施工单位，委托监理的应当注明监理单位。

2）结构类型。

3）装修、装饰注意事项。

4）上水、下水、电、燃气、热力、通信、消防等设施配置的说明。

5）有关设备、设施安装预留位置的说明和安装注意事项。

6）门、窗类型，使用注意事项。

7）配电负荷。

8）承重墙、保温墙、防水层、阳台等部位注意事项的说明。

9）其他需要说明的问题。

住宅中配置的设备、设施，生产厂家另有使用说明书的，应附于《住宅使用说明书》中。

房地产开发企业应当在商品房交付使用前按项目委托具有房产测绘资格的单位实施测绘，测绘成果报房地产行政主管部门审核后用于房屋权属登记。

对于期房，《商品房买卖合同》约定的商品房面积是根据设计图纸测出来的。商品房建成后的测绘结果与合同中约定的面积数据有差异，商品房交付时，开发商与购房人应根据合同约定对面积差异进行结算。

5.5.3 施工单位的质量责任

为了加强对建设工程质量的管理，保证建设工程质量，保护人民生命财产安全，根据《建筑法》，国务院于2000年1月发布了《建设工程质量管理条例》（国务院令第279号），并于2017年10月修订（国务院令687号）。凡在中华人民共和国境内从事建设工程的新建、扩建、改建等有关活动及实施对建设工程质量监督管理的，必须遵守《建设工程质量管理条例》。建设工程，是指土木工程、建筑工程、线路管道和设备安装工程及装修工程。

1．建设工程质量管理的原则

1）县级以上人民政府建设行政主管部门和其他有关部门负责对建设工程质量实行监督管理。

2）从事建设工程活动，必须严格执行基本建设程序，坚持先勘察、后设计、再施工的原则。

3）县级以上人民政府及其有关部门不得超越权限审批建设项目或者擅自简化基本建设程序。

4）国家鼓励采用先进的科学技术和管理方法，提高建设工程质量。

2．施工单位的质量管理

1）施工单位应当依法取得相应等级的资质证书，并在其资质等级许可的范围内承揽工程。禁止施工单位超越本单位资质等级许可的业务范围或者以其他施工单位的名义承揽工程。禁止施工单位允许其他单位或者个人以本单位的名义承揽工程。施工单位不得转包或者违法分包工程。

2）施工单位对建设工程的施工质量负责。施工单位应当建立质量责任制，确定工程项目的项目经理、技术负责人和施工管理负责人。建设工程实行总承包的，总承包单位应当对全部建设工程质量负责，建设工程勘察、设计、施工、设备采购的一项或者多项实行总承包的，总承包单位应当对其承包的建设工程或者采购的设备的质量负责。

3）总承包单位依法将建设工程分包给其他单位的，分包单位应当按照分包合同的约定对其分包工程的质量向总承包单位负责，总承包单位与分包单位对分包工程的质量承担连带责任。

4）施工单位必须按照工程设计图纸和施工技术标准施工，不得擅自修改工程设计，不得偷工减料。施工单位在施工过程中发现设计文件和图纸有差错的，应当及时提出意见和建议。

5）施工单位必须按照工程设计要求、施工技术标准和合同约定，对建筑材料、建筑构配件、设备和商品混凝土进行检验，检验应当有书面记录和专人签字；未经检验或者检验不合格的，不得使用。

6）施工单位必须建立、健全施工质量的检验制度，严格工序管理，作好隐蔽工程的质量检查和记录。隐蔽工程在隐蔽前，施工单位应当通知建设单位和建设工程质量监督机构。

7）施工人员对涉及结构安全的试块、试件以及有关材料，应当在建设单位或者工程监理单位监督下现场取样，并送具有相应资质等级的单位检测。

8）施工单位对施工中出现质量问题的建设工程或者竣工验收不合格的建设工程，应当负责返修。

9）施工单位应当建立、健全教育培训制度，加强对职工的教育培训；未经教育培训或者考核不合格的人员，不得上岗作业。

3．建设工程质量保修办法

为保护建设单位、施工单位、房屋建筑所有人和使用人的合法权益，维护公共安全和公众利益，根据《建筑法》和《建设工程质量管理条例》，建设部于2000年6月发布了《房屋建筑工程质量保修办法》，适用于在中华人民共和国境内新建、扩建、改建各类房屋建筑工程（包括装修工程）的质量保修。

房屋建筑工程质量保修，是指对房屋建筑工程竣工验收后在保修期限内出现的质量缺陷，予以修复。质量缺陷，是指房屋建筑工程的质量不符合工程建设强制性标准以及合同的约定。房屋建筑工程在保修范围和保修期限内出现质量缺陷，施工单位应当履行保修义务。建设单位和施工单位应当在工程质量保修书中约定保修范围、保修期限和保修责任等，双方约定的保修范围、保修期限必须符合国家有关规定。

（1）房屋建筑工程质量保修期限

在正常使用条件下，房屋建筑工程的最低保修期限为：

1）地基基础和主体结构工程，为设计文件规定的该工程的合理使用年限。

2）屋面防水工程、有防水要求的卫生间、房间和外墙面的防渗漏，为5年。

3）供热与供冷系统，为2个采暖期、供冷期。

4）电气系统、给排水管道、设备安装为2年。

5）装修工程为2年。

其他项目的保修期限由建设单位和施工单位约定。

房屋建筑工程保修期从工程竣工验收合格之日起计算。

（2）房屋建筑工程质量保修责任：

1）房屋建筑工程在保修期限内出现质量缺陷，建设单位或者房屋建筑所有人应当向施工单位发出保修通知。施工单位接到保修通知后，应当到现场核查情况，在保修书约定的时间内予以保修。发生涉及结构安全或者严重影响使用功能的紧急抢修事故，施工单位接到保修通知后，应当立即到达现场抢修。

2）发生涉及结构安全的质量缺陷，建设单位或者房屋建筑所有人应当立即向当地建设行政主管部门报告，采取安全防范措施；由原设计单位或者具有相应资质等级的设计单位提出保修方案，施工单位实施保修，原工程质量监督机构负责监督。

3）保修完成后，由建设单位或者房屋建筑所有人组织验收。涉及结构安全的，应当报当地建设行政主管部门备案。

4）施工单位不按工程质量保修书约定保修的，建设单位可以另行委托其他单位保修，由原施工单位承担相应责任。

5）保修费用由质量缺陷的责任方承担。

6）在保修期内，因房屋建筑工程质量缺陷造成房屋所有人、使用人或者第三方人身、财产损害的，房屋所有人、使用人或者第三方可以向建设单位提出赔偿要求。建设单位在赔偿后可以向造成房屋建筑工程质量缺陷的责任方追偿。因保修不及时造成新的人身、财产损害，由造成拖延的责任方承担赔偿责任。

5.5.4 房地产开发企业的质量责任

1. 房地产开发企业应对其开发的房地产项目承担质量责任

《城市房地产开发经营管理条例》规定，房地产开发企业开发建设的房地产开发项目，应当符合有关法律、法规的规定和建筑工程质量、安全标准、建筑工程勘察、设计、施工的技术规范以及合同的约定。房地产开发企业应当对其开发建设的房地产开发项目的质量承担责任。勘察、设计、施工、监理等单位应当依照有关法律、法规的规定或者合同的约定，承担相应的责任。

房地产开发企业必须对其开发的房地产项目承担质量责任。房地产开发企业作为房地产项目建设的主体，是整个活动的组织者。尽管在建设过程中许多工作都由勘察、设计、施工等单位承担，出现质量问题可能是勘察、设计、施工或者材料供应商的责任，但开发商是组织者，其他所有参与部门都是由开发商选择的，都和开发商发生合同关系，出现问题时理应由开发商与责任单位协调解决。此外，消费者是从开发商那里购房，就如同在商店购物，出现问题应由商店对消费者承担质量责任一样，购买的房屋出现质量问题，理应由开发企业对购房者承担责任。因此，房地产开发企业应当对其开发建设的商品住房质量承担首要责任，勘察、设计、施工、监理等单位应当依据有关法律、法规的规定或者合同的约定承担相应责任。房地产开发企业、勘察、设计、施工、监理等单位的法定代表人、工程项目负责人、工程技术负责人、注册执业人员按各自职责承担相应责任。

房地产开发企业开发建设的房地产项目，必须要经过工程建设环节，必须符合《建筑法》及其他方面的有关法律规定，符合工程勘察、设计、施工等方面的技术规范，符合工程质量、工程安全方面的有关规定和技术标准，同时还要严格遵守合同的约定，这是对房地产开发项目在建设过程中的基本要求。

2. 房地产开发企业的质量责任和义务

1）房地产开发企业应当将工程发包给具有相应资质等级的单位，不得将建设工程肢解发包。

2）房地产开发企业应当依法对工程建设项目勘察、设计、施工以及与工程建设有关的重要设备、材料等的采购进行招标。

3）建设工程发包单位不得迫使承包方以低于成本的价格竞标，不得任意压缩合理工期。房地产开发企业不得明示或者暗示设计单位或者施工单位违反工程建设强制性标准，降低建设工程质量。

4）房地产开发企业应当将施工图设计文件提交给有资格的施工图设计文件审查机构审查。施工图设计文件未经审查的，不得使用。

3. 对主体结构质量不合格的房地产项目的处理

房屋主体结构质量涉及房地产开发企业，工程勘察、设计单位，施工单位，监理单位，材料供应部门等，房屋主体结构质量的好坏直接影响房屋的合理使用和购房者的生命财产安全。房屋竣工后，必须经验收合格后方可交付使用。商品房交付使用后，购房人认为主体结构质量不合格的，可以向工程质量监督单位申请重新核验。经核验，确属主体结构质量不合格的，购房人有权退房，给购房人造成损失的，房地产开发企业应当依法承担赔偿责任。这样规定的目的主要是为了确保购买商品房的消费者的合法权益不受损害。

对主体结构质量不合格的房地产项目的处理应当注意以下几个问题：

1）购房人在商品房交付使用之后发现质量问题，这里的交付使用之后，是指办理了交付使用手续之后，可以是房屋所有权证办理之前，也可以是房屋所有权证办理完备之后。主体结构质量问题与使用时间关系不大，主要是设计和施工原因造成的，因而，只要在合理的使用年限内，只要属于主体结构的问题，都可以申请质量部门认定，房屋主体结构不合格的，均可申请退房。

2）确属主体结构质量不合格，而不是一般性的质量问题。房屋质量有很多种，一般性的质量问题主要通过质量保修解决，而不是退房。

3）必须向工程质量监督部门申请重新核验，以质量监督部门核验的结论为依据。这里的质量监督部门是指专门进行质量验收的质量监督站，其他单位的核验结果不能作为退房的依据。

4）对给购房人造成损失应当有合理的界定，应只包含直接损失，不应包含精神损失等间接性损失。

对于经工程质量监督部门核验，确属房屋主体结构质量不合格的，消费者有权要求退房，终止房屋买卖关系。也有权采取其他办法，如双方协商换房等。选择退房还是换房，都是消费者的权利。

以上这些规定的目的也是为了保护购买商品房的消费者的合法权益。

4．对非主体结构不合格的商品房的保修

商品房的保修期从交付之日起计算。《商品房销售管理办法》要求房地产开发企业销售商品住宅时，应当根据《商品住宅实行质量保证书和住宅使用说明书制度的规定》（以下简称《规定》），向买受人提供《住宅质量保证书》。

《规定》关于《住宅质量保证书》的内容：

《住宅质量保证书》应当列明工程质量监督部门核验的质量等级、保修范围、保修期和保修单位等内容。房地产开发企业应当按照住宅质量保证书的约定，承担商品房保修责任。保修期内，因房地产开发企业对商品房住房进行维修，致使房屋使用功能受到影响，给购买人造成损失的，房地产开发企业应当承担赔偿责任。

在保修期限内发生的属于保修范围的质量问题，房地产开发企业应当履行保修义务，并对造成的损失承担赔偿责任。因不可抗力或使用不当造成的损失，房地产开发企业不承担责任。

1）地基基础和主体结构在合理使用寿命年限内承担保修。

2）屋面防水3年。

3）墙面、厨房和卫生间地面、地下室、管道渗漏1年。

4）墙面、顶棚抹灰层脱落1年。

5）地面空鼓开裂、大面积起砂1年。

6）门窗翘裂、五金件损坏1年。

7）管道堵塞2个月。

8）供热、供冷系统和设备1个采暖期或供冷期。

9）卫生洁具1年。

10）灯具、电器开关6个月。

其他部位、部件的保修期限，由房地产开发企业与用户自行约定。

商品住宅的保修期限不得低于建设工程承包单位向建设单位出具的质量保修书约定保修期的存续期；存续期少于《规定》中确定的最低保修期限的，保修期不得低于《规定》中确定的最低保修期限。非住宅商品房的保修期限不得低于建设工程承包单位向建设单位出具的质量保修书约定保修期的存续期。在保修期限内发生的属于保修范围的质量问题，房地产开发企业应当履行保修义务，并对造成的损失承担赔偿责任。因不可抗力或者使用不当造成的损坏，房地产开发企业不承担责任。

5.6 房地产广告

为了规范广告活动，保护消费者的合法权益，促进广告业的健康发展，维护社会经济秩序，2015年4月24日第十二届全国人民代表大会常务委员会第十四次会议修订《广告法》，自2015年9月1日起施行。《广告法》对房地产广告及其法律责任作出了规定。《城市房地产管理法》、《土地管理法》和《城市房地产开发经营管理条例》等法律法规也对房地产广告宣传作出了相应的规定。

5.6.1 房地产广告概述

1. 房地产广告法规

在房屋销售中，房地产开发商为将房子尽快售出，会采用各种各样的宣传方式，有时甚至涉及虚假宣传等违法行为。与开发商相比，购房者通常不够专业。由此产生的房地产广告纠纷，不仅严重损害了消费者的利益，同时影响到社会的稳定。我国现行法律规定要求，发布房地产广告，应当遵守《中华人民共和国广告法》、《城市房地产管理法》、《土地管理法》及国家有关广告监督管理和房地产管理的规定。

为了规范广告活动，保护消费者的合法权益，促进广告业的健康发展，维护社会经济秩序，《广告法》于1994年10月27日第八届全国人民代表大会常务委员会第十次会议通过，并于2015年4月24日进行了修订。2015年12月24日，国家工商行政管理总局公布了《房地产广告发布规定》（国家工商行政管理总局令第80号），规范了房地产开发企业、房地产权利人、房地产中介服务机构发布的房地产项目预售、预租、出售、出租、项目转让以及其他房地产项目介绍的广告行为，但不适用居民私人及非经营性售房、租房、换房广告。该规定自2016年2月1日起施行。

2. 房地产广告应遵循的原则

房地产广告必须真实、合法、科学、准确，符合社会主义精神文明建设要求，不得欺骗和误导公众。未取得商品房预售许可的房地产开发项目，不得以"内部认购"、"内部认定"、"内部登记"等名目发布房地产广告。房地产广告不得含有风水、占卜等封建迷信内容，对项目情况进行的说明、渲染，不得有悖社会良好风尚。

5.6.2 房地产广告发布规定

1. 发布房地产广告应当提供的文件

发布房地产广告，应当具有或者提供下列相应真实、合法、有效的证明文件：

1）房地产开发企业、房地产权利人、房地产中介服务机构的营业执照或者其他主体资格证明。

2）建设主管部门颁发的房地产开发企业资质证书。

3）土地主管部门颁发的项目土地使用权证明。

4）工程竣工验收合格证明。

5）发布房地产项目预售、出售广告，应当具有地方政府建设主管部门颁发的预售、销售许可证证明；出租、项目转让广告，应当具有相应的产权证明。

6）中介机构发布所代理的房地产项目广告，应当提供业主委托证明。

7）确认广告内容真实性的其他证明文件。

2．房地产广告的内容

房地产预售、销售广告，必须载明以下事项：

1）开发企业名称。

2）中介服务机构代理销售的，载明该机构名称。

3）预售许可证书号。

广告中仅介绍房地产项目名称的，可以不必载明上述事项。

3．发布房地产广告的具体要求

1）房地产广告中涉及所有权或者使用权的，所有或者使用的基本单位应当是有实际意义的完整的生产、生活空间。

2）房地产广告中对价格有表示的，应当清楚表示为实际的销售价格，明示价格的有效期限。

3）房地产广告中的项目位置示意图，应当准确、清楚，比例恰当。

4）房地产广告中涉及的交通、商业、文化教育设施及其他市政条件等，如在规划或者建设中，应当在广告中注明。

5）房地产广告涉及内部结构、装修装饰的，应当真实、准确。

6）房地产广告中不得利用其他项目的形象、环境作为本项目的效果。

7）房地产广告中使用建筑设计效果图或者模型照片的，应当在广告中注明。

8）房地产广告中不得出现融资或者变相融资的内容。

9）房地产广告中涉及贷款服务的，应当载明提供贷款的银行名称及贷款额度、年期。

10）房地产广告中不得含有广告主能够为入住者办理户口、就业、升学等事项的承诺。

11）房地产广告中涉及物业管理内容的，应当符合国家有关规定；涉及尚未实现的物业管理内容，应当在广告中注明。

12）房地产广告中涉及房地产价格评估的，应当表明评估单位、估价师和评估时间；使用其他数据、统计资料、文摘、引用语的，应当真实、准确，表明出处。

5.6.3　房地产广告发布的禁止行为

1．禁止发布房地产广告的几种情形

（1）禁止发布房地产虚假广告

《广告法》规定：广告应当真实、合法，广告不得含有虚假或者引人误解的内容，不得欺骗、误导消费者。《广告法》第二十八条对虚假广告作出了界定。

广告以虚假或者引人误解的内容欺骗、误导消费者的，构成虚假广告。广告有下列情形之一的，为虚假广告：

1）商品或者服务不存在的。

2）商品的性能、功能、产地、用途、质量、规格、成分、价格、生产者、有效期限、销售状况、曾获荣誉等信息，或者服务的内容、提供者、形式、质量、价格、销售状况、曾获荣誉等信息，以及与商品或者服务有关的允诺等信息与实际情况不符，对购买行为有实质性影响的。

3）使用虚构、伪造或者无法验证的科研成果、统计资料、调查结果、文摘、引用语等信息作证明材料的。

4）虚构使用商品或者接受服务的效果的。

5）以虚假或者引人误解的内容欺骗、误导消费者的其他情形。

《城市房地产开发经营管理条例》第二十六条规定，房地产开发企业不得进行虚假广告宣传。虚假内容主要是指：向购房者承诺与实际情况不符或根本无法兑现的各种价格优惠、服务标准、环境及配套设施、物业管理等。

（2）凡下列情况的房地产，不得发布广告

1）在未经依法取得国有土地使用权的土地上开发建设的。

2）在未经国家征用的集体所有的土地上建设的。

3）司法机关和行政机关依法规定、决定查封或者以其他形式限制房地产权利的。

4）预售房地产，但未取得该项目预售许可证的。

5）权属有争议的。

6）违反国家有关规定建设的。

7）不符合工程质量标准，经验收不合格的。

8）法律、行政法规规定禁止的其他情形。

2．房地产广告不得包含的内容

《广告法》第二十六条规定，房地产广告，房源信息应当真实，面积应当表明为建筑面积或者套内建筑面积，并不得含有下列内容：

1）升值或者投资回报的承诺。

2）以项目到达某一具体参照物的所需时间表示项目位置。

3）违反国家有关价格管理的规定。

4）对规划或者建设中的交通、商业、文化教育设施以及其他市政条件作误导宣传。

3．违规行为的处罚

1）违反《广告法》规定，发布虚假广告的，由工商行政管理部门责令停止发布广告，责令广告主在相应范围内消除影响，处广告费用三倍以上五倍以下的罚款，广告费用无法计算或者明显偏低的，处二十万元以上一百万元以下的罚款；两年内有三次以上违法行为或者有其他严重情节的，处广告费用五倍以上十倍以下的罚款，广告费用无法计算或者明显偏低的，处一百万元以上二百万元以下的罚款，可以吊销营业执照，并由广告审查机关撤销广告审查批准文件、一年内不受理其广告审查申请。

2）违反《广告法》第二十六条规定发布房地产广告，由工商行政管理部门责令停止发布广告，责令广告主在相应范围内消除影响，处广告费用一倍以上三倍以下的罚款，广告费用无法计算或者明显偏低的，处十万元以上二十万元以下的罚款；情节严重的，处广告费用三倍以上五倍以下的罚款，广告费用无法计算或者明显偏低的，处二十万元以上一百万元以下的罚款，可以吊销营业执照，并由广告审查机关撤销广告审查批准文件、一年内不受理其广告审查申请。

3）违反《房地产广告发布规定》发布广告，法律法规有规定的，依照有关法律法规规定予以处罚。法律法规没有规定的，对负有责任的广告主、广告经营者、广告发布者，处以违法所得三倍以下但不超过三万元的罚款；没有违法所得的，处以一万元以下的罚款。

4）《广告法》规定，因发布虚假广告，或者有其他本法规定的违法行为，被吊销营业执照的公司、企业的法定代表人，对违法行为负有个人责任的，自该公司、企业被吊销营业执照之日起三年内不得担任公司、企业的董事、监事、高级管理人员。

本章小结与拓展

通过本章学习，掌握房地产开发项目管理与房地产质量管理，熟悉房地产开发企业的设立、建设工程施工与监理、房地产广告，了解建设工程招标投标。重点阅读：《城市房地产管理法》、《建筑法》、《广告法》、《招标投标法》、《城市房地产开发经营管理条例》、《建设工程质量管理条例》、《建筑工程施工许可管理办法》、《房地产广告发布规定》。关注房地产质量问题。对于大多数置业者来说，购置房产是一笔不小的开支，但如果这人生中最重要的资产出了诸如漏水、渗水、外墙面脱落、墙壁裂痕、空调布局不合理等诸多问题，那将是一件多么苦恼的事情。每年"3·15"的消费者维权活动中，房地产领域的投诉部占据了相当大的比例，其中房屋质量问题居首位。因此，房地产开发项目的设计、施工竣工验收等过程必须符合国家的有关标准和规范。

思考题

1．房地产开发企业设立的条件有哪些？

2．房地产开发企业资质管理有哪些规定？

3. 房地产开发项目的确定有什么要求?

4. 房地产开发用地使用权如何取得?

5. 什么是项目资本金制度? 房地产开发项目资本金有何要求?

6. 建设工程必须招标投标的范围是什么?

7. 建筑工程施工许可管理的条件是什么?

8. 工程建设监理的主要工作任务和内容是什么?

9. 如何进行房地产质量管理?

10. 房地产广告应当遵守哪些原则?

11. 房地产预售、销售广告,必须载明哪些事项?

12. 发布房地产广告应当提供哪些文件?

13. 禁止发布房地产广告的情形有哪几种?

第 6 章

物业管理法规

6.1 物业管理概述

6.1.1 物业与物业管理基本概念

1．物业的概念

"物业"一词是由英语"Estate"或"Property"引译而来的，由香港传入沿海、内地，其含义为财产、资产、地产、房地产、产业等。该词自20世纪80年代引入国内，现已形成了一个完整的概念，即：物业是指已经建成并投入使用的各类房屋及其与之相配套的设备、设施和场地。物业可大可小，一个单元住宅可以是物业，一座大厦也可以作为一项物业，同一建筑物还可按权属的不同分割为若干物业。物业含有多种业态，如：办公楼宇、商业大厦、住宅小区、别墅、工业园区、酒店、厂房仓库等。

2．物业管理的概念

根据《物业管理条例》（2003年6月8日国务院令第379号公布，根据2007年8月26日《国务院关于修改〈物业管理条例〉的决定》修订）中的解释，物业管理，是指业主通过选聘物业服务企业，由业主和物业服务企业按照物业服务合同约定，对房屋及配套的设施设备和相关场地进行维修、养护、管理，维护物业管理区域内的环境卫生和相关秩序的活动。

6.1.2 物业管理的特征

1．社会化

物业管理的社会化有两层基本含义，一是物业的所有权人要到社会上去选聘物业服务企业；二是物业服务企业要到社会上去寻找可以代管的物业。

物业的所有权、使用权与物业的经营管理权相分离是物业管理社会化的必要前提，现代化大生产的社会专业分工是实现物业管理社会化的必要条件。

2．专业化

物业管理的专业化是指由物业服务企业通过合同的签订，按照产权人和使用人的要求去实施专业化管理。随着经济的发展和科技的进步，建设领域不断涌现出新技术、新产品，物业的智能化程度越来越高，只有那些掌握管理技术和硬件技术的专业人员，具有先进的管理工具及设备，建立科学、规范的管理措施及工作程序的物业服务企业，才有能力提供相应的物业管理服务。

3．市场化

在市场经济条件下，物业管理的属性是经营，所提供的商品是服务。物业服务企业是按照现代企业制度组建并运作，向业主和使用人提供服务，业主和使用人购买并消费这种服务。物业服务企业自负盈亏，在激烈的市场竞争中求生存，谋发展。

6.1.3　物业管理的基本内容

1. 常规性的公共服务

常规性公共服务主要是物业服务企业与业主在物业服务合同中载明的服务内容，业主通过支付物业费来获得该项服务内容。

常规性的公共服务主要有：

1）物业共用部位的维护与管理。

2）物业共用设备设施的运行、维护和管理。

3）环境卫生、绿化管理服务。

4）机动车和非机动车的停放管理。

5）物业管理区域内公共秩序、消防，交通等协助管理事项的服务。

6）物业装饰装修管理服务。

7）物业档案资料的管理。

另外，针对不同类型、不同档次物业的具体特点，业主与物业服务企业可以通过物业服务合同约定其他服务内容。

2. 针对性的专项服务

针对性的专项服务是指小区业主中存在着大量类似的服务需求，由于这种服务需求是在居民生活中衍生出来的，需要就地就近解决，这就给物业服务企业提供了多项经营的机会。

针对性的专项服务的内容主要包括以下几类：

1）日常生活类。

2）商业服务类。

3）文化、教育、卫生、体育类。

4）金融服务类。

5）经纪代理中介服务。

在物业服务企业进行多项经营中，需要改变公共建筑和共用设施用途的，应当提请业主大会讨论决定同意后，由业主依法办理有关手续。

3. 委托性的特约服务

委托性的特约服务是为满足物业产权人、使用人的个别需求受其委托而提供的服务，通常指在物业管理委托合同中未要求，物业服务企业在专项服务中也未设立，而物业产权人、使用人又提出该方面的需求，此时，物业服务企业应在可能的情况下尽量满足其需求，提供特约服务。如小区内老年病人的护理、接送子女上学、照顾残疾人的上下楼梯、为住用人代购生活物品、小区的电子商务服务等。

6.1.4　物业管理的主要环节

根据物业管理在房地产开发、建设和使用过程中不同时期的地位、作用、特点及工作内容，物业管理按先后顺序可分为四个阶段：物业管理的策划阶段、物业管理的前期准备阶段、物业管理的启动阶段、物业管理的日常运作阶段。

1．物业管理的策划阶段

（1）物业管理的早期介入

所谓物业管理的早期介入，是指物业服务企业在接管物业以前的各个阶段（项目决策、可行性研究、规划设计、施工建设等阶段）就参与介入，从物业管理运作的角度对物业的环境布局、功能规划、楼宇设计、材料选用、配套设施、管线布置、施工质量、竣工验收等多方面提供有益的建设性意见，协助开发商把好规划设计关、建设配套关、工程质量关和使用功能关，以确保物业的设计和建造质量，为物业投入使用后的物业管理创造条件，这是避免日后物业管理混乱的前提与基础。

（2）制订物业管理方案

房地产开发项目确定后，开发企业就应尽早制订物业管理方案，也可聘请物业服务企业代为制定。制订物业管理方案，首先是根据物业类型、功能、档次等客观条件及住用人的群体特征和需求等主观条件，规划物业管理消费水平，确定物业管理的档次。其次，确定相应的管理服务标准。然后进行年度物业管理费用收支预算，确定各项管理服务的收费标准和成本支出，进行费用的分摊，建立完善、有效的控制管理费用收支的财务制度。

（3）制定临时管理规约及有关制度

建设单位应当在销售物业之前，制定临时管理规约，对有关物业的使用、维护、管理、业主的共同利益，业主应当履行的义务，违反规约应当承担的责任等事项依法作出约定。建设单位制定的临时管理规约，不得侵害物业买受人的合法权益。建设单位应当在物业销售前将临时管理规约向物业买受人明示，并予以说明。建设单位还应制定物业共用部位和共用设施设备的使用、公共秩序和环境卫生的维护等方面的规章制度。

（4）选聘物业服务企业

在物业管理方案制定并经审批之后，即应根据方案确定的物业管理档次着手进行物业服务企业的选聘工作。达到一定规模的住宅物业的建设单位，应当通过招标投标的方式选聘具有相应资质的物业服务企业，物业服务企业不得超越资质承接物业管理项目。建设单位应与选聘的物业服务企业签订《前期物业服务合同》。建设单位通过招标投标方式选聘物业服务企业，新建现售商品房项目应当在现售前30日完成；预售商品房项目应当在取得《商品房预售许可证》之前完成；非出售的新建物业项目应当在交付使用前90日完成。

物业管理策划阶段的工作，是由房地产开发企业或建设单位来主持的。上述四个环节是物业管理全面启动和运作的必要先决条件，因此，要给予足够的重视。

2．物业管理的前期准备阶段

（1）物业服务企业内部机构的设置与拟定人员编制

企业内部机构及岗位要依据所管物业的规模和特点以及业主对物业管理服务

的需求档次灵活设置。其设置原则就是使企业的人力、物力、财力资源得到优化高效的配置，以最少人力资源达到最高运营管理效率和最佳经济效益。

（2）物业管理人员的选聘和培训

物业管理人员需要具有敬业精神，各工种岗位人员需达到一定的水平，其上岗资格须加以确认。电梯、锅炉、配电等特殊工种应取得政府主管部门的资格认定方可上岗。

（3）物业管理制度的制定

规章制度是物业管理顺利运行的保证。规章制度的制定应依据国家法律、法规、政策的规定和物业管理行政主管部门推荐的示范文本，结合本物业的实际情况，制定一些必要的、适用的制度和管理细则。

3．物业管理的启动阶段

（1）物业的承接验收

物业的承接验收包括新建物业的承接验收和原有物业的承接验收。新建物业的承接验收是在项目竣工验收的基础上进行的承接验收。承接验收完成后，即由开发商或建设单位向物业服务企业办理物业管理的交接手续，标志着物业正式进入实施物业管理阶段。原有物业的承接验收通常发生在产权人将原有物业委托给物业服务企业管理之时；或原有物业改聘物业服务企业，在新老物业服务企业之间。在这两种情况下，原有物业承接验收的完成都标志着新的物业管理工作全面开始。

对物业服务企业而言，物业的承接验收是对包括物业的共用部位、共用设施设备在内的承接验收。物业的承接验收是直接关系到物业管理工作能否正常顺利开展的重要一环，在承接验收的过程中，物业服务企业要充分发挥自己的作用，对验收中发现的问题应准确记录在案，明确管理、维修责任，并注意审查接收的图纸资料档案。

（2）用户入住

业主入住是指住宅小区的居民入住，或商业楼宇中业主和租户的迁入，这是物业服务企业与服务对象的首次接触，是物业管理中十分重要的环节。业主入住时，物业服务企业向业主发放《临时管理规约》等材料，将房屋装饰装修中的禁止行为和注意事项告知业主，通过各种宣传手段和方法，使业主了解物业管理的有关规定，主动配合物业服务企业日后的管理服务工作。

（3）档案资料的建立

档案资料包括业主或租住户的资料和物业的资料。

业主或租住户入住以后，物业服务企业应及时建立他们的档案资料，例如业主的姓名、家庭人员情况、工作单位、联系电话或地址、收缴管理费情况，物业的使用或维修养护情况等。

物业档案资料是对物业建设开发成果的记录，是日后实施物业管理时工程维修、配套、改造必不可少的依据，是更换物业服务企业时必须移交的文件之一。

档案资料要尽可能完整地归集从规划设计到工程竣工，从主体到配套，从建筑物到环境的全部工程技术资料，尤其是隐蔽工程的技术资料。经整理后按照资料本身的内在规律和联系进行科学的分类与归档。

（4）首次业主大会的召开和业主委员会的成立

当物业销售和业主入住达到一定比例或一定年限时，应在物业所在地的区、县人民政府房地产主管部门或街道办事处的指导下成立业主大会，召开首次业主大会会议，审议和通过业主大会议事规则和管理规约，选举产生业主委员会，决定有关业主共同利益的事项。至此，物业管理工作就从全面启动转向日常运作。

4．物业管理的日常运作阶段

（1）日常综合服务与管理

日常综合服务与管理是指业主大会选聘新的物业服务企业并签订《物业服务合同》后，物业服务企业在实施物业管理中所做的各项工作。例如，房屋修缮管理、房屋设备管理、环境卫生管理、绿化管理、治安管理、消防管理、车辆道路管理，以及为改善居住与工作环境而进行的配套设施及公共环境的进一步完善等各项服务工作。

（2）系统的协调

物业管理社会化、专业化、市场化的特征，决定了其具有特定的复杂的系统内部、外部环境条件。系统内部环境条件主要是物业服务企业与业主、业主大会、业主委员会的相互关系以及业主之间相互关系的协调；系统外部环境条件是与相关部门及单位相互关系的协调，例如，供水、供电、居委会、通信、环卫、房管、城管等有关部门，涉及面相当广泛。

6.2 物业管理实施与运作要点

6.2.1 物业服务企业

1．物业服务企业的性质

物业管理实施原则是业主的自我约束、自我管理与物业服务企业的专业化管理的结合。物业服务企业是依法定程序设立，从事物业管理活动的具有独立的企业法人地位的经济组织。

2．物业服务企业的设立

物业服务企业的设立分为工商注册登记和资质审批两步。

（1）物业服务企业的注册登记

设立物业服务企业必须向工商行政管理部门进行注册登记，领取营业执照后，方可设立。

（2）物业服务企业的资质管理

物业服务企业资质等级分为一级、二级、三级。《物业服务企业资质管理办法》从企业的资产、人员构成、管理物业的类型与规模、业绩、诚信和内部规章制度等方面对一、二、三级三个资质等级作了规定。

3. 物业服务企业的资质等级标准

各资质等级物业服务企业的条件如下：

（1）一级资质

1）物业管理专业人员以及工程、管理、经济等相关专业类的专职管理和技术人员不少于30人。其中，具有中级以上职称的人员不少于20人，工程、财务等业务负责人具有相应专业中级以上职称。

2）物业管理专业人员按照国家有关规定取得职业资格证书。

3）管理两种类型以上物业，并且管理各类物业的房屋建筑面积分别占下列相应计算基数的百分比之和不低于100%：

①多层住宅200万平方米；

②高层住宅100万平方米；

③独立式住宅（别墅）15万平方米；

④办公楼、工业厂房及其他物业50万平方米。

4）建立并严格执行服务质量、服务收费等企业管理制度和标准，建立企业信用档案系统，有优良的经营管理业绩。

（2）二级资质

1）物业管理专业人员以及工程、管理、经济等相关专业类的专职管理和技术人员不少于20人。其中，具有中级以上职称的人员不少于10人，工程、财务等业务负责人具有相应专业中级以上职称。

2）物业管理专业人员按照国家有关规定取得职业资格证书。

3）管理两种类型以上物业，并且管理各类物业的房屋建筑面积分别占下列相应计算基数的百分比之和不低于100%：

①多层住宅100万平方米；

②高层住宅50万平方米；

③独立式住宅（别墅）8万平方米；

④办公楼、工业厂房及其他物业20万平方米。

4）建立并严格执行服务质量、服务收费等企业管理制度和标准，建立企业信用档案系统，有良好的经营管理业绩。

（3）三级资质

1）物业管理专业人员以及工程、管理、经济等相关专业类的专职管理和技术人员不少于10人。其中，具有中级以上职称的人员不少于5人，工程、财务等业务负责人具有相应专业中级以上职称。

2）物业管理专业人员按照国家有关规定取得职业资格证书。

3）有委托的物业管理项目。

4）建立并严格执行服务质量、服务收费等企业管理制度和标准，建立企业信用档案系统。

（4）物业服务企业承接物业管理项目的范围

一级资质物业服务企业可以承接各种物业管理项目。

二级资质物业服务企业可以承接30万平方米以下的住宅项目和8万平方米以下的非住宅项目的物业管理业务。

三级资质物业服务企业可以承接20万平方米以下住宅项目和5万平方米以下的非住宅项目的物业管理业务。

（5）物业服务企业的权利、义务

物业服务企业在物业管理中的权利、义务是业主与物业服务企业在物业服务合同中约定的权利、义务。除物业服务合同中的约定外，在一般情况下，物业服务企业有如下权利、义务：

物业服务企业的权利：

1）根据有关法律、法规、政策和合同的约定，并结合实际情况制定物业管理制度。

2）依照物业管理服务合同和有关规定收取物业管理服务费。

3）制止、纠正违反物业管理制度的行为。

4）要求委托人协助管理。

5）选聘专业公司承担专项经营服务管理业务。

6）法律、法规规定的其他权利。

物业服务企业的义务：

1）履行物业服务合同，提供物业管理服务。

2）接受业主大会、业主委员会和业主及使用人的监督。

3）定期公布物业管理服务费用和物业管理服务资金收支账目，接受质询和审计。

4）接受有关行政主管部门的监督管理。

5）法律、法规规定的其他义务。

6.2.2　业主、业主大会及业主委员会

1．业主

（1）业主的概念

房屋的所有权人为业主，业主是物业服务企业提供物业管理服务的对象。

（2）业主的权利和义务

业主在物业管理活动中的权利：

1）按照物业服务合同的约定，接受物业服务企业提供的服务。

2）提议召开业主大会会议，并就物业管理的有关事项提出建议。

3）提出制定和修改管理规约、业主大会议事规则的建议。

4）参加业主大会会议，行使投票权。

5）选举业主委员会成员，并享有被选举权。

6）监督业主委员会的工作。

7）监督物业服务企业履行物业服务合同。

8）对物业共用部位、共用设施设备和相关场地使用情况享有知情权和监督权。

9）监督物业共用部位、共用设施设备专项维修资金（以下简称专项维修资金）的管理和使用。

10）法律、法规规定的其他权利。

业主在物业管理活动中的义务：

1）遵守管理规约、业主大会议事规则。

2）遵守物业管理区域内物业共用部位和共用设施设备的使用、公共秩序和环境卫生的维护等方面的规章制度。

3）执行业主大会的决定和业主大会授权业主委员会作出的决定。

4）按照国家有关规定交纳专项维修资金。

5）按时交纳物业服务费用。

6）法律、法规规定的其他义务。

根据《最高人民法院关于审理物业服务纠纷案件具体应用法律若干问题的解释》的规定，业主违反物业服务合同或者法律、法规、管理规约，实施妨害物业服务与管理的行为，物业服务企业请求业主承担恢复原状、停止侵害、排除妨害等相应民事责任的，人民法院应予支持。

（3）业主的建筑物区分所有权

根据《物权法》的规定：业主对建筑物内的住宅、经营性用房等专有部分享有所有权，对专有部分以外的共有部分享有共有和共同管理的权利；对其建筑物专有部分享有占有、使用、收益和处分的权利。业主行使权利不得危及建筑物的安全，不得损害其他业主的合法权益；对建筑物专有部分以外的共有部分，享有权利，承担义务；不得以放弃权利不履行义务。

业主转让建筑物内的住宅、经营性用房，其对共有部分享有的共有和共同管理的权利一并转让。建筑区划内的道路，属于业主共有，但属于城镇公共道路的除外。建筑区划内的绿地，属于业主共有，但属于城镇公共绿地或者明示属于个人的除外。建筑区划内的其他公共场所、公用设施和物业服务用房，属于业主共有。建筑区划内，规划用于停放汽车的车位、车库应当首先满足业主的需要。建筑区划内，规划用于停放汽车的车位、车库的归属，由当事人通过出售、附赠或者出租等方式约定。占用业主共有的道路或者其他场地用于停放汽车的车位，属于业主共有。

（4）业主与物业使用人的区别

物业使用人（通常简称为使用人）是指不拥有物业的所有权，但通过某种形式（如签订租赁合同）而获得物业使用权，并实际使用物业的人。物业使用人和业主在权利上的最大区别是物业使用人没有对物业的最终处置权，如物业的买卖。

2．业主大会

（1）业主大会的概念

根据《业主大会和业主委员会指导规则》第二条的规定，业主大会由物业管理区域内的全体业主组成，代表和维护物业管理区域内全体业主在物业管理活动中的合法权利，履行相应的义务。

根据《物业管理条例》第九条的规定，一个物业管理区域成立一个业主大会。物业管理区域的划分应当考虑物业的共用设施设备、建筑物规模、社区建设等因素。具体办法由省、自治区、直辖市制定。

根据《物业管理条例》第十条和《业主大会和业主委员会指导规则》第七条规定，同一个物业管理区域内的业主，应当在物业所在地的区、县人民政府房地产行政主管部门或者街道办事处、乡镇人民政府的指导下成立业主大会，并选举产生业主委员会。但是，只有一个业主的，或者业主人数较少且经全体业主一致同意，决定不成立业主大会的，由业主共同履行业主大会、业主委员会职责。

（2）筹备首次业主大会会议的文件资料

根据《业主大会和业主委员会指导规则》第八条的规定：物业管理区域内，已交付的专有部分面积超过建筑物总面积50%时，建设单位应当按照物业所在地的区、县房地产行政主管部门或者街道办事处、乡镇人民政府的要求，及时报送下列筹备首次业主大会会议所需的文件资料：

1）物业管理区域证明。

2）房屋及建筑物面积清册。

3）业主名册。

4）建筑规划总平面图。

5）交付使用共用设施设备的证明。

6）物业服务用房配置证明。

7）其他有关的文件资料。

符合成立业主大会条件的，区、县房地产行政主管部门或者街道办事处、乡镇人民政府应当在收到业主提出筹备业主大会书面申请后60日内，负责组织、指导成立首次业主大会会议筹备组。

（3）由业主共同决定的事项

根据《物权法》第七十六条和《物业管理条例》第十一条、第十二条第三款规定，下列事项由业主共同决定：

1）制定和修改业主大会议事规则。

2）制定和修改建筑物及其附属设施的管理规约。

3）选举业主委员会或者更换业主委员会成员。

4）选聘和解聘物业服务企业或者其他管理人。

5）筹集和使用建筑物及其附属设施的维修资金。

6）改建、重建建筑物及其附属设施。

7）有关共有和共同管理权利的其他重大事项。

决定上述第五项和第六项规定的事项，应当经专有部分占建筑物总面积三分之二以上的业主且占总人数三分之二以上的业主同意。决定前款其他事项，应当经专有部分占建筑物总面积过半数的业主且占总人数过半数的业主同意。

（4）业主大会的会议形式、会议类型

业主大会会议可以采用集体讨论的形式，也可以采用书面征求意见的形式；但是，应当有物业管理区域内专有部分占建筑物总面积过半数的业主且占总人数过半数的业主参加。业主可以委托代理人参加业主大会会议。

业主大会会议分为定期会议和临时会议。

业主大会定期会议应当按照业主大会议事规则的规定召开。经20%以上的业主提议，业主委员会应当组织召开业主大会临时会议。

召开业主大会会议，应当于会议召开15日以前通知全体业主。住宅小区的业主大会会议，应当同时告知相关的居民委员会。业主委员会应当做好业主大会会议记录。

3．业主委员会

业主委员会是业主大会的执行机构，一个物业管理区域应当成立一个业主委员会。

（1）业主委员会的成立

根据《业主大会和业主委员会指导规则》的规定，业主委员会由业主大会会议选举产生，由5至11人单数组成。业主委员会委员应当是物业管理区域内的业主，并符合下列条件：

1）具有完全民事行为能力。

2）遵守国家有关法律、法规。

3）遵守业主大会议事规则、管理规约，模范履行业主义务。

4）热心公益事业，责任心强，公正廉洁。

5）具有一定的组织能力。

6）具备必要的工作时间。

业主委员会委员实行任期制，每届任期不超过5年，可连选连任，业主委员会委员具有同等表决权。业主委员会应当自选举之日起7日内召开首次会议，推选业主委员会主任和副主任。

业主委员会应当自选举产生之日起30日内，持下列文件向物业所在地的区、县房地产行政主管部门和街道办事处、乡镇人民政府办理备案手续：

1）业主大会成立和业主委员会选举的情况。

2）管理规约。

3）业主大会议事规则。

4）业主大会决定的其他重大事项。

（2）业主委员会的职责

根据《业主大会和业主委员会指导规则》第三十五条的规定，业主委员会履行以下职责：

1）执行业主大会的决定和决议。

2）召集业主大会会议，报告物业管理实施情况。

3）与业主大会选聘的物业服务企业签订物业服务合同。

4）及时了解业主、物业使用人的意见和建议，监督和协助物业服务企业履行物业服务合同。

5）监督管理规约的实施。

6）督促业主交纳物业服务费及其他相关费用。

7）组织和监督专项维修资金的筹集和使用。

8）调解业主之间因物业使用、维护和管理产生的纠纷。

9）业主大会赋予的其他职责。

（3）管理规约

管理规约是一种公共契约，属于协议、合约的性质。它是由全体业主承诺共同订立的，规定业主在物业管理区域内有关物业使用、维护和管理等涉及业主共同利益事项的，对全体业主（包括物业使用人、继受人）具有普遍约束力的自律性规范，一般以书面形式订立。管理规约作为业主自我管理的一种重要形式和手段，要求全体业主共同遵守。管理规约应当尊重社会公德，不得违反法律、法规或者损害社会公共利益。

管理规约是物业管理法律法规和政策的一种有益补充，是有效调整业主之间权利与义务关系的基础性文件，也是物业管理顺利进行的重要保证。根据《物业管理条例》第二十二条的规定：建设单位应当在销售物业之前，制定临时管理规约，对有关物业的使用、维护、管理，业主的共同利益，业主应当履行的义务，违反规约应当承担的责任等事项依法作出约定。建设单位制定的临时管理规约，不得侵害物业买受人的合法权益。建设单位制定业主临时规约，可以参考使用建设部印发的《临时管理规约（示范文本）》。

建设单位应当在物业销售前将临时管理规约向物业买受人明示，并予以说明。物业买受人在与建设单位签订物业买卖合同时，应当对遵守临时管理规约予以书面承诺。业主筹备成立业主大会的，由筹备组参照政府主管部门制定的示范文本，结合物业的实际情况对临时管理规约进行修改补充，拟定管理规约（《民法总则》），经业主大会讨论通过生效。以后可根据实际情况对管理规约进行修订并经业主大会讨论通过后生效。

6.2.3 物业管理的委托和物业服务合同

1. 物业管理的委托

（1）物业管理委托方

物业管理的委托方是业主。按物业产权归属，物业管理的委托方分为房地产开发企业、公房出售单位和业主大会三类主体。

1）房地产开发企业。房地产开发企业在以下两种情况下是物业管理的委托方。一是对建成后以销售为主的物业，在物业建成和出售前，其产权归属房地产开发企业。因此，由房地产开发企业负责首次选聘物业服务企业。二是对建成后并不出售，而出租经营的物业，因其产权始终归属开发企业，所以，房地产开发企业一直是物业管理的委托方。

2）公房出售单位。在业主大会和业主委员会成立之前，公房出售单位作为原业主，与房地产开发企业一样，负责首次选聘物业服务企业。

3）业主大会。以销售为主的物业，当业主入住达到一定时间或一定比例时，以及原有公房的出售达到一定比例时均应按规定成立业主大会和业主委员会。业主大会成立后就是全体业主的代表，业主委员会与新选聘的物业服务企业签订物业服务合同，前期物业服务合同自行终止。

（2）物业管理招标投标概述

1）物业管理招标投标的概念。物业管理招标投标包括物业管理招标和物业管理投标两部分。物业管理招标是指物业所有人通过制定符合其管理服务要求和标准的招标文件，向社会公开选聘并确定物业服务企业的过程。物业管理投标是指物业服务企业为开拓业务，依据物业管理招标文件的要求组织编写标书，并向招标单位递交投标书和投标文件，参加物业管理竞标，以求通过市场竞争获得物业管理项目的过程。

《物业管理条例》第二十四条第一款规定：国家提倡建设单位按照房地产开发与物业管理相分离的原则，通过招投标的方式选聘具有相应资质的物业服务企业。建设部制定的《前期物业管理招标投标管理暂行办法》（建住房〔2003〕130号）第三条规定："住宅及同一物业管理区域内非住宅的建设单位，应当通过招投标的方式选聘具有相应资质的物业服务企业"。并且明确："前期物业管理招标投标应当遵循公开、公平、公正和诚实信用的原则"。

2）物业管理招标方式。物业管理招标有公开招标、邀请招标两种方式。

公开招标是指招标人以招标公告的方式邀请不特定的法人或者其他组织投标，又称为无限竞争性公开招标，由招标方通过报刊、电视、广播等各种媒体向社会公开发布招标公告，凡符合投标基本条件又有兴趣的物业服务企业均可申请投标。公开招标的优点是招标方有较大的选择范围，可在众多的投标单位之间选择最优者；其缺点是由于竞标单位较多，工作量大，时间长，增加了招标成本。公开招标一般适用于规模较大的物业，尤其是收益性物业。邀请招标是指招标人以投标邀请书的方式邀请特定的法人和其他组织投标。

《物业管理条例》第二十四条第二款规定：投标人少于3个或者住宅规模较小的，经物业所在地的区、县人民政府房地产行政主管部门批准，可以采用协议方式选聘具有相应资质的物业服务企业。

3）物业管理招投标文件的内容。物业管理招投标文件的内容在《前期物业管理招标投标管理暂行办法》第十条、第二十二条中都有具体规定。

招标文件应包括：①招标人及招标项目简介，包括招标人名称、地址、联系方式、项目基本情况、物业管理用房的配备情况等；②物业管理服务内容及要求，包括服务内容、服务标准等；③对投标人及投标书的要求，包括投标人的资格、投标书的格式、主要内容等；④评标标准和评标方法；⑤招标活动方案，包括招标组织机构、开标时间及地点等；⑥物业服务合同的签订说明；⑦其他事项的说明及法律法规规定的其他内容。

投标文件包括：①投标函；②投标报价；③物业管理方案；④招标文件要求提供的其他材料。

2. 物业服务合同

（1）物业服务合同的属性

业主、业主大会委托物业服务企业对物业实施物业管理，物业服务企业接受委托从事物业管理服务，双方应当签订物业服务合同。物业服务合同属于我国合同分类中的委托合同，委托合同是受托人以委托人的名义为委托人处理委托事务，委托人支付约定报酬的协议。物业服务合同既可以发生在法人之间，也可以发生在公民与法人之间。根据《最高人民法院关于审理物业服务纠纷案件具体应用法律若干问题的解释》（法释〔2009〕8号）第一条规定：建设单位依法与物业服务企业签订的前期物业服务合同，以及业主委员会与业主大会依法选聘的物业服务企业签订的物业服务合同，对业主具有约束力。业主以其并非合同当事人为由提出抗辩的，人民法院不予支持。

（2）物业服务合同的类型

物业服务合同按委托人的不同和签订的先后顺序分为两种。

1）房地产开发企业或公房出售单位与物业服务企业签订的《前期物业服务合同》。这是针对前期物业管理服务所签订的，合同甲方是房地产开发企业或公房出售单位，合同乙方是甲方选聘的物业服务企业。该合同至业主委员会代表全体业主与其选聘的物业服务企业签订的《物业服务合同》生效时止。

2）业主委员会代表全体业主与物业服务企业签订的《物业服务合同》。根据业主大会的授权，业主委员会应当与业主大会选聘的物业服务企业订立书面的物业服务合同。合同甲方是业主委员会，合同乙方是其选聘的物业服务企业。该合同一经签订，原房地产开发企业或公房出售单位与物业服务企业所签订的《前期物业服务合同》即自行失效。

（3）物业服务合同的内容。物业服务合同应当对物业管理服务事项、服务质量、服务费用、双方的权利义务、专项维修资金的管理与使用、物业管理用房、合同期限、违约责任等内容进行约定。对于物业服务企业公开作出的服务承诺及制定的服务细则，应当认定为物业服务合同的组成部分。确定物业服务合同的内容可以参考使用建设部印发的《前期物业服务合同（示范文本）》（建住房〔2004〕155号）。

在《最高人民法院关于审理物业服务纠纷案件具体应用法律若干问题的解释》（法释〔2009〕8号）中，有业主委员会或者业主请求确认合同或者合同相关条款无效的两种情况，人民法院应予支持。

1）物业服务企业将物业服务区域内的全部物业服务业务一并委托他人而签订的委托合同。

2）物业服务合同中免除物业服务企业责任、加重业主委员会或者业主责任、排除业主委员会或者业主主要权利的条款。

以上所称物业服务合同包括前期物业服务合同。

6.2.4 物业承接查验

1．物业承接查验的概念

根据《物业承接查验办法》（建房〔2010〕165号）的解释，物业承接查验，是指承接新建物业前，物业服务企业和建设单位按照国家有关规定和前期物业服务合同的约定，共同对物业共用部位、共用设施设备进行检查和验收的活动。

2．物业承接查验的程序

物业承接查验按照下列程序进行：

1）确定物业承接查验方案。

2）移交有关图纸资料。

3）查验共用部位、共用设施设备。

4）解决查验发现的问题。

5）确认现场查验结果。

6）签订物业承接查验协议。

7）办理物业交接手续。

3．建设单位应当向物业服务企业移交的资料

现场查验20日前，建设单位应当向物业服务企业移交下列资料：

1）竣工总平面图，单体建筑、结构、设备竣工图，配套设施、地下管网工程竣工图等竣工验收资料。

2）共用设施设备清单及其安装、使用和维护保养等技术资料。

3）供水、供电、供气、供热、通信、有线电视等准许使用文件。

4）物业质量保修文件和物业使用说明文件。

5）承接查验所必需的其他资料。未能全部移交前款所列资料的，建设单位应当列出未移交资料的详细清单并书面承诺补交的具体时限。

4．物业服务企业现场查验部位及设施设备

物业服务企业应当对下列物业共用部位、共用设施设备进行现场检查和验收：

1）共用部位：一般包括建筑物的基础、承重墙体、柱、梁、楼板、屋顶以及外墙、门厅、楼梯间、走廊、楼道、扶手、护栏、电梯井道、架空层及设备间等。

2）共用设备：一般包括电梯、水泵、水箱、避雷设施、消防设备、楼道灯、电视天线、发电机、变配电设备、给排水管线、电线、供暖及空调设备等。

3）共用设施：一般包括道路、绿地、人造景观、围墙、大门、信报箱、宣传栏、路灯、排水沟、渠、池、污水井、化粪池、垃圾容器、污水处理设施、机动车（非机动车）停车设施、休闲娱乐设施、消防设施、安防监控设施、人防设施、垃圾转运设施以及物业服务用房等。

现场查验应当综合运用核对、观察、使用、检测和试验等方法，重点查验物业共用部位、共用设施设备的配置标准、外观质量和使用功能。

6.3 物业服务收费

为规范物业服务收费行为，保障业主和物业管理企业的合法权益，根据《中华人民共和国价格法》和《物业管理条例》，建设部会同国家发展和改革委员会制定了《物业服务收费管理办法》（发改价格〔2003〕1864号）。

6.3.1 物业服务收费的概念

物业服务收费，是指物业管理企业按照物业服务合同的约定，对房屋及配套的设施设备和相关场地进行维修、养护、管理，维护相关区域内的环境卫生和秩序，向业主所收取的费用。

6.3.2 物业服务收费原则

物业服务收费应当遵循合理、公开以及费用与服务水平相适应的原则（《物业服务收费管理办法》第五条）。国家鼓励物业服务企业开展正当的价格竞争，禁止价格垄断和牟取暴利行为。

从长远发展方向看，随着市场经济体制的建立和人民经济收入水平及生活水平的提高，物业服务收费应在市场竞争机制下，由物业委托者和物业服务企业双方协商，按质论价、质价相符。（《物业服务收费管理办法》第十四条）

6.3.3 物业服务收费的价格管理方式

根据《物业服务收费管理办法》第六条规定，物业服务收费应当区分不同物业的性质和特点分别实行政府指导价和市场调节价。具体定价形式由省、自治区、直辖市人民政府价格主管部门会同房地产行政主管部门确定。

根据《物业服务收费管理办法》第七条规定，物业服务收费实行政府指导价的，有定价权限的人民政府价格主管部门应当会同房地产行政主管部门根据物业管理服务等级标准等因素，制定相应的基准价及其浮动幅度，并定期公布。具体收费标准由业主与物业服务企业根据规定的基准价和浮动幅度在物业服务合同中约定。实行市场调节价的物业服务收费，由业主与物业服务企业在物业服务合同中约定。

根据《物业服务收费管理办法》第八条的规定，物业管理企业应当按照政府价格主管部门的规定实行明码标价，在物业管理区域内的显著位置，将服务内容、服务标准以及收费项目、收费标准等有关情况进行公示。

6.3.4　物业服务收费的计费方式

根据《物业服务收费管理办法》第九条的规定，物业服务收费的计费方式主要包括包干制和酬金制两种方式。

包干制是指由业主向物业管理企业支付固定物业服务费用，盈余或者亏损均由物业服务企业享有或者承担的物业服务计费方式。

酬金制是指在预收的物业服务资金中按约定比例或者约定数额提取酬金支付给物业管理企业，其余全部用于物业服务合同约定的支出，结余或者不足均由业主享有或者承担的物业服务计费方式。

6.3.5　物业服务收费的费用构成

实行物业服务费用包干制的，物业服务费用的构成包括物业服务成本、法定税费和物业管理企业的利润。

实行物业服务费用酬金制的，预收的物业服务资金包括物业服务支出和物业管理企业的酬金。

根据《物业服务定价成本监审办法（试行）》（发改价格〔2007〕2285号）的规定，物业服务定价成本由人员费用、物业共用部位共用设施设备日常运行和维护费用、绿化养护费用、清洁卫生费用、秩序维护费用、物业共用部位共用设施设备及公众责任保险费用、办公费用、管理费分摊、固定资产折旧以及经业主同意的其他费用组成。

人员费用是指管理服务人员工资、按规定提取的工会经费、职工教育经费，以及根据政府有关规定应当由物业服务企业缴纳的住房公积金和养老、医疗、失业、工伤、生育保险等社会保险费用。

物业共用部位共用设施设备日常运行和维护费用是指为保障物业管理区域内共用部位共用设施设备的正常使用和运行、维护保养所需的费用。不包括保修期内应由建设单位履行保修责任而支出的维修费、应由住宅专项维修资金支出的维修和更新、改造费用。

绿化养护费是指管理、养护绿化所需的绿化工具购置费、绿化用水费、补苗费、农药化肥费等。不包括应由建设单位支付的种苗种植费和前期维护费。

清洁卫生费是指保持物业管理区域内环境卫生所需的购置工具费、消杀防疫费、化粪池清理费、管道疏通费、清洁用料费、环卫所需费用等。

秩序维护费是指维护物业管理区域秩序所需的器材装备费、安全防范人员的人身保险费及由物业服务企业支付的服装费等。其中器材装备不包括共用设备中已包括的监控设备。

物业共用部位共用设施设备及公众责任保险费用是指物业管理企业购买物业共用部位共用设施设备及公众责任保险所支付的保险费用，以物业服务企业与保险公司签订的保险单和所交纳的保险费为准。

办公费是指物业服务企业为维护管理区域正常的物业管理活动所需的办公用品费、交通费、房租、水电费、取暖费、通讯费、书报费及其他费用。

管理费分摊是指物业服务企业在管理多个物业项目情况下，为保证相关的物业服务正常运转而由各物业服务小区承担的管理费用。

固定资产折旧是指按规定折旧方法计提的物业服务固定资产的折旧金额。物业服务固定资产指在物业服务小区内由物业服务企业拥有的、与物业服务直接相关的、使用年限在一年以上的资产。

经业主同意的其他费用是指业主或者业主大会按规定同意由物业服务费开支的费用。

6.3.6　其他收费管理规定

1. 关于代收供水、供电、供气、供热、通讯、有线电视等费用的手续费问题

《物业服务收费管理办法》第十七条规定：物业管理区域内，供水、供电、供气、供热、通讯、有线电视等单位应当向最终用户收取有关费用。物业管理企业接受委托代收上述费用的，可向委托单位收取手续费，不得向业主收取手续费等额外费用。

2. 关于利用物业共用部位、共用设施设备进行经营的产生收益的分配问题

《物业服务收费管理办法》第十八条规定：利用物业共用部位、共用设施设备进行经营的，应当在征得相关业主、业主大会、物业管理企业的同意后，按照规定办理有关手续。业主所得收益应当主要用于补充专项维修资金，也可以按照业主大会的决定使用。

3. 关于重复收费问题

《物业服务收费管理办法》第十九条规定：物业管理企业已接受委托实施物业服务并相应收取服务费用的，其他部门和单位不得重复收取性质和内容相同的费用。

4. 关于提供物业服务合同约定以外的服务的收费问题

《物业服务收费管理办法》第二十条规定：物业管理企业根据业主的委托提供物业服务合同约定以外的服务，服务收费由双方约定。

5. 关于物业服务企业擅自扩大收费范围、提高收费标准的问题

《最高人民法院关于审理物业服务纠纷案件具体应用法律若干问题的解释》第五条规定：物业服务企业违反物业服务合同约定或者法律、法规、部门规章规定，擅自扩大收费范围、提高收费标准或者重复收费，业主以违规收费为由提出抗辩的，人民法院应予支持。业主请求物业服务企业退还其已收取的违规费用的，人民法院应予支持。

6. 关于业主拖欠物业费的问题

《最高人民法院关于审理物业服务纠纷案件具体应用法律若干问题的解释》第六条规定：经书面催交，业主无正当理由拒绝交纳或者在催告的合理期限内仍未交纳物业费，物业服务企业请求业主支付物业费的，人民法院应予支持。物业服务企业已经按照合同约定以及相关规定提供服务，业主仅以未享受或者无需接受相关物业服务为抗辩理由的，人民法院不予支持。

7. 关于物业使用人交纳物业费的问题

《最高人民法院关于审理物业服务纠纷案件具体应用法律若干问题的解释》第七条规定：业主与物业的承租人、借用人或者其他物业使用人约定由物业使用人交纳物业费，物业服务企业请求业主承担连带责任的，人民法院应予支持。

8. 关于物业服务合同的权利义务终止后物业费清退、支付的问题

《最高人民法院关于审理物业服务纠纷案件具体应用法律若干问题的解释》第九条规定：物业服务合同的权利义务终止后，业主请求物业服务企业退还已经预收，但尚未提供物业服务期间的物业费的，人民法院应予支持。第十条规定：物业服务合同的权利义务终止后，业主委员会请求物业服务企业退出物业服务区域、移交物业服务用房和相关设施，以及物业服务所必需的相关资料和由其代管的专项维修资金的，人民法院应予支持。物业服务企业拒绝退出、移交，并以存在事实上的物业服务关系为由，请求业主支付物业服务合同权利义务终止后的物业费的，人民法院不予支持。

6.3.7 物业管理服务等级标准

为了提高物业管理服务水平，督促物业服务企业提供质价相符的服务，引导业主正确评判物业服务企业服务质量，树立等价有偿的消费观念，促进物业管理规范发展，根据《物业服务收费管理办法》，中国物业管理协会在总结我国物业管理实践的基础上，制定了《普通住宅小区物业管理服务等级标准（试行）》（以下简称《标准》）。

1)《标准》为普通商品住房、经济适用住房、房改房、集资建房、廉租住房等普通住宅小区物业服务的试行标准，物业服务收费实行市场调节价的高档商品住宅的物业服务不适用此标准。

2)《标准》根据普通住宅小区物业服务需求的不同情况，由高到低设定为一级、二级、三级三个服务等级，级别越高，表示物业服务标准越高。

3)《标准》各等级服务分别由基本要求、房屋管理、共用设施设备维修养护、协助维护公共秩序、保洁服务、绿化养护管理六大项主要内容组成。《标准》以外的其他服务项目、内容及标准，由签订物业服务合同的双方协商约定。

4) 选用《标准》时，应充分考虑住宅小区的建设标准、配套设施设备、服务功能及业主（使用人）的居住消费能力等因素，选择相应的服务等级。

6.4 住宅专项维修资金制度

6.4.1 住宅专项维修资金的概念、性质和用途

1. 住宅专项维修资金的概念

根据《住宅专项维修资金管理办法》第二条第二款的解释，住宅专项维修资金，是指专项用于住宅共用部位、共用设施设备保修期满后的维修和更新、改造的资金。

2. 住宅专项维修资金的性质

《住宅专项维修资金管理办法》第九条规定，业主交存的住宅专项维修资金属于业主所有。从公有住房售房款中提取的住房专项维修资金属于公有住房售房单位所有。

3. 住宅专项维修资金的用途

专项用于物业共用部位、共用设施设备保修期满后的大中修和更新、改造。

6.4.2 住宅专项维修资金的交存

1. 交存范围

下列物业的业主应当按规定交存住宅专项维修资金：

1）住宅，但一个业主所有且与其他物业不具有共用部位、共用设施设备的除外。

2）住宅小区内的非住宅或者住宅小区外与单幢住宅结构相连的非住宅。

上述所列物业属于出售公有住房的，售房单位应当按照《住宅专项维修资金管理办法》的规定交存住宅专项维修资金。

2. 交存标准

《住宅专项维修资金管理办法》第七条规定了商品住宅的业主、非住宅的业主的交存标准。

商品住宅的业主、非住宅的业主按照所拥有物业的建筑面积交存住宅专项维修资金，每平方米建筑面积交存首期住宅专项维修资金的数额为当地住宅建筑安装工程每平方米造价的5%至8%。

直辖市、市、县人民政府建设（房地产）主管部门应当根据本地区情况，合理确定、公布每平方米建筑面积交存首期住宅专项维修资金的数额，并适时调整。

《住宅专项维修资金管理办法》第八条规定了出售公有住房的交存标准。

出售公有住房的，按照下列规定交存住宅专项维修资金：

1）业主按照所拥有物业的建筑面积交存住宅专项维修资金，每平方米建筑面积交存首期住宅专项维修资金的数额为当地房改成本价的2%。

2）售房单位按照多层住宅不低于售房款的20%、高层住宅不低于售房款的

30%，从售房款中一次性提取住宅专项维修资金。

3．首期住宅专项维修资金交存时间

商品住宅的业主应当在办理房屋入住手续前，将首期住宅专项维修资金存入住宅专项维修资金专户。

已售公有住房的业主应当在办理房屋入住手续前，将首期住宅专项维修资金存入公有住房住宅专项维修资金专户或者交由售房单位存入公有住房住宅专项维修资金专户。

公有住房售房单位应当在收到售房款之日起30日内，将提取的住宅专项维修资金存入公有住房住宅专项维修资金专户。

未按本办法规定交存首期住宅专项维修资金的，开发建设单位或者公有住房售房单位不得将房屋交付购买人。

6.4.3　住宅专项维修资金的管理

根据《住宅专项维修资金管理办法》第十一条到第十七条的内容，我们可以把住宅专项维修资金的管理分为业主大会成立前的管理和业主大会成立后的管理两个阶段。

1．业主大会成立前

业主大会成立前，商品住宅业主、非住宅业主交存的住宅专项维修资金，由物业所在地直辖市、市、县人民政府建设（房地产）主管部门代管。直辖市、市、县人民政府建设（房地产）主管部门应当委托所在地一家商业银行，作为本行政区域内住宅专项维修资金的专户管理银行，并在专户管理银行开立住宅专项维修资金专户。开立住宅专项维修资金专户，应当以物业管理区域为单位设账，按房屋户门号设分户账；未划定物业管理区域的，以幢为单位设账，按房屋户门号设分户账。

业主大会成立前，已售公有住房住宅专项维修资金，由物业所在地直辖市、市、县人民政府财政部门或者建设（房地产）主管部门负责管理。负责管理公有住房住宅专项维修资金的部门应当委托所在地一家商业银行，作为本行政区域内公有住房住宅专项维修资金的专户管理银行，并在专户管理银行开立公有住宅专项维修资金专户。开立公有住房住宅专项维修资金专户，应当按照售房单位设账，按幢设分账；其中，业主交存的住宅专项维修资金，按房屋户门号设分户账。

2．业主大会成立后

业主大会成立后，应当按照下列规定划转业主交存的住宅专项维修资金：

1）业主大会应当委托所在地一家商业银行作为本物业管理区域内住宅专项维修资金的专户管理银行，并在专户管理银行开立住宅专项维修资金专户。

开立住宅专项维修资金专户，应当以物业管理区域为单位设账，按房屋户门号设分户账。

2）业主委员会应当通知所在地直辖市、市、县人民政府建设（房地产）主管部门；涉及已售公有住房的，应当通知负责管理公有住房住宅专项维修资金的部门。

3）直辖市、市、县人民政府建设（房地产）主管部门或者负责管理公有住房住宅专项维修资金的部门应当在收到通知之日起30日内，通知专户管理银行将该物业管理区域内业主交存的住宅专项维修资金账面余额划转至业主大会开立的住宅专项维修资金账户，并将有关账目等移交业主委员会。

住宅专项维修资金划转后的账目管理单位，由业主大会决定。业主大会应当建立住宅专项维修资金管理制度。业主大会开立的住宅专项维修资金账户，应当接受所在地直辖市、市、县人民政府建设（房地产）主管部门的监督。

业主分户账面住宅专项维修资金余额不足首期交存额30%的，应当及时续交。成立业主大会的，续交方案由业主大会决定。未成立业主大会的，续交的具体管理办法由直辖市、市、县人民政府建设（房地产）主管部门会同同级财政部门制定。

6.4.4 住宅专项维修资金的使用

住宅专项维修资金应当专项用于住宅共用部位、共用设施设备保修期满后的维修和更新、改造，不得挪作他用。

1. 住宅专项维修资金的使用原则

住宅专项维修资金的使用，应当遵循方便快捷、公开透明、受益人和负担人相一致的原则。

2. 有关住宅共用部位、共用设施设备的维修和更新、改造费用分摊的规定

1）商品住宅之间或者商品住宅与非住宅之间共用部位、共用设施设备的维修和更新、改造费用，由相关业主按照各自拥有物业建筑面积的比例分摊。

2）售后公有住房之间共用部位、共用设施设备的维修和更新、改造费用，由相关业主和公有住房售房单位按照所交存住宅专项维修资金的比例分摊；其中，应由业主承担的，再由相关业主按照各自拥有物业建筑面积的比例分摊。

3）售后公有住房与商品住宅或者非住宅之间共用部位、共用设施设备的维修和更新、改造费用，先按照建筑面积比例分摊到各相关物业。其中，售后公有住房应分摊的费用，再由相关业主和公有住房售房单位按照所交存住宅专项维修资金的比例分摊。

住宅共用部位、共用设施设备维修和更新、改造，涉及尚未售出的商品住宅、非住宅或者公有住房的，开发建设单位或者公有住房单位应当按照尚未售出商品住宅或者公有住房的建筑面积，分摊维修和更新、改造费用。

3. 申请使用住宅专项维修资金的程序

（1）住宅专项维修资金划转业主大会管理前

住宅专项维修资金划转业主大会管理前，需要使用住宅专项维修资金的，按

照以下程序办理：

1）物业服务企业根据维修和更新、改造项目提出使用建议；没有物业服务企业的，由相关业主提出使用建议。

2）住宅专项维修资金列支范围内专有部分占建筑物总面积三分之二以上的业主且占总人数三分之二以上的业主讨论通过使用建议。

3）物业服务企业或者相关业主组织实施使用方案。

4）物业服务企业或者相关业主持有关材料，向所在地直辖市、市、县人民政府建设（房地产）主管部门申请列支；其中，动用公有住房住宅专项维修资金的，向负责管理公有住房住宅专项维修资金的部门申请列支。

5）直辖市、市、县人民政府建设（房地产）主管部门或者负责管理公有住房住宅专项维修资金的部门审核同意后，向专户管理银行发出划转住宅专项维修资金的通知。

6）专户管理银行将所需住宅专项维修资金划转至维修单位。

（2）住宅专项维修资金划转业主大会管理后

住宅专项维修资金划转业主大会管理后，需要使用住宅专项维修资金的，按照以下程序办理：

1）物业服务企业提出使用方案，使用方案应当包括拟维修和更新、改造的项目、费用预算、列支范围、发生危及房屋安全等紧急情况以及其他需临时使用住宅专项维修资金的情况的处置办法等。

2）业主大会依法通过使用方案。

3）物业服务企业组织实施使用方案。

4）物业服务企业持有关材料向业主委员会提出列支住宅专项维修资金；其中，动用公有住房住宅专项维修资金的，向负责管理公有住房住宅专项维修资金的部门申请列支。

5）业主委员会依据使用方案审核同意，并报直辖市、市、县人民政府建设（房地产）主管部门备案；动用公有住房住宅专项维修资金的，经负责管理公有住房住宅专项维修资金的部门审核同意；直辖市、市、县人民政府建设（房地产）主管部门或者负责管理公有住房住宅专项维修资金的部门发现不符合有关法律、法规、规章和使用方案的，应当责令改正。

6）业主委员会、负责管理公有住房住宅专项维修资金的部门向专户管理银行发出划转住宅专项维修资金的通知。

7）专户管理银行将所需住宅专项维修资金划转至维修单位。

（3）发生危及房屋安全等紧急情况

发生危及房屋安全等紧急情况，需要立即对住宅共用部位、共用设施设备进行维修和更新、改造的，按照以下规定列支住宅专项维修资金：

1）住宅专项维修资金划转业主大会管理前，按照（1）项中第4）项、第5）项、第6）项的规定办理；

2）住宅专项维修资金划转业主大会管理后，按照（2）项中第4）项、第5）项、第6）项和第7）项的规定办理。

发生上述情况后，未按规定实施维修和更新、改造的，直辖市、市、县人民政府建设（房地产）主管部门可以组织代修，维修费用从相关业主住宅专项维修资金分户账中列支；其中，涉及已售公有住房的，还应当从公有住房住宅专项维修资金中列支。

4. 不得从住宅专项维修资金中列支的情况

下列费用不得从住宅专项维修资金中列支：

1）依法应当由建设单位或者施工单位承担的住宅共用部位、共用设施设备维修、更新和改造费用。

2）依法应当由相关单位承担的供水、供电、供气、供热、通讯、有线电视等管线和设施设备的维修、养护费用。

3）应当由当事人承担的因人为损坏住宅共用部位、共用设施设备所需的修复费用。

4）根据物业服务合同约定，应当由物业服务企业承担的住宅共用部位、共用设施设备的维修和养护费用。

5. 关于住宅专项维修资金购买国债的规定

在保证住宅专项维修资金正常使用的前提下，可以按照国家有关规定将住宅专项维修资金用于购买国债。利用住宅专项维修资金购买国债，应当在银行间债券市场或者商业银行柜台市场购买一级市场新发行的国债，并持有到期。

利用业主交存的住宅专项维修资金购买国债的，应当经业主大会同意；未成立业主大会的，应当经专有部分占建筑物总面积三分之二以上的业主且占总人数三分之二以上业主同意。

利用从公有住房售房款中提取的住宅专项维修资金购买国债的，应当根据售房单位的财政隶属关系，报经同级财政部门同意。

禁止利用住宅专项维修资金从事国债回购、委托理财业务或者将购买的国债用于质押、抵押等担保行为。

本章小结与拓展

通过本章学习，掌握物业服务收费、住宅专项维修资金概念，熟悉物业管理的基本内容、物业管理的主要环节，了解物业管理实施与运作要点。重点阅读：《城市房地产管理法》、《物权法》、《物业管理条例》、《住宅专项维修资金管理办法》。关注《最高人民法院关于审理物业服务纠纷案件具体应用法律若干问题的解释》（法释［2009］8号），并用以解决现实生活中的物业服务纠纷。该司法解释已于2009年10月1日起施行。

思考题

1. 物业管理的概念是什么?

2. 物业管理的特征是什么?

3. 物业管理的基本内容有哪些?

4. 简述物业管理的主要环节。

5. 业主的权利和义务有哪些?

6. 由业主共同决定的事项有哪些?

7. 简述业主委员会的职责。

8. 什么是临时管理规约,什么是管理规约,他们有什么区别?

9. 物业管理的委托方可能会有哪些?

10. 物业管理合同有哪几种,它们的签订双方相同吗?

11. 什么是物业管理招标投标?

12. 物业管理招标的方式有哪几种?

13. 在物业的承接查验中,建设单位应当向物业服务企业移交哪些资料?

14. 物业服务企业现场查验部位及设施设备有哪些?

15. 简述物业服务收费的概念、原则。

16. 简述物业服务收费价格管理方式。

17. 利用物业共用部位、共用设施设备进行经营的产生收益应当如何分配?

18. 代收供水、供电、供气、供热、通讯、有线电视等费用的手续费应当如何收取?

19. 物业使用人交纳物业费有什么规定?

20. 简述住宅专项维修资金的概念、性质和用途。

21. 简述住宅专项维修资金的交存范围和标准。

22. 简述住宅专项维修资金的管理和使用。

第 7 章

房地产转让法规

7.1　房地产交易概述

7.1.1　房地产交易及其基本制度

房地产交易管理是指政府设立的房地产交易管理部门及其他相关部门以法律的、行政的、经济的手段，对房地产交易活动行使指导、监督等管理职能。《城市房地产管理法》第二条规定房地产交易包括房地产转让、房地产抵押和房屋租赁三种方式。

在《城市房地产管理法》中，有五项基本制度，分别是国有土地有偿有限期使用制度、房地产价格申报制度、房地产价格评估制度、房地产价格评估人员资格认证制度、土地使用权和房屋所有权登记发证制度。房地产交易的基本制度则包括上述五项基本制度中的第二项、第三项、第四项。

1. 房地产价格申报制度

房地产成交价格不仅关系当事人之间的财产权益，而且也关系着国家的税费收益。《城市房地产管理法》第三十五条规定："国家实行房地产成交价格申报制度。房地产权利人转让房地产，应当向县级以上地方人民政府规定的部门如实申报成交价，不得瞒报或者作不实的申报。"《城市房地产转让管理规定》第七条也规定："房地产转让当事人在房地产转让合同签订后90日内持房地产权属证书、当事人的合法证明、转让合同等有关文件向房地产所在地的房地产管理部门提出申请，并申报成交价格。"

房地产管理部门在接到价格申报后，如发现成交价格明显低于市场正常价格，应当及时通知交易双方，并不要求交易双方当事人更改合同约定的成交价格，但交易双方应当按不低于税务部门确认的评估价格缴纳了有关税费后，方为其办理房地产交易手续，核发权属证书。《城市房地产转让管理规定》第十四条规定："房地产转让应当以申报的房地产成交价格作为缴纳税费的依据。成交价格明显低于正常市场价格的，以评估价格作为缴纳税费的依据。"

如果交易双方对确认的评估价格有异议，可以要求重新评估。交易双方对重新评估的价格仍有异议，可以按照法律程序，向人民法院提起诉讼。通过对房地产成交价格进行申报管理，既能防止房地产价格不大起大落，又能有效防止交易双方为偷逃税费对交易价格作不实的申报，保证国家的税费不流失。

2. 房地产价格评估制度

由于房地产的独一无二性，其价格也是个别形成的，而不是在全国范围内形成统一价格，因此需要专业的估价。《城市房地产管理法》第三十四条规定："国家实行房地产价格评估制度。房地产价格评估，应当遵循公正、公平、公开的原则，按照国家规定的技术标准和评估程序，以基准地价、标定地价和各类房屋的重置价格为基础，参照当地的市场价格进行评估。"

那么，基准地价、标定地价和各类房屋的重置价格又应当从何而来呢？《城市房地产管理法》第三十三条规定："基准地价、标定地价和各类房屋的重置价格应当定期确定并公布。具体办法由国务院规定。"

3．房地产价格评估人员资格认证制度

国家鉴于房地产估价活动与公共利益、金融活动等社会经济活动密切相关，是为公众提供服务并且直接关系公共利益的行业，需要具备特殊信誉、特殊条件或特殊技能，在《城市房地产管理法》第五十九条中规定："国家实行房地产价格评估人员资格认证制度。"只有通过考试取得了房地产估价师执业资格并在房地产估价机构注册的房地产估价人员才能从事房地产价格评估工作，关于房地产估价师执业资格考试及注册的内容将在后文中提到。

7.1.2　房地产交易管理机构

1．房地产交易管理机构的涵义

房地产交易管理机构主要是指由国家设立的从事房地产交易管理的职能部门及其授权的机构，包括国务院建设行政主管部门即住房城乡建设部，省级建设行政主管部门即各省、自治区住房和城乡建设厅及直辖市房地产管理局，各市、县房地产管理部门以及房地产管理部门授权的房地产交易管理所（房地产市场产权管理处、房地产交易中心等）。

2．房地产交易管理机构主要职责

1）执行国家有关房地产交易管理的法规，并制定具体实施办法。

2）整顿和规范房地产交易秩序，对房地产交易、经营等活动进行指导和监督，查处违法行为，维护当事人的合法权益。

3）办理房地产交易鉴证等手续。

4）协助财政、税务部门征收与房地产交易有关的税款。

5）为房地产交易提供洽谈协议，交流信息，展示行情等各种服务。

6）发布市场交易信息，为政府宏观决策和正确引导市场发展服务。

7.1.3　住房租赁和销售立法

党中央、国务院高度重视住房租赁和销售市场管理工作，在2016年底召开的中央经济工作会议上，明确提出要加快住房租赁市场立法，加快机构化、规模化住房租赁企业发展，加强住房市场监管和整顿，规范开发、销售、中介等行为。中央财经领导小组第十四次会议指出，要准确把握住房的居住属性，以满足新市民住房需求为主要出发点，以建立购租并举的住房制度为主要方向，以市场为主满足多层次需求，以政府为主提供基本保障。2017年2月，国务院将住房租赁市场立法作为深化改革急需的项目，列入2017年的立法工作计划。近年来，我国住房租赁和销售市场不断发展，在解决居民居住问题、改善居住环境、促进经济社会发展等方面发挥了重要作用。据统计，我国约有1.6亿人在城镇租房居住，主要是外来务工人员、新就业大学生等，自2013年以来，每年全国商品住房销售面

积都在10亿平方米以上。在住房租赁和销售市场快速发展的同时，也存在当事人权益保护不充分、市场秩序不规范、监管制度不完善等问题，亟需通过专门立法予以解决。为了建立购租并举的住房制度，规范住房租赁和销售行为，保护当事人合法权益，保障交易安全，按照国务院2017年立法工作计划，住房城乡建设部起草了《住房租赁和销售管理条例（征求意见稿）》，并向社会公开征求意见，意见反馈截止时间为2017年6月19日。征求意见稿共7章47条，包括总则、住房租赁、住房销售、房地产经纪服务、监督管理、法律责任、附则。

1. 明确租赁双方权利义务，构建稳定的租赁关系

征求意见稿规定，租赁住房当事人应当依法签订书面形式的住房租赁合同，规定出租人应当确保出租住房符合安全要求，承租人应当合理使用租赁住房。为稳定住房租赁关系，保护租赁双方权益，征求意见稿在租金、租期、承租人居住权利保障等方面作了规定。

（1）规范租金支付和调整方式

为减轻承租人集中支付租金的压力，征求意见稿规定，除当事人另有约定外，承租人应当按月支付租金。对住房租赁合同中未约定租金调整次数和幅度的，征求意见稿规定出租人不得单方面提高租金。同时，还规定直辖市、市、县人民政府要建立住房租金发布制度，定期公布分区域的市场租金水平等信息，以引导当事人合理确定租金价格。

（2）鼓励签订长期租赁合同

征求意见稿鼓励出租人与承租人签订长期住房租赁合同，对于当事人签订三年以上住房租赁合同的，规定直辖市、市、县人民政府要给予相关政策支持。对于住房租赁企业出租自有住房的，除承租人另有要求外，租赁期限不得低于三年。

（3）注重承租人居住权利保障。征求意见稿规定承租人可依法申领居住证，享受规定的基本公共服务。未经承租人同意，出租人不得擅自进入租赁住房，住房租赁合同约定出租人可以进入的，出租人要按照约定提前通知承租人。征求意见稿还规定，出租人不得采取暴力、威胁或者其他方式驱逐承租人，收回住房。同时，征求意见稿也规范了承租人的租赁行为，规定承租人要按照合同约定及物业管理要求合理使用租赁住房，不得擅自改动住房结构和室内设施设备，不得损害他人的合法权益。

（4）强化住房租赁市场管理。在管理体制方面，征求意见稿提出了直辖市、市、县人民政府要建立多部门的联合监管体制，充分发挥街道、乡镇等基层组织作用，做好住房租赁管理和纠纷调处等工作。在管理制度方面，征求意见稿规定租赁住房应当办理住房租赁备案，并明确了办理备案不收取任何费用；在规范租赁行为方面，规定直辖市、市、县人民政府要制定单间租住人数和人均租住面积标准，并明确规定厨房、卫生间、阳台和地下储藏室等非居住空间，不得出租用于居住。针对二房东转租他人住房违规经营等市场乱象，征求意见稿规定，转租

住房应当征得出租人的书面同意，对于自然人转租住房达到一定规模的，应当依法办理工商登记。此外，在鼓励发展规模化、专业化住房租赁企业方面，征求意见稿也作出了原则性规定，明确住房租赁企业可依法将住房租赁相关收益设立质权。

2．规范住房销售行为，加大违法行为的处罚力度

征求意见稿对住房销售的销售条件、销售程序等作了一般性规定，特别是强化了对房地产开发企业销售住房行为的监管。

（1）规范房地产开发企业销售住房条件

征求意见稿规定房地产开发企业在取得预售许可证后，应当在十日内在房产管理部门网站和销售现场一次性公开全部准售住房及每套住房价格，并对外销售。对于房地产开发企业现售住房的，实行现售备案制度。

（2）加大对违法销售行为的处罚力度

针对房地产开发企业违规销售住房、扰乱市场秩序等突出问题，征求意见稿明确规定房地产开发企业不得存在发布虚假广告、哄抬房价、捂盘惜售、价外加价、一房多售、捆绑销售等12项禁止性行为，对存在上述行为的，规定了可依法处以暂停网上签约权限、没收违法所得、罚款、吊销资质证书等处罚措施，构成犯罪的，还要依法追究刑事责任。

3．加强房地产中介行业管理，规范服务行为

房地产中介作为服务行业，在住房租赁和销售方面发挥了重要作用。征求意见稿对房地产中介行业管理也作了具体规定。

（1）规范机构设立和从业人员管理

征求意见稿规定，房地产经纪机构应当具备一定数量的房地产经纪专业人员。同时，按照国家行政审批制度改革的要求，规定国家实行房地产经纪专业人员职业资格制度，并规定房地产经纪人员不得以个人名义承接房地产经纪业务。房地产经纪人员在服务时，要实行实名挂牌服务。

（2）规范房源信息发布

征求意见稿规定，房地产经纪机构发布住房租赁、销售信息前，应当核对委托人身份证明、住房权属信息，实地查看住房，并编制住房状况说明书。针对近些年来快速发展的住房租赁、销售网络信息服务平台，征求意见稿也明确了平台对信息真实性承担的相应管理责任。

（3）规范收费行为

征求意见稿规定，房地产经纪机构的服务项目实行明码标价制度，房地产经纪机构要在经营场所醒目位置公示服务项目和收费标准，在收费前，要向当事人出具收费清单，房地产经纪机构不得收取任何未予标明的费用。

（4）明确从业禁止行为。针对房地产经纪机构和从业人员扰乱市场秩序、侵害群众合法权益等问题，征求意见稿规定了中介机构和从业人员不得捏造散布不实价格信息、炒卖房号、发布虚假房源信息、捆绑收费、赚取差价、违规提供购房融资、为当事人规避税费提供便利等11项禁止性行为。经纪机构和从业人员违反上述规定的，征求意见稿规定了给予暂停合同网上签约权限、没收违法所得、罚款等较为严厉的处罚措施。

4．保护当事人的交易安全，强化住房租赁和销售的监督管理

（1）实行实名交易制度

征求意见稿规定住房租赁和销售应当实名交易，并规定在住房租赁和销售等活动中采集的个人信息受法律保护。

（2）实行交易资金监管制度

征求意见稿规定，房地产开发企业预售住房、房地产经纪机构接受委托销售住房的，交易资金应当纳入监管账户。对于当事人自行成交的，当事人可以约定将交易资金纳入监管账户。

（3）实行机构备案管理制度

征求意见稿规定，住房租赁企业、房地产经纪机构应当自成立之日起三十日内到工商注册地房产管理部门备案，房产管理部门应当及时将备案信息向社会公开。同时还规定，房产管理部门要落实"双随机、一公开"制度，加大执法检查力度。

（4）强化政府服务，加强信用体系建设

征求意见稿规定要建立住房租赁和销售信息服务与监管平台，推进房地产行业信用体系建设，构建守信联合激励和失信联合惩戒机制。

7.2 房地产转让的一般规定

7.2.1 房地产转让的概念

《城市房地产管理法》对房地产转让的定义是："房地产权利人通过买卖、赠与或者其他合法方式将其房地产转移给他人的行为。"《城市房地产转让管理规定》的第三条对于"其他合法方式"作了进一步的解释，"其他合法方式"包括：①以房地产作价入股、与他人成立企业法人，房地产权属发生变更的；②一方提供土地使用权，另一方或者多方提供资金，合资、合作开发经营房地产，而使房地产权属发生变更的；③因企业被收购、兼并或合并，房地产权属随之转移的；④以房地产抵债的；⑤法律、法规规定的其他情形。

《城市房地产管理法》和《城市房地产转让管理规定》规定，房地产转让时，房屋所有权和该房屋占用范围内的土地使用权同时转让。房地产转让的分类：按转让的对象分，房地产转让可以分为地面上有建筑物的转让和地面上无建筑物的转让（又称"土地使用权转让"）；根据土地使用权获得方式，分为出让方式取得的土地使用权转让和划拨方式取得的土地使用权转让；根据转让的方式，分为有偿转让（例如：买卖、入股）和无偿转让（例如：赠与、继承）。

7.2.2 房地产转让的条件

1．禁止转让的条件

《城市房地产管理法》规定了房地产转让的禁止条件，只要不在禁止条件之列，就属于允许转让的情况。以下房地产不得转让：

1）以出让方式取得土地使用权的，不符合《城市房地产管理法》第三十九条规定的条件的。

2）司法机关和行政机关依法裁定、决定查封或者以其他形式限制房地产权利的。

3）依法收回土地使用权的。

4）共有房地产，未经其他共有人书面同意的。

5）权属有争议的。

6）未依法登记领取权属证书的。

7）法律、行政法规规定禁止转让的其他情形。

2．以出让方式取得土地使用权的转让规定

（1）转让条件

《城市房地产管理法》规定：以出让方式取得土地使用权的，转让房地产时，应当符合下列条件：①按照出让合同约定已经支付全部土地使用权出让金，并取得土地使用权证书；②按照出让合同约定进行投资开发，属于房屋建设工程的，完成开发投资总额的百分之二十五以上，属于成片开发土地的，形成工业用地或者其他建设用地条件。

（2）使用年限的规定

以出让方式取得土地使用权的，转让房地产后，其土地使用权的使用年限为原土地使用权出让合同约定的使用年限减去原土地使用者已经使用年限后的剩余年限。

（3）改变土地用途的规定

以出让方式取得土地使用权的，转让房地产后，受让人改变原土地使用权出让合同约定的土地用途的，必须取得原出让方和市、县人民政府城市规划行政主管部门的同意，签订土地使用权出让合同变更协议或者重新签订土地使用权出让合同，相应调整土地使用权出让金。

3．以划拨方式取得土地使用权的转让规定

（1）办理出让手续的情况

以划拨方式取得土地使用权的，转让房地产时，应当按照国务院规定，报有批准权的人民政府审批。有批准权的人民政府准予转让的，应当由受让方办理土地使用权出让手续，并依照国家有关规定缴纳土地使用权出让金。

（2）不办理出让手续的情况

以划拨方式取得土地使用权的，转让房地产报批时，有批准权的人民政府按照国务院规定决定可以不办理土地使用权出让手续的，转让方应当按照国务院规定将转让房地产所获收益中的土地收益上缴国家或者作其他处理。

7.2.3　房地产转让的程序

根据《城市房地产转让管理规定》第七条规定，房地产转让，应当按照下列程序办理：

1）房地产转让当事人签订书面转让合同。

2）房地产转让当事人在房地产转让合同签订后90日内持房地产权属证书、当事人的合法证明、转让合同等有关文件向房地产所在地的房地产管理部门提出申请，并申报成交价格。

3）房地产管理部门对提供的有关文件进行审查，并在7日内作出是否受理申请的书面答复，7日内未作书面答复的，视为同意受理。

4）房地产管理部门核实申报的成交价格，并根据需要对转让的房地产进行现场查勘和评估。

5）房地产转让当事人按照规定缴纳有关税费。

6）房地产管理部门办理房屋权属登记手续，核发房地产权属证书。

7.2.4　房地产转让合同

1. 房地产转让合同的主要内容

根据《城市房地产管理法》及《城市房地产转让管理规定》的规定，房地产转让合同应载明下列主要内容：

1）双方当事人的姓名或者名称、住所。

2）房地产权属证书名称和编号。

3）房地产坐落位置、面积、四至界限。

4）土地宗地号、土地使用权取得方式及年限。

5）房地产的用途或使用性质。

6）成交价格及支付方式。

7）房地产交付使用的时间。

8）违约责任。

9）双方约定的其他事项。

《商品房销售管理办法》第十八条规定：商品房销售可以按套（单元）计价，也可以按套内建筑面积或者建筑面积计价。根据《商品房销售管理办法》第十六条规定，商品房销售时，房地产开发企业和买受人应当订立书面商品房买卖合同。商品房买卖合同应当明确以下主要内容：

1）当事人名称或者姓名和住所。

2）商品房基本状况。

3）商品房的销售方式。

4）商品房价款的确定方式及总价款、付款方式、付款时间。

5）交付使用条件及日期。

6）装饰、设备标准承诺。

7）供水、供电、供热、燃气、通信、道路、绿化等配套基础设施和公共设施的交付承诺和有关权益、责任。

8）公共配套建筑的产权归属。

9）面积差异的处理方式。

10）办理产权登记有关事宜。

11）解决争议的方法。

12）违约责任。

13）双方约定的其他事项。

2．商品房买卖合同示范文本

近年来，消费者对商品房投诉较多，投诉的主要问题有：虚假广告、一房多售、面积缩水、质量问题、延期交房、产权纠纷等。出现这些问题，有制度不健全、管理不到位的原因，也有合同签订不规范的原因。这些问题的出现不仅损害了消费者的合法权益，而且也影响到了社会稳定。为加强房地产市场管理，进一步规范商品房交易行为，规范商品房销售行为，完善各种公示制度，切实解决人们购房的后顾之忧，保障交易当事人的合法权益，维护公平公正的商品房交易秩序，贯彻《合同法》、《物权法》等法律法规和部门规章，《住房城乡建设部、工商总局关于印发〈商品房买卖合同示范文本〉的通知》（建房［2014］53号）要求，从2014年4月9日起使用新的《商品房买卖合同（预售）示范文本》（GF-2014-0171）、《商品房买卖合同（现售）示范文本》（GF-2014-0172）。签订合同前，出卖人应当向买受人出示有关证书和证明文件，就合同重大事项对买受人尽到提示义务。买受人应当审慎签订合同，在签订合同前，要仔细阅读合同条款，特别是审阅其中具有选择性、补充性、修改性的内容，注意防范潜在的市场风险和交易风险。出卖人与买受人可以针对本合同文本中没有约定或者约定不明确的内容，根据所售项目的具体情况在相关条款后的空白行中进行补充约定，也可以另行签订补充协议。双方当事人可以根据实际情况决定合同原件的份数，并在签订合同时认真核对，以确保各份合同内容一致；在任何情况下，出卖人和买受人都应当至少持有一份合同原件。

7.3 商品房预售

7.3.1 商品房预售条件

依据《城市商品房预售管理办法》的解释，商品房预售是指房地产开发企业将正在建设中的房屋预先出售给承购人，由承购人支付定金或房价款的行为。

在《城市房地产管理法》第四十五条中，商品房预售，应当符合下列条件：

1）已交付全部土地使用权出让金，取得土地使用权证书。

2）持有建设工程规划许可证。

3）按提供预售的商品房计算，投入开发建设的资金达到工程建设总投资的百分之二十五以上，并已经确定施工进度和竣工交付日期。

4）向县级以上人民政府房产管理部门办理预售登记，取得商品房预售许可证明。

7.3.2　商品房预售许可

商品房预售实行许可制度。房地产开发企业进行商品房预售，应当向房地产管理部门申请预售许可，取得《商品房预售许可证》。未取得《商品房预售许可证》的，不得进行商品房预售。房地产开发企业申请预售许可，应当提交下列证件（复印件）及资料：

1）商品房预售许可申请表。

2）开发企业的《营业执照》和资质证书。

3）土地使用权证、建设工程规划许可证、施工许可证。

4）投入开发建设的资金占工程建设总投资的比例符合规定条件的证明。

5）工程施工合同及关于施工进度的说明。

6）商品房预售方案。预售方案应当说明预售商品房的位置、面积、竣工交付日期等内容，并应当附预售商品房分层平面图。

7.3.3　商品房预售合同登记备案

商品房预售，房地产开发企业应当与承购人签订商品房预售合同。开发企业应当自签约之日起30日内，向房地产管理部门和市、县人民政府土地管理部门办理商品房预售合同登记备案手续。房地产管理部门应当积极应用网络信息技术，逐步推行商品房预售合同网上登记备案。

7.3.4　商品房预售行为监管

《商品房销售管理办法》规定：违反法律、法规规定，擅自预售商品房的，责令停止违法行为，没收违法所得；收取预付款的，可以并处已收取的预付款1%以下的罚款。为了进一步加强房地产市场监管，完善商品住房预售制度，整顿和规范房地产市场秩序，维护住房消费者合法权益，住房城乡建设部于2010年4月13日下发的《关于进一步加强房地产市场监管完善商品住房预售制度有关问题的通知》（建房［2010］53号）规定，未取得预售许可的商品住房项目，房地产开发企业不得进行预售，不得以认购、预订、排号、发放VIP卡等方式向买受人收取或变相收取定金、预定款等性质的费用，不得参加任何展销活动。取得预售许可的商品住房项目，房地产开发企业要在10日内一次性公开全部准售房源及每套房屋价格，并严格按照申报价格，明码标价对外销售。房地产开发企业不得将企业自留房屋在房屋所有权初始登记前对外销售，不得采取返本销售、售后包租的方式预售商品住房，不得进行虚假交易。

《关于进一步加强房地产市场监管完善商品住房预售制度有关问题的通知》还规定，严肃查处捂盘惜售等违法违规行为。各地要加大对捂盘惜售、哄抬房价等违法违规行为的查处力度。对已经取得预售许可，但未在规定时间内对外公开销售或未将全部准售房源对外公开销售，以及故意采取畸高价格销售或通过签订虚假商品住房买卖合同等方式人为制造房源紧张的行为，要严肃查处。

7.3.5　面积误差的处理方式

面积误差比是指产权登记面积与合同约定面积之差与合同约定面积之比，用公式为表示：

$$面积误差比 = \frac{产权登记面积-合同约定面积}{合同约定面积} \times 100\%$$

根据《商品房销售管理办法》第二十条的规定，按套内建筑面积或者建筑面积计价的，当事人应当在合同中载明合同约定面积与产权登记面积发生误差的处理方式。合同未作约定的，按以下原则处理：

1）面积误差比绝对值在3%以内（含3%）的，据实结算房价款。

2）面积误差比绝对值超出3%时，买受人有权退房。买受人退房的，房地产开发企业应当在买受人提出退房之日起30日内将买受人已付房价款退还给买受人，同时支付已付房价款利息。买受人不退房的，产权登记面积大于合同约定面积时，面积误差比在3%以内（含3%）部分的房价款由买受人补足；超出3%部分的房价款由房地产开发企业承担，产权归买受人。产权登记面积小于合同约定面积时，面积误差比绝对值在3%以内（含3%）部分的房价款由房地产开发企业返还买受人；绝对值超出3%部分的房价款由房地产开发企业双倍返还买受人。

7.3.6　中途变更规划、设计

房地产开发企业应当按照批准的规划、设计建设商品房。商品房销售后，房地产开发企业不得擅自变更规划、设计。

经规划部门批准的规划变更、设计单位同意的设计变更导致商品房的结构形式、户型、空间尺寸、朝向变化，以及出现合同当事人约定的其他影响商品房质量或者使用功能情形的，房地产开发企业应当在变更确立之日起10日内，书面通知买受人。

买受人有权在通知到达之日起15日内作出是否退房的书面答复。买受人在通知到达之日起15日内未作书面答复的，视同接受规划、设计变更以及由此引起的房价款的变更。房地产开发企业未在规定时限内通知买受人的，买受人有权退房；买受人退房的，由房地产开发企业承担违约责任。

7.4 商品房现售

7.4.1 商品房现售的条件

根据《商品房销售管理办法》的规定，房地产开发企业现售商品房，应当符合以下条件：

1）具有企业法人营业执照和房地产开发企业资质证书。

2）取得土地使用权证书或者使用土地的批准文件。

3）持有建设工程规划许可证和施工许可证。

4）已通过竣工验收。

5）拆迁安置已经落实。

6）供水、供电、供热、燃气、通信等配套基础设施具备交付使用条件，其他配套基础设施和公共设施具备交付使用条件或者已确定施工进度和交付日期。

7）物业管理方案已经落实。

其中，《企业法人营业执照》、《房地产开发企业资质证书》、《土地使用权证书》、《建设工程规划许可证》和《施工许可证》是通常所说的"五证"，商品房现售时必须具备这"五证"。有的房地产开发商在销售现场除了挂出这五个证外，还会加上《建设用地规划许可证》、《商品房销售许可证》或《商品房预售许可证》，组成"七证"。

7.4.2 交付使用

在《商品房销售管理办法》中，对商品房交付使用方面有如下规定：

1）房地产开发企业应当按照合同约定，将符合交付使用条件的商品房按期交付给买受人。未能按期交付的，房地产开发企业应当承担违约责任。因不可抗力或者当事人在合同中约定的其他原因，需延期交付的，房地产开发企业应当及时告知买受人。

2）销售商品住宅时，房地产开发企业应当根据《商品住宅实行质量保证书和住宅使用说明书制度的规定》，向买受人提供《住宅质量保证书》、《住宅使用说明书》。

3）房地产开发企业应当对所售商品房承担质量保修责任。当事人应当在合同中就保修范围、保修期限、保修责任等内容作出约定。保修期从交付之日起计算。

7.4.3 商品房销售中的禁止行为

1）房地产开发企业不得在未解除商品房买卖合同前，将作为合同标的物的商品房再行销售给他人。

以上这种情况实际上属于开发商的"一房多售"行为，这是由于信息不对称引起的，房子有没有卖出，只有房地产开发商知道，而购房者却一无所知，如何才能避免这种情况呢？此时可以参见《物权法》的第二十条，预告登记的内容。在签订完购房合同后，就可以去登记机关进行预告登记，以确保物权的实现。

2）房地产开发企业不得采取返本销售或者变相返本销售的方式销售商品房。房地产开发企业不得采取售后包租或者变相售后包租的方式销售未竣工商品房。

返本销售，是指房地产开发企业以定期向买受人返还购房款的方式销售商品房的行为。

售后包租，是指房地产开发企业以在一定期限内承租或者代为出租买受人所购该企业商品房的方式销售商品房的行为。

"返本销售"和"售后包租"的承诺是房地产开发商吸引购房者的一种宣传手段，其中存在着信任风险，如在商品房没有卖出前，开发商会承诺一定百分比的回报，而一旦卖出，就很难实现承诺。

3）商品住宅按套销售，不得分割拆零销售。

分割拆零销售，是指房地产开发企业以将成套的商品住宅分割为数部分分别出售给买受人的方式销售商品住宅的行为。

成套商品住宅是功能完整的，如果分割拆零销售必然会出现不完整功能的情况，登记机关也不会给这种不完整功能的住宅发证。

4）不符合商品房销售条件的，房地产开发企业不得销售商品房，不得向买受人收取任何预订款性质费用。

销售商品房必须是在现售条件或预售条件都满足的情况下才可以进行，如果未满足条件，开发商很可能在没有投入一分钱的情况下携款潜逃，或是把所收到的预订款项用于该项目之外，购房者的利益将会受到极大的损害。

7.4.4 对于商品房销售违法违规行为的处罚

未取得营业执照，擅自销售商品房的，由县级以上人民政府工商行政管理部门依照《城市房地产开发经营管理条例》的规定处罚。未取得房地产开发企业资质证书，擅自销售商品房的，责令停止销售活动，处 5 万元以上10 万元以下的罚款。在未解除商品房买卖合同前，将作为合同标的物的商品房再行销售给他人的，处以警告，责令限期改正，并处 2 万元以上 3 万元以下罚款；构成犯罪的，依法追究刑事责任。国家机关工作人员在商品房销售管理工作中玩忽职守、滥用职权、徇私舞弊，依法给予行政处分；构成犯罪的，依法追究刑事责任。

房地产开发企业在销售商品房中有下列行为之一的，处以警告，责令限期改正，并可处 1 万元以上 3 万元以下罚款：

1）未按照规定的现售条件现售商品房的。

2）未按照规定在商品房现售前将房地产开发项目手册及符合商品房现售条件的有关证明文件报送房地产开发主管部门备案的。

3）返本销售或者变相返本销售商品房的。

4）采取售后包租或者变相售后包租方式销售未竣工商品房的。

5）分割拆零销售商品住宅的。

6）不符合商品房销售条件，向买受人收取预订款性质费用的。

7）未按照规定向买受人明示《商品房销售管理办法》、《商品房买卖合同示范文本》、《城市商品房预售管理办法》的。

8）委托没有资格的机构代理销售商品房的。

7.5 二手房转让

二手房不同于新建商品房，是指已经在房地产市场中交易过、再次上市进行交易的房地产。新建商品房一般称为增量房，二手房则称为存量房。二手房市场相对商品房预售、现售而言，属于房地产产权交易二级市场。二手房包括存量商品房、允许上市交易的二手公房（房改房）、解困房、拆迁房、自建房、经济适用房、限价房等。二手房买卖一般都经过房产中介，需要交付一定的中介费用。通过中介购买房屋是当前买房人最稳妥的方式。中介首先能够保证客户有充足的房源进行选择，其次可以把控买卖双方的风险和运作。

7.5.1 二手商品房买卖

1. 合同网签

合同网签就是买卖双方签订合同后，要到房地产相关部门进行备案，并公布在网上。合同网签是为了让房地产交易更加透明化。住房城乡建设部《关于进一步加强房地产市场监管完善商品住房预售制度有关问题的通知》（建房〔2010〕53号）要求落实合同网上备案工作，各地要根据当地实际积极探索和实践。

商品房买卖合同网签的一般程序：

1）买卖双方协商买卖合同的相关条款，经双方当事人协商确认后，通过网上备案系统在线填写合同内容，买受人自行设置查询密码，合同网上提交后，系统自动生成合同编号，并在楼盘表内即时标明该商品房已售出。

2）买卖双方打印网上签订《商品房买卖合同》的编号和内容，在合同上签字盖章，并到房地产交易管理部门登记备案。

3）管理部门经审核，对符合条件的商品房买卖合同加盖"合同登记备案章"，同时打印备案证明。商品房买卖合同登记备案后，如因买卖双方的特殊原因需要解除或变更商品房买卖合同的，经当事人双方协商一致，由双方持解除或变更合同的书面协议、原商品房买卖合同、当事人身份证明、因特殊原因需要解除或变更买卖合同的证明材料等，申请办理注销或变更合同的相关手续。

2. 资金监管

商品房买卖过程中，从买卖双方签订买卖合同，到过户完成登记，一般需要几个月的时间，如果不对交易资金实施监管，很容易出现交易风险。国务院办公厅《关于促进房地产市场平稳健康发展的通知》（国办发〔2010〕4号）要求加大交易资金监管力度。建设部、人民银行《关于加强房地产经纪管理、规范交易结算资金账户管理有关问题的通知》（建住房〔2006〕321号）要求建立存量房交易结算资金管理制度，发展交易保证机构，专门从事交易资金监管。交易保证机构不得从事经纪业务。建立交易保证机构保证金制度，各地要对保证金的数额作出具体规定。交易当事人可以通过合同约定，由双方自行决定交易资金支付方式，也可以通过房地产经纪机构或交易保证机构在银行开设的客户交易结算资金专用存款账户，根据合同约定条件，划转交易资金。客户交易结算资金专用存款账户中的交易结算资金，独立于房地产经纪机构和交易保证机构的固有财产及其管理的其他财产，也不属于房地产经纪机构和交易保证机构的负债，交易结算资金的所有权属于交易当事人。若有关部门对客户交易结算资金专用存款账户进行冻结和扣划，开户银行、房地产经纪机构或交易保证机构有义务出示证据以证明交易结算资金及其银行账户的性质。

交易结算资金的存储和划转均应通过交易结算资金专用存款账户进行，房地产经纪机构、交易保证机构和房地产经纪人员不得通过客户交易结算资金专用存款账户以外的其他银行结算账户代收代付交易资金。房产买方应将资金存入或转入客户交易结算资金专用存款账户下的子账户，交易完成后，通过转账的方式划入房产卖方的个人银行结算账户。当交易未达成时，通过转账的方式划入房产买方的原转入账户；以现金存入的，转入房产买方的个人银行结算账户。客户交易结算资金专用存款账户不得支取现金。

3. 共有房地产转让

房屋共有是指两个或两个以上的单位、个人对同一房屋享有所有权。"共有"分为"按份共有"和"共同共有"。按份共有的各所有权人按照所有权份额享有对房屋的权利和承担义务。共同共有的所有权人对于房屋享有平等的所有权。通常情况下，按份共有关系是按约定或者根据出资额形成的，而共同共有关系则一般形成于配偶关系、父母子女关系中，个别情况下也可以通过合同约定。如果共有人之间没有约定是"按份共有"还是"共同共有"，或者约定不明确，除非共有人之间具有家庭关系，否则默认为"按份共有"。按份共有房屋的份额处分更为灵活。通常情况下，按份共有人可以随时请求分割共有房屋，并自由处分分割所得份额，而且即便在共有条件下，按份共有人也可以转让其份额，其他共有人在同等条件下有优先购买权；而具有家庭关系的共同共有人只有在共有的基础丧失或者有重大理由需要分割共有房屋时，才可请求分割，并自由处分分割所得份额。共同共有房屋的买卖条件较为严苛。除非另有约定，共同共有人处分共有房屋，须经全体共同共有人同意，而按份共有人处分共有房屋，经占份额2/3以上的按份共有人同意即可。

4. 对失信被执行人的房地产转让限制

2016年1月20日，国家发改委和最高人民法院牵头，人民银行、国土资源部、住房城乡建设部等44家单位联合签署了《关于对失信被执行人实施联合惩戒的合作备忘录》，进一步拓展和丰富了对人民法院失信被执行人的限制领域和惩戒措施，形成"一处失信、处处受限"的联合惩戒局面，从而促使被执行人主动履行生效法律文书确定的义务。惩戒措施分为八大类，其中第六类是对失信被执行人高消费及其他消费行为的限制措施，包括限制购买不动产。失信被执行人违反限制高消费限制进行消费的行为属于拒不履行人民法院已经发生法律效力的判决、裁定的行为，经查证属实的，依照《中华人民共和国民事诉讼法》第一百一十一条的规定，予以拘留、罚款；情节严重、构成犯罪的，追究其刑事责任。

7.5.2　已购公有住房、经济适用住房和限价商品房转让

1．已购公有住房

已购公有住房的土地使用权绝大部分是划拨的，经济适用住房的土地使用权全部是划拨供给，原先的政策对这两类住房的上市有较严格的限制性规定。1999年4月，《已购公有住房和经济适用住房上市出售管理暂行办法》（建设部令第69号）颁布实施，对这两类住房上市进行了规范。为鼓励住房消费，国家对已购公有住房和经济适用住房的上市从营业税、土地增值税、契税、个人所得税、土地收益以及上市条件等方面均给予了减、免优惠政策。各地又在此基础上出台了一些地方优惠政策，并对交易手续费进行了减免，大大活跃了存量房市场。

2．经济适用住房

2007年11月，建设部联合发改委等七部委出台的《经济适用住房管理办法》（建住房［2007］258号），对经济适用住房上市又作了较严格的限制性规定。该办法规定，经济适用住房购房人拥有有限产权。购买经济适用住房不满5年，不得直接上市交易，购房人因特殊原因确需转让经济适用住房的，由政府按照原价格并考虑折旧和物价水平等因素进行回购。购买经济适用住房满5年，购房人上市转让经济适用住房的，应按照届时同地段普通商品住房与经济适用住房差价的一定比例向政府交纳土地收益等相关价款，具体交纳比例由市、县人民政府确定，政府可优先回购；购房人也可以按照政府所定的标准向政府交纳土地收益等相关价款后，取得完全产权。

已经购买经济适用住房的家庭又购买其他住房的，原经济适用住房由政府按规定及合同约定回购。政府回购的经济适用住房，仍应用于解决低收入家庭的住房困难。

已参加福利分房的家庭在退回所分房屋前不得购买经济适用住房，已购买经济适用住房的家庭不得再购买经济适用住房。

个人购买的经济适用住房在取得完全产权以前不得用于出租经营。

2010年，住房城乡建设部印发了《关于加强经济适用住房管理有关问题的通知》（建保［2010］59号），对加强经济适用住房交易管理作出了具体规定：

1）经济适用住房上市交易，必须符合有关政策规定并取得完全产权。住房

保障部门应当对个人是否已缴纳相应土地收益等价款取得完全产权、成交价格是否符合正常交易、政府是否行使优先购买权等情况出具书面意见。房屋登记、租赁管理机构办理房屋权属登记、租赁备案登记时，要比对住房保障部门提供的有关信息。对已购经济适用住房的家庭，不能提供住房保障部门出具的书面意见的，任何中介机构不得代理买卖、出租其经济适用住房；房屋租赁备案管理机构应当暂停办理其经济适用住房的租赁备案，房屋登记机构应当暂停办理该家庭购买其他房屋的权属登记，并及时通报住房保障部门。

2）住房保障部门应当会同有关部门结合各地段普通商品住房交易指导价格，定期制订经济适用住房上市补交土地收益等价款的标准，报经市、县人民政府同意后公布实施。经济适用住房交易价格低于政府公布的同地段、同类普通商品住房交易指导价格的，依指导价格缴纳相应的土地收益等价款。

3）各地要结合实际情况完善经济适用住房上市交易分配机制，健全上市交易管理办法。要按照配售经济适用住房时承购人与政府的出资比例，确定上市所得价款的分配比例、政府优先购买权等管理事项。其中，政府出资额为土地出让金减让、税费减免等政策优惠额之和。

3．限价商品房

限价商品房，又称限房价、限地价的"两限"商品房，是指政府为解决中低收入家庭的住房困难，在出让商品住房用地时，提出限制开发完成后的商品房价格及套型（面积）要求，由房地产开发企业公开竞买后，严格执行限制性要求开发建设和定向销售的普通商品住房。国务院《关于坚决遏制部分城市房价过快上涨的通知》（国发［2010］10号）要求房价过高、上涨过快的地区，要增加限价商品住房的供应。

限价商品房按照"以房价定地价"的思路，采用政府组织监管、市场化运作的模式。国家没有制定限价商品住房转让的统一政策，而是由各地根据具体情况制定并实施。一般而言，限价商品房在满足一定条件后是可以上市交易的。如北京市规定，购买限价房在5年内不得转让，确需转让的可向保障部门申请回购，回购价格按原价格并考虑折旧和物价水平等因素确定；满5年转让限价房要按照届时同地段普通商品房价和限价房差价的一定比例缴纳土地收益价款。

7.5.3　个人无偿赠与、继承或接受遗赠的房地产转让

国家税务总局《关于进一步简化和规范个人无偿赠与或受赠不动产免征营业税、个人所得税所需证明资料的公告》（国家税务总局公告2015年第75号）对在办理相关税收免征手续时应提交的证明资料作出了相应规定。纳税人在办理个人无偿赠与或受赠不动产免征营业税、个人所得税手续时，应报送《个人无偿赠与不动产登记表》、双方当事人的身份证明原件及复印件（继承或接受遗赠的，只须提供继承人或接受遗赠人的身份证明原件及复印件）、房屋所有权证原件及复印件。属于以下四类情形之一的，还应分别提交相应证明资料：

1）离婚分割财产的，应当提交：

①离婚协议或者人民法院判决书或者人民法院调解书的原件及复印件；

②离婚证原件及复印件。

2）亲属之间无偿赠与的，应当提交：

①无偿赠与配偶的，提交结婚证原件及复印件；

②无偿赠与父母、子女、祖父母、外祖父母、孙子女、外孙子女、兄弟姐妹的，提交户口簿或者出生证明或者人民法院判决书或者人民法院调解书或者其他部门（有资质的机构）出具的能够证明双方亲属关系的证明资料原件及复印件。

3）无偿赠与非亲属抚养或赡养关系人的，应当提交：

人民法院判决书或者人民法院调解书或者乡镇政府或街道办事处出具的抚养（赡养）关系证明或者其他部门（有资质的机构）出具的能够证明双方抚养（赡养）关系的证明资料原件及复印件。

4）继承或接受遗赠的，应当提交：

①房屋产权所有人死亡证明原件及复印件；

②经公证的能够证明有权继承或接受遗赠的证明资料原件及复印件。

7.5.4 婚姻家庭财产纠纷案件审理的司法解释

《最高人民法院关于适用〈中华人民共和国婚姻法〉若干问题的解释（三）》（法释［2011］18号），自2011年8月13日起施行，对婚姻家庭财产纠纷案件的审理作出以下规定。

1）婚姻关系存续期间，夫妻一方请求分割共同财产的，人民法院不予支持，但有下列重大理由且不损害债权人利益的除外：

①一方有隐藏、转移、变卖、毁损、挥霍夫妻共同财产或者伪造夫妻共同债务等严重损害夫妻共同财产利益行为的；

②一方负有法定扶养义务的人患重大疾病需要医治，另一方不同意支付相关医疗费用的。

2）夫妻一方个人财产在婚后产生的收益，除孳息和自然增值外，应认定为夫妻共同财产。

3）婚前或者婚姻关系存续期间，当事人约定将一方所有的房产赠与另一方，赠与方在赠与房产变更登记之前撤销赠与，另一方请求判令继续履行的，人民法院可以按照合同法第一百八十六条的规定处理（第一百八十六条规定，赠与人在赠与财产的权利转移之前可以撤销赠与。具有救灾、扶贫等社会公益、道德义务性质的赠与合同或者经过公证的赠与合同，不适用此规定）。

4）婚后由一方父母出资为子女购买的不动产，产权登记在出资人子女名下的，可按照《婚姻法》第十八条第（三）项的规定，视为只对自己子女一方的赠与，该不动产应认定为夫妻一方的个人财产。由双方父母出资购买的不动产，产权登记在一方子女名下的，该不动产可认定为双方按照各自父母的出资份额按份共有，但当事人另有约定的除外。

5）夫妻一方婚前签订不动产买卖合同，以个人财产支付首付款并在银行贷款，婚后用夫妻共同财产还贷，不动产登记于首付款支付方名下的，离婚时该不动产由双方协议处理。依前款规定不能达成协议的，人民法院可以判决该不动产归产权登记一方，尚未归还的贷款为产权登记一方的个人债务。双方婚后共同还贷支付的款项及其相对应财产增值部分，离婚时应根据婚姻法第三十九条第一款规定的原则（离婚时，夫妻的共同财产由双方协议处理；协议不成时，由人民法院根据财产的具体情况，照顾子女和女方权益的原则判决），由产权登记一方对另一方进行补偿。

6）一方未经另一方同意出售夫妻共同共有的房屋，第三人善意购买、支付合理对价并办理产权登记手续，另一方主张追回该房屋的，人民法院不予支持。夫妻一方擅自处分共同共有的房屋造成另一方损失，离婚时另一方请求赔偿损失的，人民法院应予支持。

7）婚姻关系存续期间，双方用夫妻共同财产出资购买以一方父母名义参加房改的房屋，产权登记在一方父母名下，离婚时另一方主张按照夫妻共同财产对该房屋进行分割的，人民法院不予支持。购买该房屋时的出资，可以作为债权处理。

8）离婚时夫妻一方尚未退休、不符合领取养老保险金条件，另一方请求按照夫妻共同财产分割养老保险金的，人民法院不予支持；婚后以夫妻共同财产缴付养老保险费，离婚时一方主张将养老金账户中婚姻关系存续期间个人实际缴付部分作为夫妻共同财产分割的，人民法院应予支持。

9）当事人达成的以登记离婚或者到人民法院协议离婚为条件的财产分割协议，如果双方协议离婚未成，一方在离婚诉讼中反悔的，人民法院应当认定该财产分割协议没有生效，并根据实际情况依法对夫妻共同财产进行分割。

10）婚姻关系存续期间，夫妻一方作为继承人依法可以继承的遗产，在继承人之间尚未实际分割，起诉离婚时另一方请求分割的，人民法院应当告知当事人在继承人之间实际分割遗产后另行起诉。

11）离婚后，一方以尚有夫妻共同财产未处理为由向人民法院起诉请求分割的，经审查该财产确属离婚时未涉及的夫妻共同财产，人民法院应当依法予以分割。

7.6 商品房买卖合同纠纷案件审理的司法解释

《最高人民法院关于审理商品房买卖合同纠纷案件适用法律若干问题的解释》（法释〔2003〕7号）共28条，已于2003年6月1日起施行。

1）该解释所称的商品房买卖合同，是指房地产开发企业（以下统称为出卖人）将尚未建成或者已竣工的房屋向社会销售并转移房屋所有权于买受人，买受人支付价款的合同。

2）出卖人未取得商品房预售许可证明，与买受人订立的商品房预售合同，应当认定无效，但是在起诉前取得商品房预售许可证明的，可以认定有效。

3）商品房的销售广告和宣传资料为要约邀请，但是出卖人就商品房开发规划范围内的房屋及相关设施所作的说明和允诺具体确定，并对商品房买卖合同的订立以及房屋价格的确定有重大影响的，应当视为要约。该说明和允诺即使未载入商品房买卖合同，亦应当视为合同内容，当事人违反的，应当承担违约责任。

4）出卖人通过认购、订购、预订等方式向买受人收受定金作为订立商品房买卖合同担保的，如果因当事人一方原因未能订立商品房买卖合同，应当按照法律关于定金的规定处理；因不可归责于当事人双方的事由，导致商品房买卖合同未能订立的，出卖人应当将定金返还买受人。

5）商品房的认购、订购、预订等协议具备《商品房销售管理办法》第十六条规定的商品房买卖合同的主要内容，并且出卖人已经按照约定收受购房款的，该协议应当认定为商品房买卖合同。

6）当事人以商品房预售合同未按照法律、行政法规规定办理登记备案手续为由，请求确认合同无效的，不予支持。

当事人约定以办理登记备案手续为商品房预售合同生效条件的，从其约定，但当事人一方已经履行主要义务，对方接受的除外。

7）拆迁人与被拆迁人按照所有权调换形式订立拆迁补偿安置协议，明确约定拆迁人以位置、用途特定的房屋对被拆迁人予以补偿安置，如果拆迁人将该补偿安置房屋另行出卖给第三人，被拆迁人请求优先取得补偿安置房屋的，应予支持。

被拆迁人请求解除拆迁补偿安置协议的，按照司法解释第八条的规定处理。

8）具有下列情形之一，导致商品房买卖合同目的不能实现的，无法取得房屋的买受人可以请求解除合同、返还已付购房款及利息、赔偿损失，并可以请求出卖人承担不超过已付购房款一倍的赔偿责任：

①商品房买卖合同订立后，出卖人未告知买受人又将该房屋抵押给第三人；

②商品房买卖合同订立后，出卖人又将该房屋出卖给第三人。

9）出卖人订立商品房买卖合同时，具有下列情形之一，导致合同无效或者被撤销、解除的，买受人可以请求返还已付购房款及利息、赔偿损失，并可以请求出卖人承担不超过已付购房款一倍的赔偿责任：

①故意隐瞒没有取得商品房预售许可证明的事实或者提供虚假商品房预售许可证明；

②故意隐瞒所售房屋已经抵押的事实；

③故意隐瞒所售房屋已经出卖给第三人或者为拆迁补偿安置房屋的事实。

10）买受人以出卖人与第三人恶意串通，另行订立商品房买卖合同并将房屋交付使用，导致其无法取得房屋为由，请求确认出卖人与第三人订立的商品房买卖合同无效的，应予支持。

11）对房屋的转移占有，视为房屋的交付使用，但当事人另有约定的除外。

房屋毁损、灭失的风险，在交付使用前由出卖人承担，交付使用后由买受人承担；买受人接到出卖人的书面交房通知，无正当理由拒绝接收的，房屋毁损、灭失的风险自书面交房通知确定的交付使用之日起由买受人承担，但法律另有规定或者当事人另有约定的除外。

12）因房屋主体结构质量不合格不能交付使用，或者房屋交付使用后，房屋主体结构质量经核验确属不合格，买受人请求解除合同和赔偿损失的，应予支持。

13）因房屋质量问题严重影响正常居住使用，买受人请求解除合同和赔偿损失的，应予支持。

交付使用的房屋存在质量问题，在保修期内，出卖人应当承担修复责任；出卖人拒绝修复或者在合理期限内拖延修复的，买受人可以自行或者委托他人修复。修复费用及修复期间造成的其他损失由出卖人承担。

14）出卖人交付使用的房屋套内建筑面积或者建筑面积与商品房买卖合同约定面积不符，合同有约定的，按照约定处理；对合同没有约定或者约定不明确的情形，本条司法解释规定的处理原则已在商品房预售一节中说明，这里不作赘述。

15）根据《合同法》第九十四条的规定，出卖人迟延交付房屋或者买受人迟延支付购房款，经催告后在三个月的合理期限内仍未履行，当事人一方请求解除合同的，应予支持，但当事人另有约定的除外。

法律没有规定或者当事人没有约定，经对方当事人催告后，解除权行使的合理期限为三个月。对方当事人没有催告的，解除权应当在解除权发生之日起一年内行使；逾期不行使的，解除权消灭。

16）当事人以约定的违约金过高为由请求减少的，应当以违约金超过造成的损失30%为标准适当减少；当事人以约定的违约金低于造成的损失为由请求增加的，应当以违约造成的损失确定违约金数额。

17）商品房买卖合同没有约定违约金数额或者损失赔偿额计算方法，违约金数额或者损失赔偿额可以参照以下标准确定：

①逾期付款的，按照未付购房款总额，参照中国人民银行规定的金融机构计收逾期贷款利息的标准计算；

②逾期交付使用房屋的，按照逾期交付使用房屋期间有关主管部门公布或者有资格的房地产评估机构评定的同地段同类房屋租金标准确定。

18）由于出卖人的原因，买受人在下列期限届满未能取得房屋权属证书的，除当事人有特殊约定外，出卖人应当承担违约责任：

①商品房买卖合同约定的办理房屋所有权登记的期限；

②商品房买卖合同的标的物为尚未建成房屋的，自房屋交付使用之日起90日；

③商品房买卖合同的标的物为已竣工房屋的，自合同订立之日起90日。

合同没有约定违约金或者损失数额难以确定的，可以按照已付购房款总额，参照中国人民银行规定的金融机构计收逾期贷款利息的标准计算。

19）商品房买卖合同约定或者《城市房地产开发经营管理条例》第三十三条规定的办理房屋所有权登记的期限届满后超过一年，由于出卖人的原因，导致买受人无法办理房屋所有权登记，买受人请求解除合同和赔偿损失的，应予支持。

20）出卖人与包销人订立商品房包销合同，约定出卖人将其开发建设的房屋交由包销人以出卖人的名义销售的，包销期满未销售的房屋，由包销人按照合同约定的包销价格购买，但当事人另有约定的除外。

21）出卖人自行销售已经约定由包销人包销的房屋，包销人请求出卖人赔偿损失的，应予支持，但当事人另有约定的除外。

22）对于买受人因商品房买卖合同与出卖人发生的纠纷，人民法院应当通知包销人参加诉讼；出卖人、包销人和买受人对各自的权利义务有明确约定的，按照约定的内容确定各方的诉讼地位。

23）商品房买卖合同约定，买受人以担保贷款方式付款、因当事人一方原因未能订立商品房担保贷款合同并导致商品房买卖合同不能继续履行的，对方当事人可以请求解除合同和赔偿损失。因不可归责于当事人双方的事由未能订立商品房担保贷款合同并导致商品房买卖合同不能继续履行的，当事人可以请求解除合同，出卖人应当将收受的购房款本金及其利息或者定金返还买受人。

24）因商品房买卖合同被确认无效或者被撤销、解除，致使商品房担保贷款合同的目的无法实现，当事人请求解除商品房担保贷款合同的，应予支持。

25）以担保贷款为付款方式的商品房买卖合同的当事人一方请求确认商品房买卖合同无效或者撤销、解除合同的，如果担保权人作为有独立请求权第三人提出诉讼请求，应当与商品房担保贷款合同纠纷合并审理；未提出诉讼请求的，仅处理商品房买卖合同纠纷。担保权人就商品房担保贷款合同纠纷另行起诉的，可以与商品房买卖合同纠纷合并审理。

商品房买卖合同被确认无效或者被撤销、解除后，商品房担保贷款合同也被解除的，出卖人应当将收受的购房贷款和购房款的本金及利息分别返还担保权人和买受人。

26）买受人未按照商品房担保贷款合同的约定偿还贷款，亦未与担保权人办理商品房抵押登记手续，担保权人起诉买受人，请求处分商品房买卖合同项下买受人合同权利的，应当通知出卖人参加诉讼；担保权人同时起诉出卖人时，如果出卖人为商品房担保贷款合同提供保证的，应当列为共同被告。

27）买受人未按照商品房担保贷款合同的约定偿还贷款，但是已经取得房屋权属证书并与担保权人办理了商品房抵押登记手续，抵押权人请求买受人偿还贷款或者就抵押的房屋优先受偿的，不应当追加出卖人为当事人，但出卖人提供保证的除外。

28）《城市房地产管理法》施行后订立的商品房买卖合同发生的纠纷案件，该解释公布施行后尚在一审、二审阶段的，适用该解释。

《城市房地产管理法》施行后订立的商品房买卖合同发生的纠纷案件，在该解释公布施行前已经终审，当事人申请再审或者按照审判监督程序决定再审的，不适用该解释。

《城市房地产管理法》施行前发生的商品房买卖行为，适用当时的法律、法规和《最高人民法院〈关于审理房地产管理法施行前房地产开发经营案件若干问题的解答〉》。

本章小结与拓展

通过本章学习，掌握房地产交易基本制度、商品房预售制度、商品房买卖合同示范文本、二手房转让规定。重点阅读：《城市房地产管理法》、《物权法》、《城市商品房预售管理办法》、《商品房销售管理办法》、《最高人民法院关于适用〈婚姻法〉若干问题的解释（三）》、《最高人民法院关于审理商品房买卖合同纠纷案件适用法律若干问题的解释》。继续关注住房租售立法进展。《住房租赁和销售管理条例（征求意见稿）》对房地产开发企业销售住房行为加强了监管。如邢台市2017年6月23日举办房地产市场秩序整顿暨房地产开发企业警示约谈大会，来自市区有房地产开发项目的125家房地产开发商向市房管局签订了《守法经营承诺书》，对新增违规销售商品房"零容忍"。

思考题

1. 房地产交易的方式有哪些？
2. 《城市房地产管理法》中的五项基本制度是哪些？其中，房地产交易的基本制度是哪些？
3. 简述房地产转让的概念、分类、条件、程序。
4. 简述房地产转让合同的内容。
5. 简述土地使用权转让的规定。
6. 简述商品房预售的条件。
7. 简述商品房现售的条件。

8．商品房销售中的禁止行为有哪些？

9．商品房买卖合同的内容有哪些？

10．简述商品房买卖合同中的计价方式、面积误差的处理方式。

11．交付使用中的两书制度是什么？

12．已购公有住房和经济适用住房上市出售的条件有哪些？

13．已购经济适用住房上市出售收益应当如何分配？

14．对婚姻家庭财产纠纷案件的审理有何规定？

第 8 章

房地产抵押法规

8.1　房地产抵押概述

8.1.1　房地产抵押的概念

《城市房地产管理法》第四十七条和《城市房地产抵押管理办法》第三条都对房地产抵押作出了定义。房地产抵押，是指抵押人以其合法的房地产以不转移占有的方式向抵押权人提供债务履行担保的行为。债务人不履行债务时，抵押权人有权依法以抵押的房地产拍卖所得的价款优先受偿。

其中，抵押人是指将依法取得的房地产提供给抵押权人，作为本人或者第三人履行债务担保的公民、法人或者其他组织。抵押权人是指接受房地产抵押作为债务人履行债务担保的公民、法人或者其他组织。

两种特殊情况下的房地产抵押。在建工程抵押是指抵押人为取得在建工程继续建造资金的贷款，以其合法方式取得的土地使用权连同在建工程的投入资产，以不转移占有的方式抵押给贷款银行作为偿还贷款履行担保的行为。预购商品房贷款抵押（按揭）是指购房人在支付首期规定的房价款后，由贷款金融机构代其支付其余的购房款，将所购商品房抵押给贷款银行作为偿还贷款履行担保的行为。

8.1.2　房地产抵押的条件

对于房地产抵押的条件，在《物权法》、《城市房地产管理法》和《城市房地产抵押管理办法》中都有规定。

《城市房地产管理法》第四十八条规定："依法取得的房屋所有权连同该房屋占用范围内的土地使用权，可以设定抵押权。以出让方式取得的土地使用权，可以设定抵押权。"

《物权法》第一百八十条规定，债务人或者第三人有权处分可以抵押的财产有：

1）建筑物和其他土地附着物。

2）建设用地使用权。

3）以招标、拍卖、公开协商等方式取得的荒地等土地承包经营权。

4）生产设备、原材料、半成品、产品。

5）正在建造的建筑物、船舶、航空器。

6）交通运输工具。

7）法律、行政法规未禁止抵押的其他财产。

抵押人可以将上述所列财产一并抵押。

《物权法》第一百八十四条规定，不得抵押的财产有：

1）土地所有权。

2）耕地、宅基地、自留地、自留山等集体所有的土地使用权，但法律规定可以抵押的除外。

3）学校、幼儿园、医院等以公益为目的的事业单位、社会团体的教育设施、医疗卫生设施和其他社会公益设施。

4）所有权、使用权不明或者有争议的财产。

5）依法被查封、扣押、监管的财产。

6）法律、行政法规规定不得抵押的其他财产。

《城市房地产抵押管理办法》第八条规定，下列房地产不得设定抵押：

1）权属有争议的房地产。

2）用于教育、医疗、市政等公共福利事业的房地产。

3）列入文物保护的建筑物和有重要纪念意义的其他建筑物。

4）已依法公告列入拆迁范围的房地产。

5）被依法查封、扣押、监管或者以其他形式限制的房地产。

6）依法不得抵押的其他房地产。

8.1.3 房地产抵押合同

根据《担保法》的规定，房地产抵押合同是债权债务合同的从合同。债权债务的主合同无效，抵押这一从合同自然也就无效。房地产抵押是一种标的物价值很大的担保行为，《城市房地产抵押管理办法》第二十五条规定："房地产抵押，抵押当事人应当签订书面抵押合同。"

根据《城市房地产抵押管理办法》第二十六条规定，房地产抵押合同应当载明下列主要内容：

1）抵押人、抵押权人的名称或者个人姓名、住所。

2）主债权的种类、数额。

3）抵押房地产的处所、名称、状况、建筑面积、用地面积以及四至等。

4）抵押房地产的价值。

5）抵押房地产的占用管理人、占用管理方式、占用管理责任以及意外损毁、灭失的责任。

6）债务人履行债务的期限。

7）抵押权灭失的条件。

8）违约责任。

9）争议解决方式。

10）抵押合同订立的时间与地点。

11）双方约定的其他事项。

如抵押物须保险，应在合同中约定抵押权人作为保险赔偿金的优先受偿人。

有经营期限的企业以其所有的房地产抵押的，所担保债务的履行期限不应当超过该企业的经营期限。以具有土地使用年限的房地产抵押的，所担保债务的履行期限不得超过土地使用权出让合同规定的使用年限减去已经使用年限后的剩余年限。

房地产抵押应当办理抵押登记。抵押权自登记时设立。

8.2 房地产抵押规定

8.2.1 房地产抵押的一般规定

1）以建筑物抵押的，该建筑物占用范围内的建设用地使用权一并抵押。以建设用地使用权抵押的，该土地上的建筑物一并抵押。抵押人未依照上述规定一并抵押的，未抵押的财产视为一并抵押。

2）乡镇、村企业的建设用地使用权不得单独抵押。以乡镇、村企业的厂房等建筑物抵押的，其占用范围内的建设用地使用权一并抵押。

3）房地产抵押，抵押人可以将几宗房地产一并抵押，也可以将一宗房地产分割抵押。以两宗以上房地产设定同一抵押权的，视为同一抵押物，在抵押关系存续期间，其承担的共同担保义务不可分割，但抵押当事人另有约定的，从其约定。

4）以享受国家优惠政策购买的房地产抵押的，其抵押额以房地产权利人可以处分和收益的份额为限。

5）国有企业、事业单位法人以国家授予其经营管理的房地产抵押的，应当符合国有资产管理的有关规定。

6）以集体所有制企业的房地产抵押的，必须经集体所有制企业职工（代表）大会通过，并报其上级主管机关备案。

7）以中外合资企业、合作经营企业和外商独资企业的房地产抵押的，必须经董事会通过，但企业章程另有约定的除外。

8）以股份有限公司，有限责任公司的房地产抵押的，必须经董事会或者股东大会通过，但企业章程另有约定的除外。

9）以共有的房地产抵押的，抵押人应当事先征得其他共有人的书面同意。

10）预购商品房贷款抵押的，商品房开发项目必须符合房地产转让条件并取得商品房预售许可证。

11）企、事业单位法人分立或合并后，原抵押合同继续有效。其权利与义务由拥有抵押物的企业享有和承担。

12）抵押人死亡、依法被宣告死亡或者被宣告失踪时，其房地产合法继承人或者代管人应当继续履行原抵押合同。

13）订立抵押合同时，不得在合同中约定在债务履行期届满抵押权人尚未受清偿时，抵押物的所有权转移为抵押权人所有的内容。

14）抵押当事人约定对抵押房地产保险的，由抵押人为抵押的房地产投保，保险费由抵押人负担，抵押房地产投保的，抵押人应当将保险单移送抵押权人保管。在抵押期间，抵押权人为保险赔偿的第一受益人。

15）学校、幼儿园、医院等以公益为目的的事业单位、社会团体，可以其教育设施、医疗卫生设施和其他社会公益设施以外的房地产为自身债务设定抵押。

16）订立抵押合同前抵押房地产已出租的，原租赁关系不受该抵押权的影响。抵押权设立后抵押房屋出租的，该租赁关系不得对抗已登记的抵押权。抵押权实现后，租赁合同对受让人不具有约束力。抵押人将已抵押的房屋出租时，如果抵押人未书面告知承租人该房屋已抵押的，抵押人对出租抵押物造成承租人的损失承担赔偿责任；如果抵押人已书面告知承租人该房屋已抵押的，抵押权实现造成承租人的损失，由承租人自己承担。

17）抵押期间，抵押人经抵押权人同意转让抵押财产的，应当将转让所得的价款向抵押权人提前清偿债务或者提存。转让的价款超过债权数额部分归抵押人所有，不足部分由债务人清偿。抵押期间，抵押人未经抵押权人同意，不得转让抵押财产，但受让人代为清偿债务消灭抵押权的除外。

8.2.2　房地产最高额抵押

为担保债务的履行，债务人或者第三人对一定期间内将要连续发生的债权提供担保财产的，债务人不履行到期债务或者发生当事人约定的实现抵押权的情形，抵押权人有权在最高债权额限度内就该担保财产优先受偿。最高额抵押是限额抵押，是为将来发生的债权提供担保，是对一定期间内连续发生的债权做担保。最高额抵押所担保的最高债权额是确定的，但实际发生额不确定。设定最高额抵押权时，债权尚未发生，为担保将来债权的履行，抵押人和抵押权人协议确定担保的最高数额，在此额度内对债权担保。

《物权法》规定，最高额抵押权设立前已经存在的债权，经当事人同意，可以转入最高额抵押担保的债权范围。最高额抵押担保的债权确定前，部分债权转让的，最高额抵押权不得转让，但当事人另有约定的除外。最高额抵押担保的债权确定前，抵押权人与抵押人可以通过协议变更债权确定的期间、债权范围以及最高债权额，但变更的内容不得对其他抵押权人产生不利影响。

有下列情形之一的，抵押权人的债权确定：①约定的债权确定期间届满；②没有约定债权确定期间或者约定不明确，抵押权人或者抵押人自最高额抵押权设立之日起满二年后请求确定债权；③新的债权不可能发生；④抵押财产被查封、扣押；⑤债务人、抵押人被宣告破产或者被撤销；⑥法律规定债权确定的其他情形。

8.2.3　房地产抵押的效力

抵押人未经抵押权人同意，不得转让抵押财产，但受让人代为清偿债务消灭抵押权的除外。抵押权不得与债权分离而单独转让或者作为其他债权的担保。债权转让的，担保该债权的抵押权一并转让，但法律另有规定或者当事人另有约定的除外。

抵押人的行为足以使抵押财产价值减少的，抵押权人有权要求抵押人停止其行为。抵押财产价值减少的，抵押权人有权要求恢复抵押财产的价值，或者提供与减少的价值相应的担保。抵押人不恢复抵押财产的价值也不提供担保的，抵押权人有权要求债务人提前清偿债务。

抵押权人可以放弃抵押权或者抵押权的顺位。抵押权人与抵押人可以协议变更抵押权顺位以及被担保的债权数额等内容，但抵押权的变更，未经其他抵押权人书面同意，不得对其他抵押权人产生不利影响。

债务人以自己的财产设定抵押，抵押权人放弃该抵押权、抵押权顺位或者变更抵押权的，其他担保人在抵押权人丧失优先受偿权益的范围内免除担保责任，但其他担保人承诺仍然提供担保的除外。

8.2.4　房地产抵押权的实现

债务人不履行到期债务或者发生当事人约定的实现抵押权的情形，抵押权人可以与抵押人协议以抵押财产折价或者以拍卖、变卖该抵押财产所得的价款优先受偿。协议损害其他债权人利益的，其他债权人可以在知道或者应当知道撤销事由之日起一年内请求人民法院撤销该协议。抵押权人与抵押人未就抵押权实现方式达成协议的，抵押权人可以请求人民法院拍卖、变卖抵押财产。抵押财产折价或者变卖的，应当参照市场价格。债务人不履行到期债务或者发生当事人约定的实现抵押权的情形，致使抵押财产被人民法院依法扣押的，自扣押之日起抵押权人有权收取该抵押财产的天然孳息或者法定孳息，但抵押权人未通知应当清偿法定孳息的义务人的除外。抵押财产折价或者拍卖、变卖后，其价款超过债权数额的部分归抵押人所有，不足部分由债务人清偿。

同一财产向两个以上债权人抵押的，拍卖、变卖抵押财产所得的价款依照下列规定清偿：

1）抵押权已登记的，按照登记的先后顺序清偿；顺序相同的，按照债权比例清偿。

2）抵押权已登记的先于未登记的受偿。

3）抵押权未登记的，按照债权比例清偿。

建设用地使用权抵押后，该土地上新增的建筑物不属于抵押财产。该建设用地使用权实现抵押权时，应当将该土地上新增的建筑物与建设用地使用权一并处分，但新增建筑物所得的价款，抵押权人无权优先受偿。抵押权人应当在主债权诉讼时效期间行使抵押权；未行使的，人民法院不予保护。

8.3　房地产抵押估价

8.3.1　房地产抵押估价管理

为了加强房地产抵押估价管理，防范房地产信贷风险，维护房地产抵押当事人的合法权益，根据有关法律法规，建设部、中国人民银行、中国银行业监督管理委员会联合发布了《关于规范与银行信贷业务相关的房地产抵押估价管理有关问题的通知》(建住房〔2006〕8号)(以下简称《通知》)。通知从业务委托、房地产估价机构选聘、金融机构对房地产抵押贷款额的内部审核以及加强监管等多方面,加强了对抵押贷款估价的规范要求,强调和细化了对房地产估价机构和金融机构的独立性要求。要求进一步完善了房地产估价技术标准体系,提高了行业自律组织加强自律管理的能力,有效发挥房地产估价在防范金融风险中的作用,进一步理顺了银行等金融机构、借款人与房地产估价机构间的关系,并将促进房地产信贷体系的建设与发展。

1. 房地产抵押价值与房地产市场价值

房地产管理部门要建立和完善房地产估价机构、注册房地产估价师信用档案,完善商品房预售合同登记备案、房屋权属登记等信息系统,为公众提供便捷的查询服务。商业银行在发放房地产抵押贷款前,应当确定房地产抵押价值。房地产抵押价值由抵押当事人协商议定,或者由房地产估价机构进行评估。房地产抵押价值由抵押当事人协商议定的,应当向房地产管理部门提供确定房地产抵押价值的书面协议;由房地产估价机构评估的,应当向房地产管理部门提供房地产抵押估价报告。

2. 房地产抵押估价的选用

房地产管理部门不得要求抵押当事人委托评估房地产抵押价值,不得指定房地产估价机构评估房地产抵押价值。房地产抵押估价原则上由商业银行委托,但商业银行与借款人另有约定的,从其约定。估价费用由委托人承担。房地产估价机构的选用,由商业银行内信贷决策以外的部门,按照公正、公开、透明的原则,择优决定。商业银行内部对房地产抵押价值进行审核的人员,应当具备房地产估价专业知识和技能,不得参与信贷决策。房地产估价机构的选用办法由商业银行制定。

商业银行应当加强对已抵押房地产市场价格变化的监测,及时掌握抵押价值变化情况。可以委托房地产估价机构定期或者在市场价格变化较快时,评估房地产抵押价值。处置抵押房地产前,应当委托房地产估价机构进行评估,了解房地产的市场价值。

3. 房地产抵押估价的原则

房地产抵押估价活动不仅应该遵守独立、客观、公正、合法的原则,还应该遵守谨慎的原则,要充分估计抵押房地产在处置时可能受到的限制、未来可能发生的风险和损失,不高估市场价值,不低估知悉的法定优先受偿款。

房地产估价机构应当坚持独立、客观、公正的原则,严格执行房地产估价规范和标准,不得以迎合高估或者低估要求、给予"回扣"、恶意压低收费等不正当方式承揽房地产抵押估价业务。任何单位和个人不得非法干预房地产抵押估价活动和估价结果。

4. 房地产抵押估价的监管

房地产管理部门要定期对房地产估价报告进行抽检,对有高估或低估等禁止行为的房地产估价机构和注册房地产估价师，要依法严肃查处，并记入其信用档案，向社会公示。

房地产抵押价值评估应当按照《房地产抵押估价指导意见》（以下简称《意见》）的要求进行。违反通知规定的，由相关部门按照有关规定进行查处，并依法追究有关责任人的责任。

8.3.2　房地产抵押估价指导意见

为了规范房地产抵押估价行为，保证房地产抵押估价质量，维护房地产抵押当事人的合法权益，防范房地产信贷风险，根据《城市房地产管理法》、《担保法》以及《房地产估价规范》、《商业银行房地产贷款风险管理指引》，由中国房地产估价师与房地产经纪人学会制定《房地产抵押估价指导意见》，规范各类房地产抵押估价活动，自2006年3月1日起施行。

1．房地产抵押估价的含义

房地产抵押估价，是指为确定房地产抵押贷款额度提供价值参考依据，对房地产抵押价值进行分析、估算和判定的活动。房地产抵押价值为抵押房地产在估价时点的市场价值，等于假定未设立法定优先受偿权利下的市场价值减去房地产估价师知悉的法定优先受偿款。抵押房地产，包括拟抵押房地产和已抵押房地产。法定优先受偿款是指假定在估价时点实现抵押权时，法律规定优先于本次抵押贷款受偿的款额，包括发包人拖欠承包人的建筑工程价款，已抵押担保的债权数额，以及其他法定优先受偿款。

2．房地产抵押估价要点

（1）估价原则

房地产抵押估价应当遵守独立、客观、公正、合法、谨慎的原则。房地产估价机构、房地产估价人员与房地产抵押当事人有利害关系或者是房地产抵押当事人的，应当回避。从事房地产抵押估价的房地产估价师，应当具备相关金融专业知识和相应的房地产市场分析能力。

委托人应当向房地产估价机构如实提供房地产抵押估价所必需的情况和资料，并对所提供情况和资料的真实性、合法性和完整性负责。房地产估价师应当勤勉尽责，了解抵押房地产的法定优先受偿权利等情况；必要时，应当对委托人提供的有关情况和资料进行核查。

（2）估价目的

房地产抵押估价目的，应当表述为"为确定房地产抵押贷款额度提供参考依据而评估房地产抵押价值"。

（3）估价时点

房地产抵押估价时点，原则上为完成估价对象实地查勘之日，但估价委托合同另有约定的除外。估价时点不是完成实地查勘之日的，应当在"估价的假设和限制条件"中假定估价对象在估价时点的状况与在完成实地查勘之日的状况一致，并在估价报告中提醒估价报告使用者注意。

（4）估价对象

法律、法规规定不得抵押的房地产，不应作为抵押估价对象。房地产抵押估价报告应当全面、详细地界定估价对象的范围和在估价时点的法定用途、实际用途以及区位、实物、权益状况。房地产估价师了解估价对象在估价时点是否存在法定优先受偿权利等情况的，房地产抵押相关当事人应当协助。法定优先受偿权利等情况的书面查询资料和调查记录，应当作为估价报告的附件。房地产估价师应当对估价对象进行实地查勘，将估价对象现状与相关权属证明材料上记载的内容逐一进行对照，全面、细致地了解估价对象，做好实地查勘记录，拍摄能够反映估价对象外观、内部状况和周围环境、景观的照片。内外部状况照片应当作为估价报告的附件。由于各种原因不能拍摄内外部状况照片的，应当在估价报告中予以披露。实地查勘记录应当作为估价档案资料妥善保管。

（5）估价方法

在存在不确定因素的情况下，房地产估价师作出估价相关判断时，应当保持必要的谨慎，充分估计抵押房地产在处置时可能受到的限制、未来可能发生的风险和损失，不高估市场价值，不低估知悉的法定优先受偿款，并在估价报告中作出必要的风险提示。在运用市场比较法估价时，不应选取成交价格明显高于市场价格的交易实例作为可比实例，并应当对可比实例进行必要的实地查勘。在运用成本法估价时，不应高估土地取得成本、开发成本、有关费税和利润，不应低估折旧。在运用收益法估价时，不应高估收入或者低估运营费用，选取的报酬率或者资本化率不应偏低。在运用假设开发法估价时，不应高估未来开发完成后的价值，不应低估开发成本、有关费税和利润。房地产估价行业组织已公布报酬率、资本化率、利润率等估价参数值的，应当优先选用；不选用的，应当在估价报告中说明理由。

（6）假设和限制条件

估价对象的土地使用权是以划拨方式取得的，应当选择下列方式之一评估其抵押价值：

1）直接评估在划拨土地使用权下的市场价值。

2）评估假设在出让土地使用权下的市场价值，然后扣除划拨土地使用权应缴纳的土地使用权出让金或者相当于土地使用权出让金的价款。选择上述方式评估抵押价值，均应当在估价报告中注明划拨土地使用权应缴纳的土地使用权出让金或者相当于土地使用权出让金价款的数额。该数额按照当地政府规定的标准测算；当地政府没有规定的，参照类似房地产已缴纳的标准估算。评估在建工程的抵押价值时，在建工程发包人与承包人应当出具在估价时点是否存在拖欠建筑工程价款的书面说明；存在拖欠建筑工程价款的，应当以书面形式提供拖欠的数额。房地产估价师知悉估价对象已设定抵押权的，应当在估价报告中披露已抵押及其担保的债权情况。

房地产估价师不得滥用假设和限制条件，应当针对房地产抵押估价业务的具体情况，在估价报告中合理且有依据地明确相关假设和限制条件。已作为假设和限制条件，对估价结果有重大影响的因素，应当在估价报告中予以披露，并说明其对估价结果可能产生的影响。

3．房地产抵押估价报告

（1）估价报告要点

房地产抵押估价报告应当包含估价的依据、原则、方法、相关数据来源与确定、相关参数选取与运用、主要计算过程等必要信息，使委托人和估价报告使用者了解估价对象的范围，合理理解估价结果。房地产抵押估价报告应当确定估价对象的抵押价值，并分别说明假定未设立法定优先受偿权利下的市场价值，以及房地产估价师知悉的各项法定优先受偿款。房地产抵押估价报告应当向估价报告使用者作如下提示：

1）估价对象状况和房地产市场状况因时间变化对房地产抵押价值可能产生的影响。

2）在抵押期间可能产生的房地产信贷风险关注点。

3）合理使用评估价值。

4）定期或者在房地产市场价格变化较快时对房地产抵押价值进行再评估。房地产抵押估价应当关注房地产抵押价值未来下跌的风险，对预期可能导致房地产抵押价值下跌的因素予以分析和说明。

（2）报告有效期

估价报告应用有效期从估价报告出具之日起计，不得超过一年；房地产估价师预计估价对象的市场价格将有较大变化的，应当缩短估价报告应用有效期。超过估价报告应用有效期使用估价报告的，相关责任由使用者承担。在估价报告应用有效期内使用估价报告的，相关责任由出具估价报告的估价机构承担，但使用者不当使用的除外。房地产抵押估价报告的名称，应当为"房地产抵押估价报告"，由房地产估价机构出具，加盖房地产估价机构公章，并有至少两名专职注册房地产估价师签字。在评估续贷房地产的抵押价值时，应当对房地产市场已经发生的变化予以充分考虑和说明。

（3）变现能力分析

房地产抵押估价报告应当包括估价对象的变现能力分析。变现能力是指假定在估价时点实现抵押权时，在没有过多损失的条件下，将抵押房地产转换为现金的可能性。变现能力分析应当包括抵押房地产的通用性、独立使用性或者可分割转让性，假定在估价时点拍卖或者变卖时最可能实现的价格与评估的市场价值的差异程度，变现的时间长短以及费用、税金的种类、数额和清偿顺序。在处置房地产时，应当评估房地产的公开市场价值，同时给出快速变现价值意见及其理由。

4．《通知》及《意见》实施的意义

《通知》及《意见》的实施，对房地产估价机构来说，提高了在房地产信贷风险控制中的作用与地位，但也增加了估价师执业难度，对估价师及估价机构对业务风险的判断及规避能力都提出了新的要求：

1）对法定优先受偿款的理解。《意见》规定：法定优先受偿款包括发包人拖欠承包人的建筑工程价款、已抵押担保的债权数额，以及其他法定优先受偿款。究竟"其他法定优先受偿款"包括什么内容？土地使用权出让金及假设房地产在估价时点变现需向有关部门缴纳的税费是否包括在内？如果在建工程存在应缴而未缴的各种政府行政事业性及资源性收费等，在处置抵押在建工程时，应当按照规定予以补缴，那么这部分应补缴费用也包括在内吗？《意见》规定，"房地产估价师应当勤勉尽责，了解抵押房地产的法定优先受偿权利等情况；必要时，应当对委托人提供的有关情况和资料进行核查"。但是，基于目前估价行业的现实，这种了解与核实的准确性、可靠性究竟如何，很难把握。例如：

①发包人拖欠工程款的数额，应由发包人与承包人同时以书面形式提供，当双方意见一致同意提供时，此依据的取得没有问题，但需要采取什么样的核查程序来验证此数据的真实性呢？若双方未能达成一致时，估价师当如何处理，是否需要进行工程专项审计等工作？

②已抵押担保的数额，若委托人提供的产权证上没有标注，是否还需要估价师自行向房管部门查询？在本地尚可，如果估价对象地处外地，那估价师的尽职调查工作将有更大难度。

③若土地出让金、交易税费、应补缴政府费用等也在法定优先受偿权范畴之内，则估价师的尽职调查工作深度、广度、难度都将更大，而且调查所得数据不一定准确，将影响估价结论的准确性。

2）对可比实例进行实地查勘的困难。就目前情况而言，估价所采用的可比实例的来源大多为估价人员自物业中介等处自行调查而来或是由房地产管理部门公布的市场交易案例，《意见》要求对可比实例"进行必要的实地查勘"，到底必要到什么程度？要进入可比实例房屋内部几乎不可能，甚至其所在小区如果实行封闭式管理，也很难进入，那么最多只能了解到物业所处地理位置，对其内部状况、景观等不得而知。

3）《意见》中规定："房地产估价行业组织已公布报酬率、资本化率、利润率等估价参数值的，应当优先选用，不选用的，应当在估价报告中说明理由。"就目前情况，这些参数还没有公布，大多是由估价师根据执业经验自行制定，也给人为调节评估值带来了操作空间，从促进抵押估价业务的健康发展方向来说，有关行业组织应该尽快将其公布。

4）《意见》中规定："房地产抵押估价报告应当包括估价对象的变现能力分析"。这种分析应该是定性的还是定量的？如果是定量的分析，则数据的不确定性、费用项目的不完整性都是需解决的问题。因为涉及抵押权实现而需对抵押物进行变现的情况，几乎都需要经过司法途径，而诉讼费用主要包括案件受理费和申请执行费，以及执行中的实际支出费用，包括人民法院执行人员异地执行本案时按照国家有关规定标准支出的差旅费用，由人民法院或人民法院委托其他单位或个人进行的与本案有关的勘验、鉴定、评估、拍卖、仓储、保管、运输等实际支出费用。另外，诉讼费用还包括抵押权人支出的律师费用等。这些费用和其他变现时应交缴的各种税费等是估价人员难以估算清楚的。

5）作为规范房地产抵押估价的技术标准，《意见》也规定了"在处置房地产时，应当评估房地产的公开市场价值，同时给出快速变现价值意见及其理由。"这时的评估结论，亦即估价师应对其承担估价责任的，是公开市场价值还是变现价值？而且处置房地产时的评估，应该将评估目的改为"处置变现"或"强制拍卖"，报告名称也不应再叫"房地产抵押估价报告"。

6）房地产估价不再作为其抵押过程中的必备要件，而且委托方由银行承担，对估价师及估价机构提出了更高的质量要求，对市场把握不准确，估价质量不理想，均可能导致其业务的萎缩，而且也会给自身带来较大的执业风险。《意见》规定"在估价报告应用有效期内使用估价报告的，相关责任由出具估价报告的估价机构承担，但使用者不当使用的除外"。

《通知》及《意见》的实施，对金融机构来说，也为其防范房地产信贷风险提供了支持，与以往的操作方式相比，提出了新的方向：

1）金融机构在发放房地产抵押贷款前，应当确定房地产抵押价值，但抵押价值的确定可以由抵押当事人协商议定，不一定非得进行评估，这样的规定明确了金融机构如果有能力把握抵押物市场价值，且对借款人的资信有信心，就可省去评估的时间和费用，为赢得市场竞争加分。金融机构还可以委托估价机构定期或者在市场价格变化较快时，评估房地产抵押价值。这样就加强了金融机构在日常管理中控制贷款风险的能力。

2）《通知》明确了金融机构原则上应是房地产抵押估价的委托方，自行决定选用合适的房地产估价机构，并支付评估费用。这就理顺了银行、估价机构、借款人（抵押人）间的关系，明确了估价机构是为银行提供服务，为银行的信贷决策提供专业帮助并承担责任的机构，避免了由借款人（抵押人）授意高估抵押物而导致的信贷风险。同时，银行应尽委托方的责任为估价师提供估价所需的文件资料及协助估价师对估价对象情况进行调查了解，与目前相比，银行在这方面的工作量及责任也增加了。

3）由于《意见》明确了估价报告必须提供估价对象（抵押物）的抵押价值和变现能力分析，采用哪个价值作为信贷决策的基础，将影响银行制定的贷款"折扣率"。目前，银行通常以抵押物的评估价值为基础，以60%～70%的折扣率发放贷款，之所以会有这样的折扣，正是因为风险控制的需要，将抵押物需要变现时产生的价格减损、应上缴税费等考虑在内。但是《意见》实施后，抵押物的"抵押价值"中已扣除了房地产估价师知悉的法定优先受偿款，如果按上文所述，假定抵押物在估价时点转让应缴纳的各种税费也包括在优先受偿款中，那么这部分费用在估价结论中就已扣除了，银行在制定贷款折扣率时不需再重复考虑；如果以估价报告对估价对象的变现能力分析为折扣率制定基础，那么抵押物变现时产生的价格减损也已经包括在估价结论以内了。所以，无论以哪个价值为信贷决策的基础，银行目前的贷款"折扣率"都应进行适当调整。

8.4　个人住房贷款管理

为支持城镇居民购买自用普通住房，规范个人住房贷款管理，维护借贷双方的合法权益，中国人民银行1998年5月9日发布《个人住房贷款管理办法》（银发〔1998〕190号）。之后，各大商业银行相继出台个人住房贷款管理办法。这里仅介绍中国人民银行1998年发布的《个人住房贷款管理办法》的相关内容。

8.4.1　个人住房贷款的对象和条件

个人住房贷款（以下简称贷款）是指贷款人向借款人发放的用于购买自用普通住房的贷款。贷款人发放个人住房贷款时，借款人必须提供担保，借款人到期不能偿还贷款本息的，贷款人有权依法处理其抵押物或质物，或由保证人承担偿还本息的连带责任。

1．贷款对象

贷款对象应是具有完全民事行为能力的自然人。个人住房贷款不得用于购买豪华住房。

借款人须同时具备以下条件：

1）具有城镇常住户口或有效居留身份。

2）有稳定的职业和收入，信用良好，有偿还贷款本息的能力。

3）具有购买住房的合同或协议。

4）无住房补贴的以不低于所购住房全部价款的30%作为购房的首期付款；有住房补贴的以个人承担部分的30%作为购房的首期付款。

5）有贷款人认可的资产作为抵押或质押，或有足够代偿能力的单位或个人作为保证人。

6）贷款人规定的其他条件。

2．借款人应向贷款人提供的资料

借款人应向贷款人提供下列资料：

1）身份证件（指居民身份证、户口簿和其他有效居留证件）。

2）有关借款人家庭稳定的经济收入的证明。

3）符合规定的购买住房合同意向书、协议或其他批准文件。

4）抵押物或质物清单、权属证明以及有处分权人同意抵押或质押的证明；有权部门出具的抵押物估价证明；保证人同意提供担保的书面文件和保证人资信证明。

5）申请住房公积金贷款的，需持有住房公积金管理部门出具的证明。

6）贷款人要求提供的其他文件或资料。

借款人应直接向贷款人提出借款申请，贷款人自收到贷款申请及符合要求的资料之日起，应在三周内向借款人正式答复。贷款人审查同意后，按照《贷款通则》的有关规定，向借款人发放住房贷款。

贷款人发放贷款的数额，不得大于房地产评估机构评估的拟购买住房的价值。

申请使用住房公积金贷款购买住房的，在借款申请批准后，按借款合同约定的时间，由贷款人以转账方式将资金划转到售房单位在银行开立的账户。住房公积金贷款额度最高不得超过借款家庭成员退休年龄内所交纳住房公积金数额的2倍。

8.4.2 贷款期限、利率和首付比例

贷款人应根据实际情况合理确定贷款期限，但最长不得超过20年。

借款人应与贷款银行制定还本付息计划，贷款期限在1年以内（含1年）的，实行到期一次还本付息，利随本清；贷款期限在1年以上的按月归还贷款本息。

用信贷资金发放的个人住房贷款利率按法定贷款利率（不含浮动）减档执行。即贷款期限为1年期以下（含1年）的，执行半年以下（含半年）法定贷款利率；期限为1年至3年（含3年）的，执行6个月至1年期（含1年）法定贷款利率；期限为3年至5年（含5年）的，执行1年至3年期（含3年）法定贷款利率；期限为5年至10年（含10年）的，执行3年至5年（含5年）法定贷款利率；期限为10年以上的，在3年至5年（含5年）法定贷款利率基础上适当上浮，上浮幅度最高不得超过5%。

用住房公积金发放的个人住房贷款利率在3个月整存整取存款利率基础上加点执行。贷款期限为1年至3年（含3年）的，加1.8个百分点；期限为3年至5年（含5年）的，加2.16个百分点；期限为5年至10年（含10年）的，加2.34个百分点；期限为10年至15年（含15年）的，加2.88个百分点；期限为15年至20年（含20年）的，加3.42个百分点。

个人住房贷款期限在1年以内（含1年）的，实行合同利率，遇法定利率调整，不分段计息；贷款期限在1年以上的，遇法定利率调整，于下年初开始，按相应利率档次执行新的利率规定。

2016年2月2日，中国人民银行、中国银行业监督管理委员会发布《关于调整个人住房贷款政策有关问题的通知》，在不实施"限购"措施的城市，居民家庭首次购买普通住房的商业性个人住房贷款，原则上最低首付款比例为25%，各地可向下浮动5个百分点；对拥有1套住房且相应购房贷款未结清的居民家庭，为改善居住条件再次申请商业性个人住房贷款购买普通住房，最低首付款比例调整为不低于30%。在此基础上，人民银行、银监会各派出机构应按照"分类指导、因

地施策"的原则，加强与地方政府的沟通，结合当地不同城市实际情况自主确定辖区内商业性个人住房贷款的最低首付款比例。银行业金融机构应结合各省级市场利率定价自律机制确定的最低首付款比例要求以及本机构商业性个人住房贷款投放政策、风险防控等因素，并根据借款人的信用状况、还款能力等合理确定具体首付款比例和利率水平。对于实施"限购"措施的城市，个人住房贷款政策按原规定执行，即购买首套自住房且套型建筑面积在90平方米以上的家庭（包括借款人、配偶及未成年子女，下同），贷款首付款比例不得低于30%；对贷款购买第二套住房的家庭，贷款首付款比例不得低于50%。

8.4.3　个人住房贷款抵押

不得抵押的财产不得用于贷款抵押。借款人以所购自用住房作为贷款抵押物的，必须将住房价值全额用于贷款抵押。以房地产作抵押的，抵押人和抵押权人应当签订书面抵押合同，并于放款前向县级以上地方人民政府规定的部门办理抵押登记手续，并于放款前向县级以上地方人民政府规定的部门办理抵押登记手续。抵押合同的有关内容按照《中华人民共和国担保法》第三十九条规定确定。借款人对抵押的财产在抵押期内必须妥善保管，负有维修、保养、保证完好无损的责任，并随时接受贷款人的监督检查。对设定的抵押物，在抵押期届满之前，贷款人不得擅自处分。抵押期间，未经贷款人同意，抵押人不得将抵押物再次抵押或出租、转让、变卖、馈赠。抵押合同自抵押物登记之日起生效，至借款人还清全部贷款本息时终止。抵押合同终止后，当事人应按合同的约定，解除设定的抵押权。以房地产作为抵押物的，解除抵押权时，应到原登记部门办理抵押注销登记手续。

采取质押方式的，出质人和质权人必须签订书面质押合同，《担保法》规定需要办理登记的，应当办理登记手续。质押合同的有关内容，按照《担保法》第六十五条的规定执行。生效日期按第七十六条至第七十九条的规定执行。质押合同至借款人还清全部贷款本息时终止。对设定的质物，在质押期届满之前，贷款人不得擅自处分。质押期间，质物如有损坏、遗失，贷款人应承担责任并负责赔偿。

借款人不能足额提供抵押（质押）时，应有贷款人认可的第三方提供承担连带责任的保证。保证人是法人，必须具有代为偿还全部贷款本息的能力，且在银行开立有存款账户。保证人为自然人的，必须有固定经济来源，具有足够代偿能力，并且在贷款银行存有一定数额的保证金。保证人与债权人应当以书面形式订立保证合同。保证人发生变更的，必须按照规定办理变更担保手续，未经贷款人认可，原保证合同不得撤销。

以房产作为抵押的，借款人需在合同签订前办理房屋保险或委托贷款人代办有关保险手续。抵押期内，保险单由贷款人保管。抵押期内，借款人不得以任何理由中断或撤销保险；在保险期内，如发生保险责任范围以外的因借款人过错毁损，由借款人负全部责任。

8.4.4　借款合同的变更和终止

借款合同需要变更的，必须经借贷双方协商同意，并依法签订变更协议。借款人死亡、宣告失踪或丧失民事行为能力，其财产合法继承人继续履行借款人所签订的借款合同。保证人失去担保资格和能力，或发生合并、分立或破产时，借款人应变更保证人并重新办理担保手续。抵押人或出质人按合同规定偿还全部贷款本息后，抵押物或质物返还抵押人或出质人，借款合同终止。

8.4.5　抵押物或质物的处分

借款人在还款期限内死亡、失踪或丧失民事行为能力后无继承人或受遗赠人，或其法定继承人、受遗赠人拒绝履行借款合同的，贷款人有权依照《担保法》的规定处分抵押物或质物。处分抵押物或质物，其价款不足以偿还贷款本息的，贷款人有权向债务人追偿；其价款超过应偿还部分，贷款人应退还抵押人或出质人。

8.4.6　违约责任

借款人有下列情形之一的，贷款人按中国人民银行《贷款通则》的有关规定，对借款人追究违约责任：

1）借款人不按期归还贷款本息的。

2）借款人提供虚假文件或资料，已经或可能造成贷款损失的。

3）未经贷款人同意，借款人将设定抵押权或质押权财产或权益拆迁、出售、转让、赠与或重复抵押的。

4）借款人擅自改变贷款用途，挪用贷款的。

5）借款人拒绝或阻挠贷款人对贷款使用情况进行监督检查的。

6）借款人与其他法人或经济组织签订有损贷款人权益的合同或协议的。

7）保证人违反保证合同或丧失承担连带责任能力，抵押物因意外损毁不足以清偿贷款本息，质物明显减少影响贷款人实现质权，而借款人未按要求落实新保证或新抵押（质押）的。

8.5　住房置业担保

8.5.1　住房置业担保的含义

住房置业担保是在个人住房贷款业务发展到一定阶段，应市场需要而产生的一种新的房地产服务行业。1997年为配合住房二级市场的开放，上海市出现了住房置业担保公司为购房贷款提供担保服务，从而开创了我国住房贷款担保的先河。为规范住房贷款担保市场，推动住房置业担保工作健康发展，2000年5月，建设部、中国人民银行联合印发了《住房置业担保管理试行办法》，对住房置业担保性质、担保公司、担保的设立、担保的解除及风险防范都作了较为明确的规定。2003年8月，《国务院关于促进房地产市场持续健康发展的通知》要求，要完善个人住房贷款担保机制，加强对住房置业担保机构的监管，规范担保行为，建立健全风险准备金制度，鼓励其为中低收入家庭住房贷款提供担保。为规范房地产企业的会计核算，真实、完整地提供会计信息，根据《中华人民共和国会计法》、《企业财务会计报告条例》、《金融企业会计制度》及国家其他有关法律、法规，2005年，财政部印发了《担保企业会计核算办法》（财会〔2005〕17号）。该办法统一规定了会计科目编号，便于编制会计凭证；强调企业应当按照《企业财务会计报告条例》《金融企业会计制度》和该办法的规定，编制和对外提供真实、完整的财务会计报告，对统一担保行业会计核算标准，引导信用担保行业健康发展具有积极的促进作用。实践证明，住房置业担保作为一种新兴的住房消费服务方式，对促进住房消费，防范和化解个人住房贷款风险发挥了积极作用。保障和促进住房置业担保行业健康发展，必须要建立住房置业担保准入制度，加强对住房置业担保的监督管理，对专业信用担保发展给予必要政策扶持，强化行业协作和自律，并加强国际协作与交流，在进一步完善和规范中加快我国住房置业担保体制建设。

住房置业担保基本上以提供有偿的信用担保为行业的经营范围，对该行业的规范法律应当由两部分组成，一是组织法，二是行为法。概览一下我国现有的法律可以发现，目前我国无论是什么性质的担保公司，都不是依特别法成立，而是依《公司法》成立的普通公司，《公司法》是规范担保公司主要的组织法。《住房置业担保管理试行办法》作为规范住房置业担保的规范性文件，其法律层次有待提升。至于担保行为法，我国目前已经建立了以《合同法》、《民法》为基本法，以《中华人民共和国担保法》为核心，以最高人民法院司法解释为补充的法律体系。

住房置业担保是指依照《住房置业担保管理试行办法》设立的住房置业担保公司，在借款人无法满足贷款人要求提供担保的情况下，为借款人申请个人住房贷款而与贷款人签订保证合同，提供连带责任保证担保的行为。理解住房置业担保概念需把握三点：

1）住房置业担保公司提供的住房置业担保，是个人住房贷款担保方式的一种补充。个人住房贷款是指贷款人向借款人发放的用于购买自用普通住房的贷款。贷款人发放个人住房贷款时，借款人必须提供担保，借款人到期未能偿还贷款本息的，贷款人有权依法处理其抵押物或质押物，或由保证人承担偿还本息的连带责任。除了住房置业担保外，还有抵押、质押及其他保证担保等担保方式。

2）它是特定的专业性担保机构提供的保证担保，以区别其他形式住房保证担保行为。《住房置业担保管理试行办法》对住房置业担保公司规定了严格的设立程序和设立条件，对担保机构的业务管理也有具体规定。

3）它规定了保证方式和反担保方式，住房置业担保提供的保证方式是连带责任保证，依照连带责任保证的法律规定，债务人在主合同规定的债务履行期限届满时没有履行债务的，债权人可以要求债务人履行债务，也可以要求保证人在其保证范围内承担保证责任。同时要求借款人应当将其本人或者第三人的合法房屋依法向担保公司进行抵押反担保。担保公司有权就代为清偿的部分向借款人进行追偿，并要求行使房屋抵押权，处置抵押物。

8.5.2　住房置业担保机构的设立

1．设立程序

《住房置业担保管理试行办法》明确担保公司是为借款人办理个人住房贷款提供专业担保，收取服务费用，具有法人地位的房地产中介服务企业。设立担保公司，应当报经城市房地产行政主管部门审核，并经城市人民政府批准后，方可向工商行政管理部门申请设立登记，领取营业执照。

担保公司的组织形式为有限责任公司或者股份有限公司。

2．设立条件

设立担保公司应当具备下列条件：

1）有自己的名称和组织机构。

2）有固定的服务场所。

3）有不少于1000万元人民币的实有资本。

4）有一定数量的周转住房。

5）有适应工作需要的专业管理人员。

6）有符合《公司法》要求的公司章程。

7）符合《公司法》和相关法律、法规规定的其他条件。

担保公司的实有资本以政府预算资助、资产划拨以及房地产骨干企业认股为主。

货币形态的实有资本应当存入城市房地产行政主管部门指定的国有独资银行，或发放由担保公司提供住房置业担保的个人住房贷款的其他银行。

8.5.3　风险管理

1．业务范围和资金应用的限制规定

担保公司只能从事住房置业担保和房地产经营业务（房地产开发除外），不得经营财政信用业务、金融业务等其他业务，也不得提供其他担保。担保公司的资金运用，应当遵循稳健、安全的原则，确保资产的保值增值。

2．建立在银行的保证金制度

担保公司应当从其资产中按照借款人借款余额的一定比例提留担保保证金，

并存入借款人的贷款银行。担保公司未按规定或合同约定履行担保义务时，贷款人有权从保证金账户中予以扣收。保证金的提留比例，由贷款人与担保公司协商确定。

3. 风险基金制度

担保公司应当建立担保风险基金，用于担保公司清算时对其所担保债务的清偿。担保风险基金由担保公司按照公司章程规定的比例从营业收入中提取，专户存储，不得挪用。担保公司担保贷款余额的总额，不得超过其实有资本的30倍；超过30倍的，应当追加实有资本。

8.5.4　住房置业担保业务

1. 担保的设立

担保公司与商业银行本着平等、自愿、分散和控制风险的原则建立合作关系。担保公司不得强制要求商业银行接受住房置业担保，不得干预银行的正常信贷经营活动。任何单位和个人也不得强制要求担保公司提供住房置业担保。担保公司提供住房置业担保，应当严格评估借款人的资信。对于资信不良的借款人，担保公司可以拒绝提供担保。借款人向担保公司申请住房置业担保，应当具备下列条件：

1）具有完全民事行为能力。

2）有所在城镇正式户口或者有效居留的身份证件。

3）收入来源稳定，无不良信用记录，且有偿还贷款本息的能力。

4）已订立合法有效的住房买卖合同。

5）已足额交纳购房首付款。

6）符合贷款人和担保公司规定的其他条件。

设立程序。借款人向担保公司申请提供住房置业担保的，担保公司有权要求借款人以其自己或者第三人合法所有的房屋向担保公司进行抵押反担保。住房置业担保当事人应当签订书面抵押合同和保证合同，并办理相关登记手续。担保服务费由借款人向担保公司支付，担保服务收费标准应报经同级物价部门批准。

2. 担保的解除

借款人依照借款合同还清全部贷款本息，借款合同终止后，保证合同和房屋抵押合同即行终止。借款人到期不能偿还贷款本息时，依照保证合同约定，担保公司按贷款人要求先行代为清偿债务后，保证合同自然终止。保证合同终止后，担保公司有权就代为清偿的债务部分向借款人进行追偿，并要求行使房屋抵押权，处置抵押房屋。抵押房屋的处置，可以由抵押当事人协议以该抵押房屋折价或者拍卖、变卖该抵押房屋的方式进行；协议不成的，抵押权人可以向人民法院提起诉讼。处置抵押房屋时，抵押人居住确有困难的，担保公司应当予以协助。

本章小结与拓展

通过本章学习，掌握房地产抵押的条件、房地产抵押的一般规定，熟悉房地产最高额抵押、房地产抵押估价、个人住房贷款管理，了解住房置业担保。重点阅读：《城市房地产管理法》、《物权法》、《城市房地产抵押管理办法》、《关于规范与银行信贷业务相关的房地产抵押估价管理有关问题的通知》、《住房置业担保管理试行办法》。关注住房抵押贷款风险的制度控制。住房抵押贷款是由住房买卖合同、住房抵押协议、住房抵押贷款合同连接起来的三角关系。住房抵押贷款存在房地产市场价格下降时借款人拒绝还款的违约风险、资金短存长贷难于变现的流动性风险、国民经济整体水平周而复始的波动过程中产生的经济周期风险等。政府要严厉打击首付贷，房地产开发企业、房地产中介机构从事金融业务，甚至自我融资、自我担保、搞资金池的自办的金融业务，因不具备相应资质，属违法行为。2016年4月23日，上海银监局就发出针对中介机构和商业银行的处罚通知，自4月25日起，太平洋房屋、仁丰、我爱我家、佳歆、汉宇、链家6家房地产中介将暂停与商业银行的合作1个月，七家商业银行的分行将暂停个人住房贷款业务2个月。

思考题

1．简述房地产抵押的概念、条件。

2．简述抵押权的期限规定。

3．简述房地产抵押的范围。

4．简述房地产抵押的一般规定。

5．简述房地产抵押的效力，房地产抵押权的实现。

6．什么是住房置业担保？

7．住房置业担保风险如何管理？

第 9 章

房屋租赁法规

9.1 房屋租赁的概念及意义

9.1.1 房屋租赁的概念

根据《城市房地产管理法》第五十三条，房屋租赁是指房屋所有权人作为出租人将其房屋出租给承租人使用，由承租人向出租人支付租金的行为。

我国采取住宅用房与非住宅用房区别对待，分别管理的做法。《城市房地产管理法》第五十五条规定："住宅用房的租赁，应当执行国家和房屋所在城市人民政府规定的租赁政策。租用房屋从事生产、经营活动的，由租赁双方协商议定租金和其他租赁条款。"本章主要介绍住宅用房管理法规。

租赁房屋还可分为商品房屋和公共租赁住房，本章仅介绍商品房屋管理法规，公共租赁住房有关法规和政策详见第12章。

9.1.2 培育和发展住房租赁市场的意义

近年来，我国住房租赁市场快速发展，住房租赁规模逐步扩大，为解决居民居住问题、推动经济社会发展作出了重要贡献。据统计，城市居民家庭通过租赁解决住房问题比例逐年上升，进城务工人员也是主要通过租赁方式解决住房问题。与此同时，住房租赁市场发展还不能完全适应经济社会发展的需要，存在供应总量不平衡、供应结构不合理、制度措施不完善，特别是供应主体较为单一等问题。为加快培育和发展住房租赁市场，住房和城乡建设部制定了培育和发展住房租赁市场的有关法规和政策。

住房租赁市场是我国住房供应体系的重要组成部分，在经济社会发展中起到十分重要的作用。没有发育完善的租赁市场，住房供应体系就不完整、居民对住房的合理消费就得不到满足、住有所居的目标就难以实现、人口有序流动就会受到制约、承租人的合法权益就难以得到保障、大量的存量房源就得不到充分利用。培育和发展住房租赁市场，有利于完善住房供应体系，解决不同需求居民住房问题；有利于拓宽公共租赁住房房源渠道，完善住房保障体系；有利于盘活存量房源，提高资源利用效率；有利于新型城镇化建设，促进人口有序流动；有利于加强和改进社会管理和服务，提高社会治理能力。

9.1.3 建立多种渠道，发展租赁市场

培育住房租赁市场是一个系统工程，涉及多个方面，各地要在金融、税收和经营管理等方面给予政策支持。积极鼓励和引导国内外资金进入住房租赁市场。对于机构、房地产开发企业，经营租赁住房需要办理规划变更、装修改造等相关手续的，积极给予支持。对租房居民需要出具稳定居所证明的，应简化流程，积极办理。同时，要加强宣传，正确引导居民住房消费，营造良好的社会氛围。

1. 建立住房租赁信息政府服务平台

搭建住房租赁信息政府服务平台，是各市县房地产管理部门职能所在，是政

府引导市场的重要手段。建立政府服务平台，为租赁市场供需双方提供高效、准确、便捷的信息服务，出租人可随时发布出租房屋的区位、面积、户型、价格等信息，承租人可发布租赁房屋的需求信息，逐步实现在平台上进行对接；提供房屋租赁合同示范文本，明确提示双方的权利义务；为房地产中介机构备案提供方便，公布经备案的房地产中介机构名单，房地产中介机构和从业人员信用档案等信息。有条件的城市，要逐步实现房屋租赁合同网上登记备案，方便群众办事。

2．积极培育经营住房租赁的机构

推进住房租赁规模化经营，能够提升租赁服务水平，稳定租赁关系，规范租赁行为，促进住房租赁市场发展。鼓励成立经营住房租赁的机构，通过长期租赁或购买社会房源，可直接向社会出租；也可以根据市场需求进行装修改造后，向社会出租。经营住房租赁的机构，要提供专业化的租赁服务。积极引导经营住房租赁的机构，从事中小户型、中低价位的住房租赁经营服务。探索建立支持经营住房租赁机构发展的融资渠道。

3．支持房地产开发企业将其持有房源向社会出租

支持房地产开发企业改变经营方式，从单一的开发销售向租售并举模式转变。鼓励有条件的房地产开发企业，在新建商品房项目中长期持有部分房源，用于向市场租赁；也可以与经营住房租赁的企业合作，建立开发与租赁一体化、专业化的运作模式。支持房地产开发企业将其持有的存量房源投放到租赁市场，也可以转成租赁型的养老地产、旅游地产等。

4．积极推进房地产投资信托基金（REITs）试点

REITs是一种金融投资产品，推进REITs试点，有利于促进住房租赁市场发展，有利于解决企业的融资渠道，有利于增加中小投资者的投资渠道。通过发行REITs，可充分利用社会资金，进入租赁市场，多渠道增加住房租赁房源供应。积极鼓励投资REITs产品。各城市要积极开展REITs试点，并逐步推开。

5．支持从租赁市场筹集公共租赁房房源

从租赁市场筹集公共租赁房房源，有利于提高安置工作效率，有利于盘活存量住房，有利于解决公共租赁住房管理难等问题。各地可以通过购买方式，把适合作为公租房或者经过改造符合公租房条件的存量商品房，转为公共租赁住房，保障性住房要逐步从实物保障为主转向建设和租赁补贴并重，"补砖头"与"补人头"相结合。鼓励和支持符合公共租赁住房保障条件的家庭，通过租赁市场解决住房问题，政府按规定提供货币化租赁补贴。

9.2　商品房屋租赁的条件

自然人、法人或非法人组织对享有所有权的房屋和国家授权管理和经营的房屋可以依法出租。出租住房的，应当以原设计的房间为最小出租单位，人均租住建筑面积不得低于当地人民政府规定的最低标准。厨房、卫生间、阳台和地下储藏室不得出租供人员居住。

在《商品房屋租赁管理办法》第六条中规定了不得出租的房屋包括：

1）属于违法建筑的。

2）不符合安全、防灾等工程建设强制性标准的。

3）违反规定改变房屋使用性质的。

4）法律、法规规定禁止出租的其他情形。

9.3 商品房屋租赁合同

9.3.1 《合同法》关于租赁合同的规定

租赁合同是出租人将租赁物交付承租人使用、收益，承租人支付租金的合同。租赁合同的内容包括租赁物的名称、数量、用途、租赁期限、租金及其支付期限和方式、租赁物维修等条款。

租赁期限不得超过二十年。超过二十年的，超过部分无效。租赁期间届满，当事人可以续订租赁合同，但约定的租赁期限自续订之日起不得超过二十年。租赁期限六个月以上的，应当采用书面形式。当事人未采用书面形式的，视为不定期租赁。

出租人应当按照约定将租赁物交付承租人，并在租赁期间保持租赁物符合约定的用途。承租人应当按照约定的方法使用租赁物。对租赁物的使用方法没有约定或者约定不明确，依照本法第六十一条的规定仍不能确定的，应当按照租赁物的性质使用。承租人按照约定的方法或者租赁物的性质使用租赁物，致使租赁物受到损耗的，不承担损害赔偿责任。承租人未按照约定的方法或者租赁物的性质使用租赁物，致使租赁物受到损失的，出租人可以解除合同并要求赔偿损失。

出租人应当履行租赁物的维修义务，但当事人另有约定的除外。承租人在租赁物需要维修时可以要求出租人在合理期限内维修。出租人未履行维修义务的，承租人可以自行维修，维修费用由出租人负担。因维修租赁物影响承租人使用的，应当相应减少租金或者延长租期。承租人应当妥善保管租赁物，因保管不善造成租赁物毁损、灭失的，应当承担损害赔偿责任。

承租人经出租人同意，可以对租赁物进行改善或者增设他物。承租人未经出租人同意，对租赁物进行改善或者增设他物的，出租人可以要求承租人恢复原状或者赔偿损失。

承租人经出租人同意，可以将租赁物转租给第三人。承租人转租的，承租人与出租人之间的租赁合同继续有效，第三人对租赁物造成损失的，承租人应当赔偿损失。承租人未经出租人同意转租的，出租人可以解除合同。

在租赁期间因占有、使用租赁物获得的收益，归承租人所有，但当事人另有约定的除外。

承租人应当按照约定的期限支付租金。对支付期限没有约定或者约定不明确，依照本法第六十一条的规定仍不能确定，租赁期间不满一年的，应当在租赁期间届满时支付；租赁期间一年以上的，应当在每届满一年时支付，剩余期间不满一年的，应当在租赁期间届满时支付。承租人无正当理由未支付或者迟延支付租金的，出租人可以要求承租人在合理期限内支付。承租人逾期不支付的，出租人可以解除合同。

因第三人主张权利，致使承租人不能对租赁物使用、收益的，承租人可以要求减少租金或者不支付租金。第三人主张权利的，承租人应当及时通知出租人。租赁物在租赁期间发生所有权变动的，不影响租赁合同的效力。

出租人出卖租赁房屋的，应当在出卖之前的合理期限内通知承租人，承租人享有以同等条件优先购买的权利。

因不可归责于承租人的事由，致使租赁物部分或者全部毁损、灭失的，承租人可以要求减少租金或者不支付租金；因租赁物部分或者全部毁损、灭失，致使不能实现合同目的的，承租人可以解除合同。当事人对租赁期限没有约定或者约定不明确，依照本法第六十一条的规定仍不能确定的，视为不定期租赁。当事人可以随时解除合同，但出租人解除合同应当在合理期限之前通知承租人。租赁物危及承租人的安全或者健康的，即使承租人订立合同时明知该租赁物质量不合格，承租人仍然可以随时解除合同。

租赁期间届满，承租人应当返还租赁物。返还的租赁物应当符合按照约定或者租赁物的性质使用后的状态。租赁期间届满，承租人继续使用租赁物，出租人没有提出异议的，原租赁合同继续有效，但租赁期限为不定期。

9.3.2　商品房屋租赁合同的主要内容

根据《城市房地产管理法》第五十四条规定："房屋租赁，出租人和承租人应当签订书面租赁合同，约定租赁期限、租赁用途、租赁价格、修缮责任等条款，以及双方的其他权利和义务，并向房产管理部门登记备案。"这里所说的"租赁期限、租赁用途、租赁价格、修缮责任"也是房屋租赁合同的四大必备条款。

根据《商品房屋租赁管理办法》第七条的规定，房屋租赁当事人应当依法订立租赁合同。房屋租赁合同的内容由当事人双方约定，一般应当包括：

1）房屋租赁当事人的姓名（名称）和住所。

2）房屋的坐落、面积、结构、附属设施，家具和家电等室内设施状况。

3）租金和押金数额、支付方式。

4）租赁用途和房屋使用要求。

5）房屋和室内设施的安全性能。

6）租赁期限。

7）房屋维修责任。

8）物业服务、水、电、燃气等相关费用的缴纳。

9）争议解决办法和违约责任。

10）其他约定。

9.3.3 商品房屋租赁关系保护

租赁合同一经签订，租赁双方必须严格遵守。《商品房屋租赁管理办法》对于商品房屋租赁关系进行了特殊保护，具体规定如下：

1）商品房屋租赁期间内，因赠与、析产、继承或者买卖转让房屋的，原房屋租赁合同继续有效。

2）承租人在房屋租赁期间死亡的，与其生前共同居住的人可以按照原租赁合同租赁该房屋。

3）房屋租赁期间出租人出售租赁房屋的，应当在出售前合理期限内通知承租人，承租人在同等条件下有优先购买权。

9.3.4 商品房屋租赁合同登记备案

商品房屋租赁合同签订后，要向房产管理部门登记备案，只有经过登记备案的租赁关系才能受到法律的保护。

《商品房屋租赁管理办法》第十四条规定："房屋租赁合同订立后三十日内，房屋租赁当事人应当到租赁房屋所在地直辖市、市、县人民政府建设（房地产）主管部门办理房屋租赁登记备案。房屋租赁当事人可以书面委托他人办理房屋租赁登记备案。"

《商品房屋租赁管理办法》第十五条规定："办理房屋租赁登记备案，房屋租赁当事人应当提交下列材料：

1）房屋租赁合同。

2）房屋租赁当事人身份证明。

3）房屋所有权证书或者其他合法权属证明。

4）直辖市、市、县人民政府建设（房地产）主管部门规定的其他材料。

房屋租赁当事人提交的材料应当真实、合法、有效，不得隐瞒真实情况或者提供虚假材料。"

9.3.5 商品房屋转租

商品房屋转租，是指房屋承租人将承租的商品房再出租的行为。《商品房屋租赁管理办法》第十一条规定："承租人转租房屋的，应当经出租人书面同意。承租人未经出租人书面同意转租的，出租人可以解除租赁合同，收回房屋并要求承租人赔偿损失。"转租合同也必须按照《城市房地产管理法》、《商品房屋租赁管理办法》的规定办理登记备案手续。转租合同是租赁合同的从属合同，原租赁合同变更、解除或者终止，转租合同也随之变更、解除或者终止。

9.4 城镇房屋租赁的司法解释

在我国经济高速发展和住房制度改革日益深化的推动下，房屋租赁经营方式日益普遍，房屋租赁业迅猛发展，涌现出许多新情况、新问题，人民法院受理的房屋租赁合同纠纷案件日益增多。由于相关法律规范比较原则，人民法院在审理房屋租赁合同纠纷案件中面临很多具体适用法律的难点问题。经最高人民法院审判委员会第1469次会议研究的《最高人民法院关于审理城镇房屋租赁合同纠纷案件具体应用法律若干问题的解释》（法释〔2009〕11号）（以下简称本司法解释）自2009年9月1日起施行。本解释所称城镇房屋，是指城市、镇规划区内的房屋。乡、村庄规划区内的房屋租赁合同纠纷案件，可以参照本解释处理。但法律另有规定的，适用其规定。当事人依照国家福利政策租赁公有住房、廉租住房、经济适用住房产生的纠纷案件，不适用本解释。

9.4.1 房屋租赁合同的效力

出租人就未取得建设工程规划许可证或者未按照建设工程规划许可证的规定建设的房屋，与承租人订立的租赁合同无效。但在一审法庭辩论终结前取得建设工程规划许可证或者经主管部门批准建设的，人民法院应当认定有效。

出租人就未经批准或者未按照批准内容建设的临时建筑，与承租人订立的租赁合同无效。但在一审法庭辩论终结前经主管部门批准建设的，人民法院应当认定有效。

租赁期限超过临时建筑的使用期限，超过部分无效。但在一审法庭辩论终结前经主管部门批准延长使用期限的，人民法院应当认定延长使用期限内的租赁期间有效。

当事人以房屋租赁合同未按照法律、行政法规规定办理登记备案手续为由，请求确认合同无效的，人民法院不予支持。

当事人约定以办理登记备案手续为房屋租赁合同生效条件的，从其约定。但当事人一方已经履行主要义务，对方接受的除外。

房屋租赁合同无效，当事人请求参照合同约定的租金标准支付房屋占有使用费的，人民法院一般应予支持。

当事人请求赔偿因合同无效受到的损失，人民法院依照合同法的有关规定和本司法解释第九条、第十三条、第十四条的规定处理。

出租人就同一房屋订立数份租赁合同，在合同均有效的情况下，承租人均主张履行合同的，人民法院按照下列顺序确定履行合同的承租人：

1）已经合法占有租赁房屋的。

2）已经办理登记备案手续的。

3）合同成立在先的。

不能取得租赁房屋的承租人请求解除合同、赔偿损失的，依照合同法的有关规定处理。

9.4.2 承租人使用房屋

承租人擅自变动房屋建筑主体和承重结构或者扩建，在出租人要求的合理期限内仍不予恢复原状，出租人请求解除合同并要求赔偿损失的，人民法院依照合同法第二百一十九条的规定处理。

因下列情形之一，导致租赁房屋无法使用，承租人请求解除合同的，人民法院应予支持：

1）租赁房屋被司法机关或者行政机关依法查封的。

2）租赁房屋权属有争议的。

3）租赁房屋具有违反法律、行政法规关于房屋使用条件强制性规定情况的。

承租人经出租人同意装饰装修，租赁合同无效时，未形成附合的装饰装修物，出租人同意利用的，可折价归出租人所有；不同意利用的，可由承租人拆除。因拆除造成房屋毁损的，承租人应当恢复原状。

已形成附合的装饰装修物，出租人同意利用的，可折价归出租人所有；不同意利用的，由双方各自按照导致合同无效的过错分担现值损失。

承租人经出租人同意装饰装修，租赁期间届满或者合同解除时，除当事人另有约定外，未形成附合的装饰装修物，可由承租人拆除。因拆除造成房屋毁损的，承租人应当恢复原状。

承租人经出租人同意装饰装修，合同解除时，双方对已形成附合的装饰装修物的处理没有约定的，人民法院按照下列情形分别处理：

1）因出租人违约导致合同解除，承租人请求出租人赔偿剩余租赁期内装饰装修残值损失的，应予支持。

2）因承租人违约导致合同解除，承租人请求出租人赔偿剩余租赁期内装饰装修残值损失的，不予支持。但出租人同意利用的，应在利用价值范围内予以适当补偿。

3）因双方违约导致合同解除，剩余租赁期内的装饰装修残值损失，由双方根据各自的过错承担相应的责任。

4）因不可归责于双方的事由导致合同解除的，剩余租赁期内的装饰装修残值损失，由双方按照公平原则分担。法律另有规定的，适用其规定。

承租人经出租人同意装饰装修，租赁期间届满时，承租人请求出租人补偿附合装饰装修费用的，不予支持。但当事人另有约定的除外。

承租人未经出租人同意装饰装修或者扩建发生的费用，由承租人负担。出租人请求承租人恢复原状或者赔偿损失的，人民法院应予支持。

承租人经出租人同意扩建，但双方对扩建费用的处理没有约定的，人民法院按照下列情形分别处理：

①办理合法建设手续的，扩建造价费用由出租人负担；

②未办理合法建设手续的，扩建造价费用由双方按照过错分担。

9.4.3　承租人转租房屋

承租人经出租人同意将租赁房屋转租给第三人时，转租期限超过承租人剩余租赁期限的，人民法院应当认定超过部分的约定无效。但出租人与承租人另有约定的除外。

出租人知道或者应当知道承租人转租，但在六个月内未提出异议，其以承租人未经同意为由请求解除合同或者认定转租合同无效的，人民法院不予支持。

因租赁合同产生的纠纷案件，人民法院可以通知次承租人作为第三人参加诉讼。

因承租人拖欠租金，出租人请求解除合同时，次承租人请求代承租人支付欠付的租金和违约金以抗辩出租人合同解除权的，人民法院应予支持。但转租合同无效的除外。

次承租人代为支付的租金和违约金超出其应付的租金数额，可以折抵租金或者向承租人追偿。

房屋租赁合同无效、履行期限届满或者解除，出租人请求负有腾房义务的次承租人支付逾期腾房占有使用费的，人民法院应予支持。

9.4.4　租赁关系的保护

承租人租赁房屋用于以个体工商户或者个人合伙方式从事经营活动，承租人在租赁期间死亡、宣告失踪或者宣告死亡，其共同经营人或者其他合伙人请求按照原租赁合同租赁该房屋的，人民法院应予支持。

租赁房屋在租赁期间发生所有权变动，承租人请求房屋受让人继续履行原租赁合同的，人民法院应予支持。但租赁房屋具有下列情形或者当事人另有约定的除外：

1）房屋在出租前已设立抵押权，因抵押权人实现抵押权发生所有权变动的。

2）房屋在出租前已被人民法院依法查封的。

出租人出卖租赁房屋未在合理期限内通知承租人或者存在其他侵害承租人优先购买权情形，承租人请求出租人承担赔偿责任的，人民法院应予支持。但请求确认出租人与第三人签订的房屋买卖合同无效的，人民法院不予支持。

出租人与抵押权人协议折价、变卖租赁房屋偿还债务，应当在合理期限内通知承租人。承租人请求以同等条件优先购买房屋的，人民法院应予支持。

出租人委托拍卖人拍卖租赁房屋，应当在拍卖5日前通知承租人。承租人未参加拍卖的，人民法院应当认定承租人放弃优先购买权。

具有下列情形之一，承租人主张优先购买房屋的，人民法院不予支持：

1）房屋共有人行使优先购买权的。

2）出租人将房屋出卖给近亲属，包括配偶、父母、子女、兄弟姐妹、祖父母、外祖父母、孙子女、外孙子女的。

3）出租人履行通知义务后，承租人在十五日内未明确表示购买的。

4）第三人善意购买租赁房屋并已经办理登记手续的。

9.5 培育和发展住房租赁市场的有关政策

改革开放以来，我国住房租赁市场不断发展，对加快改善城镇居民住房条件、推动新型城镇化进程等发挥了重要作用，但市场供应主体发育不充分、市场秩序不规范、法规制度不完善等问题仍较为突出。为加快培育和发展住房租赁市场，《国务院办公厅关于加快培育和发展住房租赁市场的若干意见》（国办发〔2016〕39号）提出以建立购租并举的住房制度为主要方向，健全以市场配置为主、政府提供基本保障的住房租赁体系。支持住房租赁消费，促进住房租赁市场健康发展。到2020年，基本形成供应主体多元、经营服务规范、租赁关系稳定的住房租赁市场体系，基本形成保基本、促公平、可持续的公共租赁住房保障体系，基本形成市场规则明晰、政府监管有力、权益保障充分的住房租赁法规制度体系，推动实现城镇居民住有所居的目标。

9.5.1 培育市场供应主体

1. 发展住房租赁企业

充分发挥市场作用，调动企业积极性，通过租赁、购买等方式多渠道筹集房源，提高住房租赁企业规模化、集约化、专业化水平，形成大、中、小住房租赁企业协同发展的格局，满足不断增长的住房租赁需求。按照《国务院办公厅关于加快发展生活性服务业促进消费结构升级的指导意见》（国办发〔2015〕85号）有关规定，住房租赁企业享受生活性服务业的相关支持政策。

2. 鼓励房地产开发企业开展住房租赁业务

支持房地产开发企业拓展业务范围，利用已建成住房或新建住房开展租赁业务；鼓励房地产开发企业出租库存商品住房；引导房地产开发企业与住房租赁企业合作，发展租赁地产。

3. 规范住房租赁中介机构

充分发挥中介机构作用，提供规范的居间服务。努力提高中介服务质量，不断提升从业人员素质，促进中介机构依法经营、诚实守信、公平交易。

4. 支持和规范个人出租住房

落实鼓励个人出租住房的优惠政策，鼓励个人依法出租自有住房。规范个人出租住房行为，支持个人委托住房租赁企业和中介机构出租住房。

9.5.2 鼓励住房租赁消费

1. 完善住房租赁支持政策

各地要制定支持住房租赁消费的优惠政策措施，引导城镇居民通过租房解决居住问题。落实提取住房公积金支付房租政策，简化办理手续。非本地户籍承租人可按照《居住证暂行条例》等有关规定申领居住证，享受义务教育、医疗等国家规定的基本公共服务。

2. 明确各方权利义务

出租人应当按照相关法律法规和合同约定履行义务，保证住房和室内设施符合要求。住房租赁合同期限内，出租人无正当理由不得解除合同，不得单方面提高租金，不得随意克扣押金；承租人应当按照合同约定使用住房和室内设施，并按时缴纳租金。

9.5.3 完善公共租赁住房

1. 推进公租房货币化

转变公租房保障方式，实物保障与租赁补贴并举。支持公租房保障对象通过市场租房，政府对符合条件的家庭给予租赁补贴。完善租赁补贴制度，结合市场租金水平和保障对象实际情况，合理确定租赁补贴标准。

2. 提高公租房运营保障能力

鼓励地方政府采取购买服务或政府和社会资本合作（PPP）模式，将现有政府投资和管理的公租房交由专业化、社会化企业运营管理，不断提高管理和服务水平。在城镇稳定就业的外来务工人员、新就业大学生和青年医生、青年教师等专业技术人员，凡符合当地城镇居民公租房准入条件的，应纳入公租房保障范围。

9.5.4 支持租赁住房建设

1. 鼓励新建租赁住房

各地应结合住房供需状况等因素，将新建租赁住房纳入住房发展规划，合理确定租赁住房建设规模，并在年度住房建设计划和住房用地供应计划中予以安排，引导土地、资金等资源合理配置，有序开展租赁住房建设。

2. 允许改建房屋用于租赁

允许将商业用房等按规定改建为租赁住房，土地使用年限和容积率不变，土地用途调整为居住用地，调整后用水、用电、用气价格应当按照居民标准执行。允许将现有住房按照国家和地方的住宅设计规范改造后出租，改造中不得改变原有防火分区、安全疏散和防火分隔设施，必须确保消防设施完好有效。

9.5.5　加大政策支持力度

1．给予税收优惠

对依法登记备案的住房租赁企业、机构和个人，给予税收优惠政策支持。落实营改增关于住房租赁的有关政策，对个人出租住房的，由按照5%的征收率减按1.5%计算缴纳增值税；对个人出租住房月收入不超过3万元的，2017年底之前可按规定享受免征增值税政策；对房地产中介机构提供住房租赁经纪代理服务，适用6%的增值税税率；对一般纳税人出租在实施营改增试点前取得的不动产，允许选择适用简易计税办法，按照5%的征收率计算缴纳增值税。对个人出租住房所得，减半征收个人所得税；对个人承租住房的租金支出，结合个人所得税改革，统筹研究有关费用扣除问题。

2．提供金融支持

鼓励金融机构按照依法合规、风险可控、商业可持续的原则，向住房租赁企业提供金融支持。支持符合条件的住房租赁企业发行债券、不动产证券化产品。稳步推进房地产投资信托基金（REITs）试点。

3．完善供地方式

鼓励地方政府盘活城区存量土地，采用多种方式增加租赁住房用地有效供应。新建租赁住房项目用地以招标、拍卖、挂牌方式出让的，出让方案和合同中应明确规定持有出租的年限。

9.5.6　加强住房租赁监管

1．健全法规制度

完善住房租赁法律法规，明确当事人的权利义务，规范市场行为，稳定租赁关系。推行住房租赁合同示范文本和合同网上签约，落实住房租赁合同登记备案制度。

2．落实地方责任

省级人民政府要加强本地区住房租赁市场管理，加强工作指导，研究解决重点难点问题。城市人民政府对本行政区域内的住房租赁市场管理负总责，要建立多部门联合监管体制，明确职责分工，充分发挥街道、乡镇等基层组织作用，推行住房租赁网格化管理。加快建设住房租赁信息服务与监管平台，推进部门间信息共享。

3．加强行业管理

住房城乡建设部门负责住房租赁市场管理和相关协调工作，要会同有关部门加强住房租赁市场监管，完善住房租赁企业、中介机构和从业人员信用管理制度，全面建立相关市场主体信用记录，纳入全国信用信息共享平台，对严重失信主体实施联合惩戒。公安部门要加强出租住房治安管理和住房租赁当事人居住登记，督促指导居民委员会、村民委员会、物业服务企业以及其他管理单位排查安全隐患。各有关部门要按照职责分工,依法查处利用出租住房从事违法经营活动。

本章小结与拓展

通过本章学习,掌握商品房屋租赁的条件、商品房屋租赁合同、房屋租赁登记备案,熟悉商品房屋转租、城镇房屋租赁的司法解释,了解培育和发展住房租赁市场的有关政策。重点阅读:《城市房地产管理法》、《合同法》、《商品房屋租赁管理办法》、《最高人民法院关于审理城镇房屋租赁合同纠纷案件具体应用法律若干问题的解释》。继续关注住房租赁立法进展,积极参与住房租赁立法讨论。由住房城乡建设部起草的《住房租赁和销售管理条例(征求意见稿)》已在住房城乡建设部网站公开征求意见。近年来,我国住房租赁和销售市场不断发展,在解决居民居住问题、改善居住环境、促进经济社会发展等方面发挥了重要作用。对于涉及民生的住房租赁和销售市场管理工作,党中央、国务院高度重视,明确提出要加快住房租赁市场立法,加快机构化、规模化住房租赁企业发展,加强住房市场监管和整顿。

思考题

1. 简述房地产抵押的概念、条件。

2. 简述抵押权的期限规定。

3. 简述房地产抵押的范围。

4. 简述房地产抵押的一般规定。

5. 简述房地产抵押的效力,房地产抵押权的实现。

6. 简述商品房屋租赁概念、政策和条件。

7. 简述商品房屋租赁合同的内容。

8. 简述商品房屋租赁合同登记备案。

9. 申请公共租赁住房应满足哪些条件?

10. 公共租赁住房轮候期如何确定?

11. 简述公共租赁住房的腾退条件。

第10章

房地产中介服务法规

10.1 房地产中介服务行业管理概述

10.1.1 房地产中介服务的概念及特点

1. 房地产中介服务的概念

房地产中介服务是指具有专业执业（职业）资格的人员在房地产投资、开发、销售、交易等各个环节中，为当事人提供专业服务的经营活动，是房地产咨询、房地产价格评估、房地产经纪的总称。

房地产咨询，是指为房地产活动当事人提供法律法规、政策、信息、技术等方面服务的经营活动。

房地产价格评估，是指对房地产进行测算，评定其经济价值和价格的经营活动。

房地产经纪，是指为委托人提供房地产信息和居间代理业务的经营活动。

2. 房地产中介服务的主要特点

（1）人员特定

房地产中介服务需要从业人员具备扎实的房地产专业理论知识和丰富的实战经验，房地产中介服务人员必须经过专业学习和实践锻炼才能具备上岗资格，有一些岗位甚至需要参加全国统一的执业资格考试，领取执业资格证书后，经注册方能执业。例如，从事房地产估价业务的人员就必须取得房地产估价师执业资格并经注册取得《房地产估价师注册证书》，未取得房地产估价师资格的人员不能从事房地产估价活动。

（2）委托服务

房地产中介服务是受当事人委托进行的，并在当事人委托的范围内从事房地产中介服务活动，提供当事人所要求的服务。例如：房地产经纪活动中有买方代理、卖方代理，有居间相互传递信息，还有过户手续代办等服务，房地产经纪人会为委托当事人提供其所需的相应服务。

（3）服务有偿

房地产中介服务是有偿的，具体的收费也有相应的标准，房地产中介工作人员可以根据相应的标准获得报酬或佣金。

国务院住房城乡建设主管部门归口管理全国房地产中介服务工作。省、自治区、直辖市住房城乡建设主管部门归口管理本行政区域内的房地产中介服务工作。直辖市、市、县人民政府房地产主管部门管理本行政区域内的房地产中介服务工作。

10.1.2 房地产中介服务人员的资格管理

1. 房地产经纪人员

房地产中介服务人员分为房地产咨询人员、房地产经纪人员和房地产估价人员，目前国家对房地产经纪人员和房地产估价人员的从业资格具有较为具体的规定。

《房地产经纪管理办法》于2011年1月20日由住房城乡建设部、国家发展改革委、人力资源社会保障部令第8号发布，自2011年4月1日起施行；2016年3月1日根据住房城乡建设部、国家发展改革委、人力资源社会保障部令第29号修正，自2016年4月1日起施行。《房地产经纪管理办法》第九条规定：国家对房地产经纪人员实行职业资格制度，纳入全国专业技术人员职业资格制度统一规划和管理。

根据《国务院机构改革和职能转变方案》和《国务院关于取消和调整一批行政审批项目等事项的决定》（国发〔2014〕27号）有关取消"房地产经纪人职业资格许可"的要求，为加强房地产经纪专业人员队伍建设，适应房地产经纪行业发展，规范房地产经纪市场，在总结原房地产经纪人员职业资格制度实施情况的基础上，人力资源社会保障部、住房城乡建设部制定了《房地产经纪专业人员职业资格制度暂行规定》和《房地产经纪专业人员职业资格考试实施办法》（人社部发〔2015〕47号）。

2．房地产价格评估人员

《城市房地产管理法》第五十九规定：国家实行房地产价格评估人员资格认证制度。房地产价格评估人员分为房地产估价师和房地产估价员。房地产估价师必须是经国家统一考试、执业资格认证，取得《房地产估价师执业资格证书》，经注册登记取得《房地产估价师注册证》的人员。房地产估价员必须是经过考试并取得《房地产估价员岗位合格证》的人员。2016年12月1日实施的《资产评估法》重点规范了包括房地产估价在内的各类评估专业人员和评估机构从业行为、评估行业组织自律行为和政府监督管理行为。

10.1.3 房地产中介服务收费管理

2014年12月17日，《国家发展改革委关于放开部分服务价格意见的通知》（发改价格〔2014〕2755号）印发，放开对包括房地产经纪服务在内的7项服务价格定价，实行市场调节价。房地产经纪机构要严格遵守《价格法》等法律法规，合法经营，为消费者等提供质量合格、价格合理的服务；严格落实明码标价制度，在经营场所醒目位置公示价目表和投诉举报电话等信息；不得利用优势地位、强制服务、强制收费，或只收费不服务、少服务多收费；不得在标价之外收取任何未予标明的费用。

10.2 房地产估价

10.2.1 《资产评估法》的主要内容

《资产评估法》所称资产评估，是指评估机构及其评估专业人员根据委托对不动产、动产、无形资产、企业价值、资产损失或者其他经济权益进行评定、估算，并出具评估报告的专业服务行为。自然人、法人或者其他组织需要确定评估对象价值的，可以自愿委托评估机构评估。涉及国有资产或者公共利益等事项，法律、行政法规规定需要评估的（即法定评估），应当依法委托评估机构评估。评估专业人员从事评估业务，应当加入评估机构，并且只能在一个评估机构从事业务。评估行业可以按照专业领域依法设立行业协会，实行自律管理，并接受有关评估行政管理部门的监督和社会监督。国务院有关评估行政管理部门组织制定评估基本准则和评估行业监督管理办法。设区的市级以上人民政府有关评估行政管理部门依据各自职责，负责监督管理评估行业，对评估机构和评估专业人员的违法行为依法实施行政处罚，将处罚情况及时通报有关评估行业协会，并依法向社会公开。

《资产评估法》是规范评估行业的一部重要法律。资产评估法的颁布施行，对于规范房地产估价行为，保护当事人合法权益和公共利益，促进房地产估价行业健康发展，维护房地产市场秩序具有十分重要的意义。

1. 评估专业人员

评估专业人员包括评估师和其他具有评估专业知识及实践经验的评估从业人员。评估师是指通过资产评估师资格考试的评估专业人员。国家根据经济社会发展需要确定评估师专业类别。有关全国性评估行业协会按照国家规定组织实施资产评估师资格全国统一考试。具有高等院校专科以上学历的公民，可以参加资产评估师资格全国统一考试。有关全国性评估行业协会应当在其网站上公布评估师名单，并实时更新。因故意犯罪或者在从事评估、财务、会计、审计活动中因过失犯罪而受刑事处罚，自刑罚执行完毕之日起不满五年的人员，不得从事评估业务。

评估专业人员享有下列权利：

1）要求委托人提供相关的权属证明、财务会计信息和其他资料，以及为执行公允的评估程序所需的必要协助。

2）依法向有关国家机关或者其他组织查阅从事业务所需的文件、证明和资料。

3）拒绝委托人或者其他组织、个人对评估行为和评估结果的非法干预。

4）依法签署评估报告。

5）法律、行政法规规定的其他权利。

评估专业人员应当履行下列义务：

1）诚实守信，依法独立、客观、公正从事业务。

2）遵守评估准则，履行调查职责，独立分析估算，勤勉谨慎从事业务。

3）完成规定的继续教育，保持和提高专业能力。

4）对评估活动中使用的有关文件、证明和资料的真实性、准确性、完整性进行核查和验证。

5）对评估活动中知悉的国家秘密、商业秘密和个人隐私予以保密。

6）与委托人或者其他相关当事人及评估对象有利害关系的，应当回避。

7）接受行业协会的自律管理，履行行业协会章程规定的义务。

8）法律、行政法规规定的其他义务。

评估专业人员不得有下列行为：

1）私自接受委托从事业务、收取费用。

2）同时在两个以上评估机构从事业务。

3）采用欺骗、利诱、胁迫，或者贬损、诋毁其他评估专业人员等不正当手段招揽业务。

4）允许他人以本人名义从事业务，或者冒用他人名义从事业务。

5）签署本人未承办业务的评估报告。

6）索要、收受或者变相索要、收受合同约定以外的酬金、财物，或者谋取其他不正当利益。

7）签署虚假评估报告或者有重大遗漏的评估报告。

8）违反法律、行政法规的其他行为。

2．评估机构

评估机构应当依法采用合伙或者公司形式，聘用评估专业人员开展评估业务。合伙形式的评估机构，应当有两名以上评估师；其合伙人三分之二以上应当是具有三年以上从业经历且最近三年内未受停止从业处罚的评估师。公司形式的评估机构，应当有八名以上评估师和两名以上股东，其中三分之二以上股东应当是具有三年以上从业经历且最近三年内未受停止从业处罚的评估师。评估机构的合伙人或者股东为两名的，两名合伙人或者股东都应当是具有三年以上从业经历且最近三年内未受停止从业处罚的评估师。

设立评估机构，应当向工商行政管理部门申请办理登记。评估机构应当自领取营业执照之日起三十日内向有关评估行政管理部门备案。评估行政管理部门应当及时将评估机构备案情况向社会公告。

评估机构应当依法独立、客观、公正开展业务，建立健全质量控制制度，保证评估报告的客观、真实、合理。评估机构应当建立健全内部管理制度，对本机构的评估专业人员遵守法律、行政法规和评估准则的情况进行监督，并对其从业行为负责。评估机构应当依法接受监督检查，如实提供评估档案以及相关情况。

委托人拒绝提供或者不如实提供执行评估业务所需的权属证明、财务会计信息和其他资料的，评估机构有权依法拒绝其履行合同的要求。委托人要求出具虚假评估报告或者有其他非法干预评估结果情形的，评估机构有权解除合同。

评估机构不得有下列行为：

1）利用开展业务之便，谋取不正当利益。

2）允许其他机构以本机构名义开展业务，或者冒用其他机构名义开展业务。

3）以恶性压价、支付回扣、虚假宣传，或者贬损、诋毁其他评估机构等不正当手段招揽业务。

4）受理与自身有利害关系的业务。

5）分别接受利益冲突双方的委托，对同一评估对象进行评估。

6）出具虚假评估报告或者有重大遗漏的评估报告。

7）聘用或者指定不符合本法规定的人员从事评估业务。

8）违反法律、行政法规的其他行为。

评估机构根据业务需要建立职业风险基金，或者自愿办理职业责任保险，完善风险防范机制。

3. 法律责任

评估专业人员违反本法规定，有下列情形之一的，由有关评估行政管理部门予以警告，可以责令停止从业六个月以上一年以下；有违法所得的，没收违法所得；情节严重的，责令停止从业一年以上五年以下；构成犯罪的，依法追究刑事责任：

1）私自接受委托从事业务、收取费用的。

2）同时在两个以上评估机构从事业务的。

3）采用欺骗、利诱、胁迫，或者贬损、诋毁其他评估专业人员等不正当手段招揽业务的。

4）允许他人以本人名义从事业务，或者冒用他人名义从事业务的。

5）签署本人未承办业务的评估报告或者有重大遗漏的评估报告的。

6）索要、收受或者变相索要、收受合同约定以外的酬金、财物，或者谋取其他不正当利益的。

评估专业人员违反本法规定，签署虚假评估报告的，由有关评估行政管理部门责令停止从业两年以上五年以下；有违法所得的，没收违法所得；情节严重的，责令停止从业五年以上十年以下；构成犯罪的，依法追究刑事责任，终身不得从事评估业务。

违反本法规定，未经工商登记以评估机构名义从事评估业务的，由工商行政管理部门责令停止违法活动；有违法所得的，没收违法所得，并处违法所得一倍以上五倍以下罚款。

评估机构违反本法规定，有下列情形之一的，由有关评估行政管理部门予以警告，可以责令停业一个月以上六个月以下；有违法所得的，没收违法所得，并处违法所得一倍以上五倍以下罚款；情节严重的，由工商行政管理部门吊销营业执照；构成犯罪的，依法追究刑事责任：

1）利用开展业务之便，谋取不正当利益的。

2）允许其他机构以本机构名义开展业务，或者冒用其他机构名义开展业务的。

3）以恶性压价、支付回扣、虚假宣传，或者贬损、诋毁其他评估机构等不正当手段招揽业务的。

4）受理与自身有利害关系的业务的。

5）分别接受利益冲突双方的委托，对同一评估对象进行评估的。

6）出具有重大遗漏的评估报告的。

7）未按本法规定的期限保存评估档案的。

8）聘用或者指定不符合本法规定的人员从事评估业务的。

9）对本机构的评估专业人员疏于管理，造成不良后果的。

评估机构未按本法规定备案或者不符合本法第十五条规定的条件的，由有关评估行政管理部门责令改正；拒不改正的，责令停业，可以并处一万元以上五万元以下罚款。

评估机构违反本法规定，出具虚假评估报告的，由有关评估行政管理部门责令停业六个月以上一年以下；有违法所得的，没收违法所得，并处违法所得一倍以上五倍以下罚款；情节严重的，由工商行政管理部门吊销营业执照；构成犯罪的，依法追究刑事责任。

评估机构、评估专业人员在一年内累计三次因违反本法规定受到责令停业、责令停止从业以外处罚的，有关评估行政管理部门可以责令其停业或者停止从业一年以上五年以下。

评估专业人员违反本法规定，给委托人或者其他相关当事人造成损失的，由其所在的评估机构依法承担赔偿责任。评估机构履行赔偿责任后，可以向有故意或者重大过失行为的评估专业人员追偿。

违反本法规定，应当委托评估机构进行法定评估而未委托的，由有关部门责令改正；拒不改正的，处十万元以上五十万元以下罚款；情节严重的，对直接负责的主管人员和其他直接责任人员依法给予处分；造成损失的，依法承担赔偿责任；构成犯罪的，依法追究刑事责任。

违反本法规定，委托人在法定评估中有下列情形之一的，由有关评估行政管理部门会同有关部门责令改正；拒不改正的，处十万元以上五十万元以下罚款；有违法所得的，没收违法所得；情节严重的，对直接负责的主管人员和其他直接责任人员依法给予处分；造成损失的，依法承担赔偿责任；构成犯罪的，依法追究刑事责任：

1）未依法选择评估机构的。

2）索要、收受或者变相索要、收受回扣的。

3）串通、唆使评估机构或者评估师出具虚假评估报告的。

4）不如实向评估机构提供权属证明、财务会计信息和其他资料的。

5）未按照法律规定和评估报告载明的使用范围使用评估报告的。

前款规定以外的委托人违反本法规定，给他人造成损失的，依法承担赔偿责任。

评估行业协会违反本法规定的，由有关评估行政管理部门给予警告，责令改正；拒不改正的，可以通报登记管理机关，由其依法给予处罚。

有关行政管理部门、评估行业协会工作人员违反本法规定，滥用职权、玩忽职守或者徇私舞弊的，依法给予处分；构成犯罪的，依法追究刑事责任。

10.2.2 房地产估价机构

1．房地产估价机构与人员的行政许可

房地产估价机构，是指依法设立并取得房地产估价机构资质，从事房地产估价活动的中介服务机构。

国家鉴于房地产估价活动与公共利益、金融活动等社会经济活动密切相关，是为公众提供服务并且直接关系公共利益的行业，需要具备特殊信誉、特殊条件或特殊技能，为加强对房地产估价机构的管理，规范房地产估价行为，依据《行政许可法》，国务院下发了《国务院对确需保留的行政审批项目设定行政许可的决定》（国务院令第412号），将房地产估价机构资质核准列为确需保留的500项行政许可项目之一，房地产估价行业是目前我国估价领域唯一对机构和执业人员均实行行政许可的行业。2005年10月，建设部根据上述法律、行政法规，发布了《房地产估价机构管理办法》（建设部令第142号），自2005年12月1日起施行。2013年住房城乡建设部第7次部常务会议审议通过了对《房地产估价机构管理办法》的修订，并以住房和城乡建设部令第14号发布，自2013年10月16日起施行。

2．房地产估价机构组织形式

房地产估价机构由自然人出资，主要由房地产估价师个人发起设立，组织形式包括合伙制和有限责任制。

（1）合伙制

由2名以上（含2名）专职注册房地产估价师合伙发起设立。合伙人按照协议约定或法律规定，以各自的财产承担法律责任，对机构的债务承担无限连带责任。

（2）有限责任制

由3名以上（含3名）专职注册房地产估价师共同出资发起设立。出资人以其出资额为限承担法律责任，房地产估价机构以其全部资产对其债务承担责任。

3．房地产估价机构资质管理

2016年12月1日《资产评估法》实施之后，对房地产估价机构实行备案管理制度，不再实行资质核准。对于已取得资质等级的房地产估价机构，在资质有效期内，原资质继续有效；资质有效期满30日前，应向省级住房城乡建设（房地产）主管部门提出备案申请。符合《房地产估价机构管理办法》中相应等级标准的，在备案证明中予以标注。符合备案条件的，省级住房城乡建设（房地产）主管部门核发备案证明，标注相应等级，原有资质证书收回。逾期未申请的，不得开展房地产估价活动。对于已取得资质等级的房地产估价机构的名称、法定代表人或者执行合伙人、组织形式、住所等事项发生变更的，申请办理变更事项时，不再颁发资质证书，改核发备案证明。对于现有三级资质房地产估价机构，资质有效期满后未达到资产评估法规定条件的，不予备案，不得开展房地产估价活动。房地产估价机构资质有效期为3年。房地产估价机构资质等级分为一、二、三级。新设立中介服务机构的房地产估价机构资质等级应当核定为三级资质，设1年的暂定期。

房地产估价机构各资质等级执行以下标准：

一级资质：

1）机构名称有房地产估价或者房地产评估字样。

2）从事房地产估价活动连续6年以上，且取得二级房地产估价机构资质3年以上。

3）有15名以上专职注册房地产估价师。

4）在申请核定资质等级之日前3年平均每年完成估价标的物建筑面积50万平方米以上或者土地面积25万平方米以上。

5）法定代表人或者执行合伙人是注册后从事房地产估价工作3年以上的专职注册房地产估价师。

6）有限责任公司的股东中有3名以上、合伙企业的合伙人中有2名以上专职注册房地产估价师，股东或者合伙人中有一半以上是注册后从事房地产估价工作3年以上的专职注册房地产估价师。

7）有限责任公司的股份或者合伙企业的出资额中专职注册房地产估价师的股份或者出资额合计不低于60%。

8）有固定的经营服务场所。

9）估价质量管理、估价档案管理、财务管理等各项企业内部管理制度健全。

10）随机抽查的1份房地产估价报告符合《房地产估价规范》的要求。

11）在申请核定资质等级之日前3年内无本办法第三十三条禁止的行为。

二级资质：

1）机构名称有房地产估价或者房地产评估字样。

2）取得三级房地产估价机构资质后从事房地产估价活动连续4年以上。

3）有8名以上专职注册房地产估价师。

4）在申请核定资质等级之日前3年平均每年完成估价标的物建筑面积30万平方米以上或者土地面积15万平方米以上。

5）法定代表人或者执行合伙人是注册后从事房地产估价工作3年以上的专职注册房地产估价师。

6）有限责任公司的股东中有3名以上、合伙企业的合伙人中有2名以上专职注册房地产估价师，股东或者合伙人中有一半以上是注册后从事房地产估价工作3年以上的专职注册房地产估价师。

7）有限责任公司的股份或者合伙企业的出资额中专职注册房地产估价师的股份或者出资额合计不低于60%。

8）有固定的经营服务场所。

9）估价质量管理、估价档案管理、财务管理等各项企业内部管理制度健全。

10）随机抽查的1份房地产估价报告符合《房地产估价规范》的要求。

11）在申请核定资质等级之日前3年内无本办法第三十三条禁止的行为。

三级资质：

1）机构名称有房地产估价或者房地产评估字样。

2）有3名以上专职注册房地产估价师。

3）在暂定期内完成估价标的物建筑面积8万平方米以上或者土地面积3万平方米以上。

4）法定代表人或者执行合伙人是注册后从事房地产估价工作3年以上的专职注册房地产估价师。

5）有限责任公司的股东中有2名以上、合伙企业的合伙人中有2名以上专职注册房地产估价师，股东或者合伙人中有一半以上是注册后从事房地产估价工作3年以上的专职注册房地产估价师。

6）有限责任公司的股份或者合伙企业的出资额中专职注册房地产估价师的股份或者出资额合计不低于60%。

7）有固定的经营服务场所。

8）估价质量管理、估价档案管理、财务管理等各项企业内部管理制度健全。

9）随机抽查的1份房地产估价报告符合《房地产估价规范》的要求。

10）在申请核定资质等级之日前3年内无《房地产估价机构管理办法》禁止的行为。

4．房地产估价机构监管

（1）房地产估价机构业务范围

从事房地产估价活动的机构，应当依法取得房地产估价机构资质，并在其资质等级许可范围内从事估价业务。一级资质房地产估价机构可以从事各类房地产估价业务。二级资质房地产估价机构可以从事除公司上市、企业清算以外的房地产估价业务。三级资质房地产估价机构可以从事除公司上市、企业清算、司法鉴定以外的房地产估价业务。暂定期内的三级资质房地产估价机构可以从事除公司上市、企业清算、司法鉴定、房屋征收、在建工程抵押以外的房地产估价业务。

房地产估价业务应当由房地产估价机构统一接受委托，统一收取费用。房地产估价师不得以个人名义承揽估价业务，分支机构应当以设立该分支机构的房地产估价机构名义承揽估价业务。房地产估价机构及执行房地产估价业务的估价人员与委托人或者估价业务相对人有利害关系的，应当回避。

（2）房地产估价机构分支机构监管

一级资质房地产估价机构可以按照本办法第二十一条的规定设立分支机构。二、三级资质房地产估价机构不得设立分支机构。分支机构应当以设立该分支机构的房地产估价机构的名义出具估价报告，并加盖该房地产估价机构公章。分支机构应当具备下列条件：

1）名称采用"房地产估价机构名称＋分支机构所在地行政区划名＋分公司

（分所）"的形式。

2）分支机构负责人应当是注册后从事房地产估价工作3年以上并无不良执业记录的专职注册房地产估价师。

3）在分支机构所在地有3名以上专职注册房地产估价师。

4）有固定的经营服务场所。

5）估价质量管理、估价档案管理、财务管理等各项内部管理制度健全。

注册于分支机构的专职注册房地产估价师，不计入设立分支机构的房地产估价机构的专职注册房地产估价师人数。

新设立的分支机构，应当自领取分支机构营业执照之日起30日内，到分支机构工商注册所在地的省、自治区人民政府住房城乡建设主管部门、直辖市人民政府房地产主管部门备案。

省、自治区人民政府住房城乡建设主管部门、直辖市人民政府房地产主管部门应当在接受备案后10日内，告知分支机构工商注册所在地的市、县人民政府房地产主管部门，并报国务院住房城乡建设主管部门备案。

3．房地产估价机构的禁止行为

房地产估价机构不得有下列行为：

1）涂改、倒卖、出租、出借或者以其他形式非法转让资质证书。

2）超越资质等级业务范围承接房地产估价业务。

3）以迎合高估或者低估要求、给予回扣、恶意压低收费等方式进行不正当竞争。

4）违反房地产估价规范和标准。

5）出具有虚假记载、误导性陈述或者重大遗漏的估价报告。

6）擅自设立分支机构。

7）未经委托人书面同意，擅自转让受托的估价业务。

8）法律、法规禁止的其他行为。

10.2.3　房地产估价师执业资格制度

执业资格制度是对关系公共利益和人民生命财产安全的关键领域和岗位，实行人员准入控制的一项制度。1993年，借鉴美国等市场经济发达国家和地区的经验，建设部、人事部共同建立了房地产估价师执业资格制度，经严格考核，认定了首批140名房地产估价师。这是中国最早建立的执业资格制度之一。1994年，认定了第二批206名房地产估价师。1995年3月22日，建设部、人事部联合发出了《关于印发〈房地产估价师执业资格制度暂行规定〉和〈房地产估价师执业资格考试实施办法〉的通知》（建房〔1995〕147号）。从1995年开始，房地产估价师执业资格实行全国统一考试制度。房地产估价师执业资格考试为职业准入资格考试，2002年之前原则上每两年举行一次，2002年之后每年举行一次。从2001年起，获准在中华人民共和国境内就业的外籍和港澳台专业人员，可以按照建房〔1995〕147号文件规定，报名参加全国房地产估价师执业资格考试。2003年8月12日，国务院发布《关于促进房地产市场持续健康发展的通知》（国发〔2003〕18号），要求严格执行房地产估价师执（职）业资格制度。2004年8月，根据中央政府与香港特别行政区政府签署的《内地与香港关于建立更紧密经贸关系的安排》（通常称CEPA），内地与香港完成了房地产估价师与产业测量师首批资格互认，香港97名产业测量师取得了内地的房地产估价师资格，内地111名房地产估价师取得了香港的产业测量师资格。这是内地与香港最早实现资格互认的执业资格，进一步加强和推进了内地与香港在房地产估价领域的交流合作，促进了内地与香港房地产估价行业共同发展。资产评估法实施之后，根据《城市房地产管理法》的规定，房地产估价人员继续实行准入类职业资格管理，管理机构、管理办法保持不变，取得房地产估价师职业资格并经注册后方可从事房地产估价活动。各类房地产估价业务都应当由2名以上注册房地产估价师承办和签署房地产估价报告。对于违反上述规定的，有关住房城乡建设（房地产）主管部门依据《城市房地产管理法》、《资产评估法》和《注册房地产估价师管理办法》进行处罚。

1. 房地产估价师执业资格考试

考试科目：《房地产基本制度与政策》、《房地产估价相关知识》、《房地产开发经营与管理》、《房地产估价理论与方法》、《房地产估价案例与分析》。

报名条件：根据《房地产估价师执业资格制度暂行规定》（建房〔1995〕147号）的规定，凡中华人民共和国公民，遵纪守法并具备下列条件之一的，可申请参加房地产估价师执业资格考试：

1）取得房地产估价相关学科（包括房地产经营、房地产经济、土地管理、城市规划等，下同）中等专业学历，具有八年以上相关专业工作经历，其中从事房地产估价实务满五年。

2）取得房地产估价相关学科大专学历，具有六年以上相关专业工作经历，其中从事房地产估价实务满四年。

3）取得房地产估价相关学科学士学位，具有四年以上相关专业工作经历，其中从事房地产估价实务满三年。

4）取得房地产估价相关学科硕士学位或第二学位、研究生班毕业，从事房地产估价实务满二年。

5）取得房地产估价相关学科博士学位的。

6）不具备上述规定学历，但通过国家统一组织的经济专业初级资格或审计、会计、统计专业助理级资格考试并取得相应资格，具有十年以上相关专业工作经历，其中从事房地产估价实务满六年，成绩特别突出的。

2. 房地产估价师注册

注册房地产估价师是指通过全国房地产估价师执业资格考试或者资格认定、资格互认，取得中华人民共和国房地产估价师执业资格（以下简称执业资格），并按照本办法注册，取得中华人民共和国房地产估价师注册证书（以下简称注册证书），从事房地产估价活动的人员。注册证书是注册房地产估价师的执业凭证。注册有效期为3年。国务院建设主管部门为房地产估价师注册管理部门。省、自治区、直辖市人民政府房地产主管部门为房地产估价师注册初审部门。

房地产估价师注册种类包括初始注册、变更注册、延续注册、注销注册和撤销注册。

房地产估价师的初始注册是指通过房地产估价师执业资格考试，并取得房地产估价师执业资格后的第一次注册。房地产估价师的变更注册是房地产估价师初始注册后，经过一段时间的执业后，需要变更所注册的房地产估价机构的注册。房地产估价师的延续注册是房地产估价师3年注册有效期期满，且达到继续教育合格标准后进行的续期注册。每次延续注册又可以获得3年的注册有效期。房地产估价师的注销注册是由于房地产估价机构的原因或房地产估价师个人的原因，不具备或丧失注册条件时，而注销原注册执业资格的行为。房地产估价师的撤销注册是由于负责注册工作的政府职能部门人员的工作失误或错误，而撤销原先已经做出的注册决定。

3．房地产估价师注册条件

房地产估价师注册条件是：

1）取得执业资格。

2）达到继续教育合格标准。

3）受聘于具有资质的房地产估价机构。

4）无《注册房地产估价师管理办法》第十四条规定不予注册的情形。

《注册房地产估价师管理办法》第十四条规定不予注册的情形有：

1）不具有完全民事行为能力的。

2）刑事处罚尚未执行完毕的。

3）因房地产估价及相关业务活动受刑事处罚，自刑事处罚执行完毕之日起至申请注册之日止不满5年的。

4）因前项规定以外原因受刑事处罚，自刑事处罚执行完毕之日起至申请注册之日止不满3年的。

5）被吊销注册证书，自被处罚之日起至申请注册之日止不满3年的。

6）以欺骗、贿赂等不正当手段获准的房地产估价师注册被撤销，自被撤销注册之日起至申请注册之日止不满3年的。

7）申请在2个或者2个以上房地产估价机构执业的。

8）为现职公务员的。

9）年龄超过65周岁的。

10）法律、行政法规规定不予注册的其他情形。

4．注册房地产估价师的权利和义务

注册房地产估价师享有的权利有：

1）使用注册房地产估价师名称。

2）在规定范围内执行房地产估价及相关业务。

3）签署房地产估价报告。

4）发起设立房地产估价机构。

5）保管和使用本人的注册证书。

6）对本人执业活动进行解释和辩护。

7）参加继续教育。

8）获得相应的劳动报酬。

9）对侵犯本人权利的行为进行申诉。

注册房地产估价师履行的义务有：

1）遵守法律、法规、行业管理规定和职业道德规范。

2）执行房地产估价技术规范和标准。

3）保证估价结果的客观公正，并承担相应责任。

4）保守在执业中知悉的国家秘密和他人的商业、技术秘密。

5）与当事人有利害关系的，应当主动回避。

6）接受继续教育，努力提高执业水准。

7）协助注册管理机构完成相关工作。

5．注册房地产估价师继续教育

注册房地产估价师在每一注册有效期内应当达到国务院建设主管部门规定的继续教育要求。注册房地产估价师继续教育分为必修课和选修课，每一注册有效期各为60学时。经继续教育达到合格标准的，颁发继续教育合格证书。注册房地产估价师继续教育，由中国房地产估价师与房地产经纪人学会负责组织。

6．房地产估价师执业监管

注册房地产估价师违法从事房地产估价活动的，违法行为发生地直辖市、市、县、市辖区人民政府建设（房地产）主管部门应当依法查处，并将违法事实、处理结果告知注册房地产估价师注册所在地的省、自治区、直辖市建设（房地产）主管部门；依法需撤销注册的，应当将违法事实、处理建议及有关材料报国务院建设主管部门。

申请人以欺骗、贿赂等不正当手段获准房地产估价师注册许可的，应当予以撤销。注册房地产估价师及其聘用单位应当按照要求，向注册机关提供真实、准确、完整的注册房地产估价师信用档案信息。注册房地产估价师信用档案信息按照有关规定向社会公示。

注册房地产估价师不得有下列行为：

1）不履行注册房地产估价师义务。

2）在执业过程中，索贿、受贿或者谋取合同约定费用外的其他利益。

3）在执业过程中实施商业贿赂。

4）签署有虚假记载、误导性陈述或者重大遗漏的估价报告。

5）在估价报告中隐瞒或者歪曲事实。

6）允许他人以自己的名义从事房地产估价业务。

7）同时在2个或者2个以上房地产估价机构执业。

8）以个人名义承揽房地产估价业务。

9）涂改、出租、出借或者以其他形式非法转让注册证书。

10）超出聘用单位业务范围从事房地产估价活动。

11）严重损害他人利益、名誉的行为。

12）法律、法规禁止的其他行为。

注册房地产估价师有以上行为之一的，由县级以上地方人民政府建设（房地产）主管部门给予警告，责令其改正，没有违法所得的，处以1万元以下罚款，有违法所得的，处以违法所得3倍以下且不超过3万元的罚款；造成损失的，依法承担赔偿责任；构成犯罪的，依法追究刑事责任。

有下列情形之一的，国务院建设主管部门依据职权或者根据利害关系人的请求，可以撤销房地产估价师注册：

1）注册机关工作人员滥用职权、玩忽职守作出准予房地产估价师注册行政许可的。

2）超越法定职权作出准予房地产估价师注册许可的。

3）违反法定程序作出准予房地产估价师注册许可的。

4）对不符合法定条件的申请人作出准予房地产估价师注册许可的。

5）依法可以撤销房地产估价师注册的其他情形。

隐瞒有关情况或者提供虚假材料申请房地产估价师注册的，建设（房地产）主管部门不予受理或者不予行政许可，并给予警告，在1年内不得再次申请房地产估价师注册。聘用单位为申请人提供虚假注册材料的，由省、自治区、直辖市人民政府建设（房地产）主管部门给予警告，并可处以1万元以上3万元以下的罚款。以欺骗、贿赂等不正当手段取得注册证书的，由国务院建设主管部门撤销其注册，3年内不得再次申请注册，并由县级以上地方人民政府建设（房地产）主管部门处以罚款，其中没有违法所得的，处以1万元以下罚款，有违法所得的，处以违法所得3倍以下且不超过3万元的罚款；构成犯罪的，依法追究刑事责任。违反本办法规定，未经注册，擅自以注册房地产估价师名义从事房地产估价活动的，所签署的估价报告无效，由县级以上地方人民政府建设（房地产）主管部门给予警告，责令停止违法活动，并可处以1万元以上3万元以下的罚款；造成损失的，依法承担赔偿责任。违反规定，未办理变更注册仍执业的，由县级以上地方人民政府建设（房地产）主管部门责令限期改正；逾期不改正的，可处以5000元以下的罚款。违反本办法规定，注册房地产估价师或者其聘用单位未按照要求提供房地产估价师信用档案信息的，由县级以上地方人民政府建设（房地产）主管部门责令限期改正；逾期未改正的，可处以1000元以上1万元以下的罚款。

10.3　房地产经纪

　　房地产经纪是指以收取佣金为目的，为促成他人房地产交易而从事居间、代理等经纪业务的经济活动。目前主要业务是接受房地产开发商的委托，销售其开发的新商品房。房地产经纪业务，不仅包括代理新房的买卖，还包括代理旧房的买卖，不仅代理房地产的买卖，还代理房地产的租赁业务。从事房地产经纪活动应当遵循自愿、平等、公平和诚实信用的原则，遵守职业规范，恪守职业道德。

10.3.1　房地产经纪机构的管理

　　1．房地产经纪机构的概念

　　房地产经纪机构，是指依法设立，从事房地产经纪活动的中介服务机构。房地产经纪机构可以设立分支机构。

　　房地产经纪机构和房地产经纪人员不得有下列行为：

　　1）捏造散布涨价信息，或者与房地产开发经营单位串通捂盘惜售、炒卖房号，操纵市场价格。

　　2）对交易当事人隐瞒真实的房屋交易信息，低价收进高价卖（租）出房屋赚取差价。

　　3）以隐瞒、欺诈、胁迫、贿赂等不正当手段招揽业务，诱骗消费者交易或者强制交易。

　　4）泄露或者不当使用委托人的个人信息或者商业秘密，谋取不正当利益。

　　5）为交易当事人规避房屋交易税费等非法目的，就同一房屋签订不同交易价款的合同提供便利。

　　6）改变房屋内部结构分割出租。

　　7）侵占、挪用房地产交易资金。

　　8）承购、承租自己提供经纪服务的房屋。

　　9）为不符合交易条件的保障性住房和禁止交易的房屋提供经纪服务。

　　10）法律、法规禁止的其他行为。

　　2．房地产经纪机构备案

　　房地产经纪机构及其分支机构应当自领取营业执照之日起30日内，到所在直辖市、市、县人民政府建设（房地产）主管部门备案。

　　直辖市、市、县人民政府建设（房地产）主管部门应当将房地产经纪机构及其分支机构的名称、住所、法定代表人（执行合伙人）或者负责人、房地产经纪人员等备案信息向社会公示。

　　房地产经纪机构及其分支机构变更或者终止的，应当自变更或者终止之日起30日内，办理备案变更或者注销手续。

3．房地产经纪活动管理

（1）业务承揽

1）房地产经纪业务应当由房地产经纪机构统一承接，服务报酬由房地产经纪机构统一收取。分支机构应当以设立该分支机构的房地产经纪机构名义承揽业务。房地产经纪人员不得以个人名义承接房地产经纪业务和收取费用。

2）房地产经纪机构签订房地产经纪服务合同前，应当向委托人说明房地产经纪服务合同和房屋买卖合同或者房屋租赁合同的相关内容，并书面告知下列事项：①是否与委托房屋有利害关系；②应当由委托人协助的事宜、提供的资料；③委托房屋的市场参考价格；④房屋交易的一般程序及可能存在的风险；⑤房屋交易涉及的税费；⑥经纪服务的内容及完成标准；⑦经纪服务收费标准和支付时间；⑧其他需要告知的事项。

3）房地产经纪机构根据交易当事人需要提供房地产经纪服务以外的其他服务的，应当事先经当事人书面同意并告知服务内容及收费标准。书面告知材料应当经委托人签名（盖章）确认。

4）房地产经纪机构与委托人签订房屋出售、出租经纪服务合同，应当查看委托出售、出租的房屋及房屋权属证书，委托人的身份证明等有关资料，并应当编制房屋状况说明书。经委托人书面同意后，方可以对外发布相应的房源信息。房地产经纪机构与委托人签订房屋承购、承租经纪服务合同，应当查看委托人身份证明等有关资料。

5）委托人与房地产经纪机构签订房地产经纪服务合同，应当向房地产经纪机构提供真实有效的身份证明。委托出售、出租房屋的，还应当向房地产经纪机构提供真实有效的房屋权属证书。委托人未提供规定资料或者提供资料与实际不符的，房地产经纪机构应当拒绝接受委托。

6）房地产经纪机构及其经纪人员不得提供公共租赁住房出租、转租、出售等经纪业务（《公共租赁住房管理办法》第三十二条）。

（2）房地产经纪机构在经营场所应当公示的内容

房地产经纪机构及其分支机构应当在其经营场所醒目位置公示下列内容：

1）营业执照和备案证明文件。

2）服务项目、内容、标准。

3）业务流程。

4）收费项目、依据、标准。

5）交易资金监管方式。

6）信用档案查询方式、投诉电话及12358价格举报电话。

7）政府主管部门或者行业组织制定的房地产经纪服务合同、房屋买卖合同、房屋租赁合同示范文本。

8）法律、法规、规章规定的其他事项。

分支机构还应当公示设立该分支机构的房地产经纪机构的经营地址及联系方式。

房地产经纪机构代理销售商品房项目的，还应当在销售现场明显位置明示商品房销售委托书和批准销售商品房的有关证明文件。

（3）房地产经纪服务合同

房地产经纪服务合同应当包含房地产经纪服务双方当事人的姓名（名称）、住所等情况和从事业务的房地产经纪人员情况；房地产经纪服务的项目、内容、要求以及完成的标准；服务费用及其支付方式；合同当事人的权利和义务；违约责任和纠纷解决方式。

房地产经纪机构签订的房地产经纪服务合同，应当加盖房地产经纪机构印章，并由从事该业务的一名房地产经纪人或者两名房地产经纪人协理签名。

（4）收费管理

1）房地产经纪服务实行明码标价制度。房地产经纪机构应当遵守价格法律、法规和规章规定，在经营场所醒目位置标明房地产经纪服务项目、服务内容、收费标准以及相关房地产价格和信息。

2）房地产经纪机构不得收取任何未予标明的费用；不得利用虚假或者使人误解的标价内容和标价方式进行价格欺诈；一项服务可以分解为多个项目和标准的，应当明确标示每一个项目和标准，不得混合标价、捆绑标价。

3）房地产经纪机构未完成房地产经纪服务合同约定事项，或者服务未达到房地产经纪服务合同约定标准的，不得收取佣金。

4）两家或者两家以上房地产经纪机构合作开展同一宗房地产经纪业务的，只能按照一宗业务收取佣金，不得向委托人增加收费。

（5）房地产销售代理

房地产销售代理是指房地产开发企业或其他房地产拥有者将物业销售业务委托专门的房地产中介服务机构代为销售的一种经营方式。

在《商品房销售管理办法》中，对房地产销售代理作出了如下规定：

1）房地产开发企业委托中介服务机构销售商品房的，受托机构应当是依法设立并取得工商营业执照的房地产中介服务机构。

2）房地产开发企业应当与受托房地产中介服务机构订立书面委托合同，委托合同应当载明委托期限、委托权限以及委托人和被委托人的权利、义务。

3）受托房地产中介服务机构销售商品房时，应当向买受人出示商品房的有关证明文件和商品房销售委托书。

4）受托房地产中介服务机构销售商品房时，应当如实向买受人介绍所代理销售商品房的有关情况。

5）受托房地产中介服务机构不得代理销售不符合销售条件的商品房。

6）受托房地产中介服务机构在代理销售商品房时不得收取佣金以外的其他费用。

7）商品房销售人员应当经过专业培训，方可从事商品房销售业务。

在《关于进一步加强房地产市场监管完善商品住房预售制度有关问题的通

知》中，对于房地产销售代理和房地产经纪监管也有规定：实行代理销售商品住房的，应当委托在房地产主管部门备案的房地产经纪机构代理。房地产经纪机构应当将经纪服务项目、服务内容和收费标准在显著位置公示；额外提供的延伸服务项目，需事先向当事人说明，并在委托合同中明确约定，不得分解收费项目和强制收取代书费、银行按揭服务费等费用。房地产经纪机构和执业人员不得炒卖房号，不得在代理过程中赚取差价，不得通过签订"阴阳合同"违规交易，不得发布虚假信息和未经核实的信息，不得采取内部认购、雇人排队等手段制造销售旺盛的虚假氛围。

10.3.2　房地产经纪专业人员职业资格制度

自20世纪80年代后期以来，随着房地产交易量日益扩大，房地产经纪人从业人员队伍迅速发展成为一支数以十万计的职业大军，在房地产开发、销售、租赁、购买、投资、转让、抵押、置换等各类经济活动过程中，以第三者的独立身份，从事顾问代理、信息处理、售后服务、前期准备和咨询策划等工作，而且其从事的职业活动也随社会经济发展而进一步拓展，从规划设计、建造运筹、经营促销到物业管理的咨询策划，全方位地融入房地产经营开发的全过程，对促进房地产业的正常发展，发挥着不可替代的巨大作用。设立房地产经纪机构和分支机构，应当具有足够数量的房地产经纪人员。房地产经纪人员，是指从事房地产经纪活动的房地产经纪人和房地产经纪人协理。房地产经纪机构和分支机构与其招用的房地产经纪人员，应当按照《中华人民共和国劳动合同法》的规定签订劳动合同。

1. 资格考试

2014年7月22日，国务院印发《关于取消和调整一批行政审批项目等事项的决定》（国发〔2014〕27号），取消包括"房地产经纪人员职业资格许可和认证"在内的11项职业资格许可和认定事项。8月13日，人力资源和社会保障部发布《关于减少职业资格许可和认定有关问题的通知》（人社部发〔2014〕53号）、《关于做好国务院取消部分准入类职业资格相关后续工作的通知》（人社部函〔2014〕144号），取消房地产经纪人准入类职业资格，调整为水平评价类职业资格。《房地产经纪管理办法》第十条规定：房地产经纪人协理和房地产经纪人职业资格实行全国统一大纲、统一命题、统一组织的考试制度，由房地产经纪行业组织负责管理和实施考试工作，原则上每年举行一次考试。国务院住房城乡建设主管部门、人力资源社会保障部门负责对房地产经纪人协理和房地产经纪人职业资格考试进行指导、监督和检查，人力资源社会保障部、住房城乡建设部于2015年6月25日印发《房地产经纪专业人员职业资格制度暂行规定》和《房地产经纪专业人员职业资格考试实施办法》（人社部发〔2015〕47号）。

国家设立房地产经纪专业人员水平评价类职业资格制度，面向全社会提供房地产经纪专业人员能力水平评价服务，纳入全国专业技术人员职业资格证书制度统一规划。房地产经纪专业人员职业资格分为房地产经纪人协理、房地产经纪人和高级房地产经纪人三个级别。房地产经纪人协理和房地产经纪人职业资格实行统一考试的评价方式。高级房地产经纪人职业资格评价的具体办法另行规定。房地产经纪专业人员英文为：Real Estate Agent Professionals。通过房地产经纪人协理、房地产经纪人职业资格考试，取得相应级别职业资格证书的人员，表明其已具备从事房地产经纪专业相应级别专业岗位工作的职业能力和水平。人力资源社会保障部、住房城乡建设部共同负责房地产经纪专业人员职业资格制度的政策制定，并按职责分工对房地产经纪专业人员职业资格制度的实施进行指导、监督和检查。中国房地产估价师与房地产经纪人学会具体承担房地产经纪专业人员职业资格的评价与管理工作。人力资源社会保障部、住房城乡建设部指导中国房地产估价师与房地产经纪人学会确定房地产经纪人协理、房地产经纪人职业资格考试科目、考试大纲、考试试题和考试合格标准，并对其实施房地产经纪人协理、房地产经纪人职业资格考试工作进行监督、检查。

房地产经纪人协理职业资格考试设《房地产经纪综合能力》和《房地产经纪操作实务》2个科目。考试分2个半天进行，每个科目的考试时间均为2.5小时。房地产经纪人职业资格考试设《房地产交易制度政策》、《房地产经纪职业导论》、《房地产经纪专业基础》和《房地产经纪业务操作》4个科目。考试分4个半天进行，每个科目的考试时间均为2.5小时。

房地产经纪专业人员职业资格各科目考试成绩实行滚动管理的办法。在规定的期限内参加应试科目考试并合格，方可获得相应级别房地产经纪专业人员职业资格证书。参加房地产经纪人协理职业资格考试的人员，必须在连续的2个考试年度内通过全部（2个）科目的考试；参加房地产经纪人职业资格考试的人员，必须在连续的4个考试年度内通过全部（4个）科目的考试。

申请参加房地产经纪专业人员职业资格考试应当具备的基本条件如下：

1）遵守国家法律、法规和行业标准与规范。

2）秉承诚信、公平、公正的基本原则。

3）恪守职业道德。

申请参加房地产经纪人协理职业资格考试的人员，除具备基本条件外，还必须具备中专或者高中及以上学历。申请参加房地产经纪人职业资格考试的人员，除具备基本条件外，还必须符合下列条件之一：

1）通过考试取得房地产经纪人协理职业资格证书后，从事房地产经纪业务工作满6年。

2）取得大专学历，工作满6年，其中从事房地产经纪业务工作满3年。

3）取得大学本科学历，工作满4年，其中从事房地产经纪业务工作满2年。

4）取得双学士学位或研究生班毕业，工作满3年，其中从事房地产经纪业务工作满1年。

5）取得硕士学历（学位），工作满2年，其中从事房地产经纪业务工作满1年。

6）取得博士学历（学位）。

符合以上相应级别考试报名条件之一的，并具备下列一项条件的，可免予参加房地产经纪专业人员职业资格部分科目的考试：

1）通过全国统一考试，取得经济专业技术资格"房地产经济"专业初级资格证书的人员，可免试房地产经纪人协理职业资格《房地产经纪综合能力》科目，只参加《房地产经纪操作实务》1个科目的考试。

2）按照人事部、建设部《关于印发〈房地产经纪人员职业资格制度暂行规定〉和〈房地产经纪人执业资格考试实施办法〉的通知》（人发〔2001〕128号）要求，通过考试取得房地产经纪人协理资格证书的人员，可免试房地产经纪人协理职业资格《房地产经纪操作实务》科目，只参加《房地产经纪综合能力》1个科目的考试。

3）通过全国统一考试，取得房地产估价师资格证书的人员；通过全国统一考试，取得经济专业技术资格"房地产经济"专业中级资格证书的人员；或者按照国家统一规定评聘高级经济师职务的人员，可免试房地产经纪人职业资格《房地产交易制度政策》1个科目，只参加《房地产经纪职业导论》、《房地产经纪专业基础》和《房地产经纪业务操作》3个科目的考试。

参加1个或3个科目考试的人员，须在1个或连续的3个考试年度内通过应试科目的考试，方可获得房地产经纪专业人员职业资格证书。

免试部分科目的人员在报名时，应当提供相应证明文件。

参加考试由本人提出申请，按有关规定办理报名手续。考试实施机构按照规定的程序和报名条件审核合格后，核发准考证。参加考试人员凭准考证和有效证件在指定的日期、时间和地点参加考试。

房地产经纪人协理、房地产经纪人职业资格考试合格，由中国房地产估价师与房地产经纪人学会颁发人力资源社会保障部、住房城乡建设部监制，中国房地产估价师与房地产经纪人学会用印的相应级别《中华人民共和国房地产经纪专业人员职业资格证书》（以下简称房地产经纪专业人员资格证书）。该证书在全国范围有效。

2．职业能力

取得相应级别房地产经纪专业人员资格证书的人员，应当遵守国家法律、法规及房地产经纪行业相关制度规则，坚持诚信、公平、公正的原则，保守商业秘密，保障委托人合法权益，恪守职业道德。

取得房地产经纪人协理职业资格证书的人员应当具备的职业能力如下：

1）了解房地产经纪行业的法律法规和管理规定。

2）基本掌握房地产交易流程，具有一定的房地产交易运作能力。

3）独立完成房地产经纪业务的一般性工作。

4）在房地产经纪人的指导下，完成较复杂的房地产经纪业务。

取得房地产经纪人职业资格证书的人员应当具备的职业能力如下：

1）熟悉房地产经纪行业的法律法规和管理规定。

2）熟悉房地产交易流程，能完成较为复杂的房地产经纪工作，处理解决房地产经纪业务的疑难问题。

3）运用丰富的房地产经纪实践经验，分析判断房地产经纪市场的发展趋势，开拓创新房地产经纪业务。

4）指导房地产经纪人协理和协助高级房地产经纪人工作。

取得相应级别房地产经纪专业人员资格证书的人员，应当按照国家专业技术人员继续教育及房地产经纪行业管理的有关规定，参加继续教育，不断更新专业知识，提高职业素质和业务能力。

3．登记

房地产经纪专业人员资格证书实行登记服务制度。登记服务的具体工作由中国房地产估价师与房地产经纪人学会负责。中国房地产估价师与房地产经纪人学会定期向社会公布房地产经纪专业人员资格证书的登记情况，建立持证人员的诚信档案，并为用人单位提供取得房地产经纪专业人员资格证书的信息查询服务。取得房地产经纪专业人员资格证书的人员，应当自觉接受中国房地产估价师与房地产经纪人学会的管理和社会公众的监督。其在工作中违反相关法律、法规、规章或者职业道德，造成不良影响的，由中国房地产估价师与房地产经纪人学会取消登记，并收回其职业资格证书。房地产经纪专业人员登记服务机构在登记服务工作中，应当严格遵守国家和本行业的各项管理规定以及学会章程。

10.4   房地产中介服务行业管理

10.4.1   房地产中介服务行业信用档案

建立房地产中介服务行业信用档案是规范房地产市场行为，维护消费者合法权益，进一步启动住宅消费，促进住宅与房地产业健康发展，拉动国民经济增长和保持社会稳定的客观需要。市场经济的一个显著特征就是以契约为基础的信用经济。作为房地产中介服务行业，诚信对于房地产估价、房地产经纪行业尤为重要。房地产估价、房地产经纪专业性强，涉及标的价值量大，服务对象广泛，特别是随着房地产金融业务的不断发展和房屋征收补偿估价业务的拓展，房地产估价结果直接关系金融风险的防范，关系到公众利益。客观反映房地产价值是房地产估价师和房地产估价机构的使命。为委托方提供真实的可靠信息是房地产经纪人的责任，而诚实信用是保障房地产估价活动客观公正的基石，是保障房地产经纪活动的真实可靠的基础。

建立房地产中介服务行业信用档案，能够为各级政府部门和社会公众监督房地产中介服务行业及执（从）业人员市场行为提供依据，为社会公众查询企业和个人信用信息提供服务，为社会公众对房地产中介服务领域违法违规行为提供投诉的途径，从而有利于减少或避免商业欺诈、弄虚作假、损害消费者合法利益等行为的发生，使失信者在扩大经营范围、拓展业务等方面受到限制。

1. 房地产中介服务行业信用档案体系

房地产中介服务行业信用档案是房地产信用档案的重要组成部分。房地产中介服务行业信用档案包括房地产估价机构信用档案、注册房地产估价师信用档案、注册房地产经纪人信用档案等房地产中介服务机构及其执（从）业人员信用档案。

房地产中介服务行业信用档案记录房地产中介服务机构和注册房地产估价师、注册房地产经纪人等执（从）业人员的信用信息。

房地产估价机构、房地产经纪机构信用档案的主要内容包括：机构基本情况、机构良好行为记录、机构不良行为记录、估价项目汇总、估价项目基本情况、股东（合伙人）情况、注册房地产估价师基本情况、机构资质年审情况、投诉情况等。房地产估价机构和注册房地产估价师的违法违规行为，被投诉举报处理、行政处罚等情况，作为其不良行为记入其信用档案。

注册房地产估价师、注册房地产经纪人信用档案的主要内容包括：个人基本情况、个人业绩汇总、继续教育情况、科研能力表现、良好行为记录、不良行为记录、投诉情况等。按照《房地产估价机构管理办法》的规定，房地产估价机构的不良行为也作为该机构法定代表人或者执行合伙人的不良行为记入其信用档案。按照《房地产经纪管理办法》的规定，县级以上人民政府建设（房地产）主管部门应当将在日常监督检查中发现的房地产经纪机构和房地产经纪人员的违法违规行为、经查证属实的被投诉举报记录等情况，作为不良信用记录记入其信用档案。

2. 房地产中介服务行业信用档案管理

随着政府电子政务的发展，房地产信用档案系统将逐步与有关政府部门（如银行、工商、税收、质检、社保等）的信息系统互联互通，从同业征信向联合征信过渡，实现信息共享，以更加全面地反映房地产中介服务行业和执（从）业人员的信用状况。

房地产中介服务行业信用档案按照"统一规划、分级建设、分步实施、信息共享"的原则进行，逐步实现房地产中介服务行业信用档案系统覆盖全行业的目标。各级房地产行政主管部门负责组织所辖区内房地产信用档案系统的建设与管理工作。住房城乡建设部组织建立一级资质房地产估价机构及执业人员信用档案系统。中国房地产估价师与房地产经纪人学会为房地产中介服务行业信用档案的系统管理部门，在住房城乡建设部领导下，负责一级资质房地产估价机构和房地产中介执业人员信用档案的日常管理工作。

（1）信息的采集

信用档案信息依法从多种途径采集，充分利用现有信息资源，从政府部门、房地产中介行业自律组织、房地产中介服务机构、执（从）业人员、其他中介机构及社会公众等多种途径获得，并与机构资质审批、专业人员执（从）业资格注册工作有机结合。不良行为记录，除了要求房地产中介服务机构自报外，各级房地产行政主管部门、各级房地产中介行业自律组织也应及时报送房地产中介服务机构和有关责任人员的违法违规处理情况，房地产信用档案将按规定予以公示。

房地产中介服务机构或执业人员获部省级表彰或荣誉称号，即可作为良好行为记录载入该企业或执业人员的信用档案。良好行为记录由房地产企业及执业人员直接报送，或由各级建设（房地产）行政主管部门、房地产中介行业自律组织采集并审核后提交系统管理部门。

房地产中介服务机构或执（从）业人员出现违反房地产法律法规及相关法律法规、标准规范的行为，并受到行政处罚的，即可作为不良行为载入该企业或执业人员的信用档案。不良行为记录以企业自报为主，房地产企业应在受到行政处罚后10日内将有关信息直接报送系统管理部门；也可通过各级建设（房地产）行政主管部门、房地产中介行业自律组织将行政处罚意见和其他不良行为记录提交系统管理部门。

（2）信息维护和更新

房地产中介服务行业信用档案是由政府组织建立的，由系统管理部门对信息进行维护和更新。对涉及企业商业秘密的信息要注意保密，实行授权查询；未经核实的信息不得在网上公示；不良记录在公示前，必须经过严格的审核批准程序。

（3）投诉处理

房地产中介服务行业信用档案系统专门设立了网上投诉栏目，社会公众可以在网上按照统一格式对房地产市场违法违纪行为进行投诉。按照《关于建立房地产企业及执（从）业人员信用档案系统的通知》的规定，系统管理部门对收到的投诉信息，要进行登记、整理、分类，并根据被投诉对象和投诉内容，或转交有关行政部门进行核查、处理，或转给被投诉机构进行处理。房地产中介服务机构对系统管理部门转去的投诉在15日内反馈意见（包括处理结果或正在处理情况）。无正当理由未按时反馈的，将在网上公示投诉情况。机构对已公示的违法违规行为进行整改后，可提请相关行政主管部门组织考核验收，并在网上公布整改结果。如要撤销公示，须由被公示单位提出申请，经相关行政主管部门同意，方可从网上撤销；不良行为记录分类在房地产中介服务行业信用档案中保留一定期限。

（4）信息查询

按照依法、合理保护企业商业秘密和分类、分级管理原则，房地产中介服务机构、执（从）业人员信用档案内容分为公示信息和授权查询信息两大类。任何单位和个人有权查阅信用档案公示信息。公示信息可直接在中国住宅与房地产信息网、中国房地产估价师网和中国房地产经纪人网上免费查询。授权查询信息，如房地产估价机构信用档案中估价项目名称、委托人名称、委托人联系电话等内容，需按照房地产信用档案管理规定的条件和程序进行查询。

10.4.2　加强房地产中介管理促进行业健康发展的意见

房地产中介行业是房地产业的重要组成部分。近年来，房地产中介行业发展较快，在活跃市场、促进交易等方面发挥了重要作用。但部分中介机构和从业人员存在着经营行为不规范、侵害群众合法权益、扰乱市场秩序等问题。为加强房地产中介管理，保护群众合法权益，促进行业健康发展，住房城乡建设部、国家发展和改革委员会、工业和信息化部、中国人民银行、国家税务总局、国家工商行政管理总局、中国银行业监督管理委员会等部门于2016年7月29日联合印发了《关于加强房地产中介管理促进行业健康发展的意见》（建房〔2016〕168号）。

1．规范中介服务行为

（1）规范中介机构承接业务

中介机构在接受业务委托时，应当与委托人签订书面房地产中介服务合同并归档备查，房地产中介服务合同中应当约定进行房源信息核验的内容。中介机构不得为不符合交易条件的保障性住房和禁止交易的房屋提供中介服务。

（2）加强房源信息尽职调查

中介机构对外发布房源信息前，应当核对房屋产权信息和委托人身份证明等材料，经委托人同意后到房地产主管部门进行房源信息核验，并编制房屋状况说明书。房屋状况说明书要标明房源信息核验情况、房地产中介服务合同编号、房屋坐落、面积、产权状况、挂牌价格、物业服务费、房屋图片等，以及其他应当说明的重要事项。

（3）加强房源信息发布管理

中介机构发布的房源信息应当内容真实、全面、准确，在门店、网站等不同渠道发布的同一房源信息应当一致。房地产中介从业人员应当实名在网站等渠道上发布房源信息。中介机构不得发布未经产权人书面委托的房源信息，不得隐瞒抵押等影响房屋交易的信息。对已出售或出租的房屋，促成交易的中介机构要在房屋买卖或租赁合同签订之日起2个工作日内，将房源信息从门店、网站等发布渠道上撤除；对委托人已取消委托的房屋，中介机构要在2个工作日内将房源信息从各类渠道上撤除。

（4）规范中介服务价格行为

房地产中介服务收费由当事人依据服务内容、服务成本、服务质量和市场供求状况协商确定。中介机构应当严格遵守《中华人民共和国价格法》、《关于商品和服务实行明码标价的规定》及《商品房销售明码标价规定》等法律法规，在经营场所醒目位置标识全部服务项目、服务内容、计费方式和收费标准，各项服务均须单独标价。提供代办产权过户、贷款等服务的，应当由委托人自愿选择，并在房地产中介服务合同中约定。中介机构不得实施违反《中华人民共和国价格法》、《中华人民共和国反垄断法》规定的价格违法行为。

（5）规范中介机构与金融机构业务合作

中介机构提供住房贷款代办服务的，应当由委托人自主选择金融机构，并提供当地的贷款条件、最低首付比例和利率等房地产信贷政策，供委托人参考。中介机构不得强迫委托人选择其指定的金融机构，不得将金融服务与其他服务捆绑，不得提供或与其他机构合作提供首付贷等违法违规的金融产品和服务，不得向金融机构收取或变相收取返佣等费用。金融机构不得与未在房地产主管部门备案的中介机构合作提供金融服务。

（6）规范中介机构涉税服务

中介机构和从业人员在协助房地产交易当事人办理纳税申报等涉税事项时，应当如实告知税收规定和优惠政策，协助交易当事人依法诚信纳税。税务机关对在房地产主管部门备案的中介机构和取得职业资格的从业人员，其协助房地产交易当事人办理申报纳税事项诚信记录良好的，应当提供方便快捷的服务。从业人员在办理涉税业务时，应当主动出示标明姓名、机构名称、国家职业资格等信息的工作牌。中介机构和从业人员不得诱导、唆使、协助交易当事人签订"阴阳合同"，低报成交价格；不得帮助或唆使交易当事人伪造虚假证明，骗取税收优惠；不得倒卖纳税预约号码。

2. 完善行业管理制度

（1）提供便捷的房源核验服务

市、县房地产主管部门要对房屋产权人、备案的中介机构提供房源核验服务，发放房源核验二维码，并实时更新产权状况。积极推行房地产中介服务合同网签和统一编号管理制度。房地产中介服务合同编号应当与房源核验二维码关联，确保真实房源、真实委托。中介机构应当在发布的房源信息中明确标识房源核验二维码。

（2）全面推行交易合同网签制度

市、县房地产主管部门应当按照《国务院办公厅关于促进房地产市场平稳健康发展的通知》（国办发〔2010〕4号）要求，全面推进存量房交易合同网签系统建设。备案的中介机构可进行存量房交易合同网上签约。已建立存量房交易合同网签系统的市、县，要进一步完善系统，实现行政区域的全覆盖和交易产权档案的数字化；尚未建立系统的，要按规定完成系统建设并投入使用。住房城乡建设部将开展存量房交易合同网签系统建设和使用情况的专项督查。

（3）健全交易资金监管制度

市、县房地产主管部门要建立健全存量房交易资金监管制度。中介机构及其从业人员不得通过监管账户以外的账户代收代付交易资金，不得侵占、挪用交易资金。已建立存量房交易资金监管制度的市、县，要对制度执行情况进行评估，不断优化监管方式；尚未建立存量房交易资金监管制度的，要在2016年12月31日前出台监管办法，明确监管制度并组织实施。省级住房城乡建设部门要对所辖市、县交易资金监管制度落实情况进行督促检查，并于2016年12月31日前将落实情况报住房城乡建设部。

（4）建立房屋成交价格和租金定期发布制度

市、县房地产主管部门要会同价格主管部门加强房屋成交价格和租金的监测分析工作，指导房屋交易机构、价格监测机构等建立分区域房屋成交价格和租金定期发布制度，合理引导市场预期。

3．加强中介市场监管

（1）严格落实中介机构备案制度

中介机构及其分支机构应当按规定到房地产主管部门备案。通过互联网提供房地产中介服务的机构，应当到机构所在地省级通信主管部门办理网站备案，并到服务覆盖地的市、县房地产主管部门备案。房地产、通信、工商行政主管部门要建立联动机制，定期交换中介机构工商登记和备案信息，并在政府网站等媒体上公示备案、未备案的中介机构名单，提醒群众防范交易风险，审慎选择中介机构。

（2）积极推行从业人员实名服务制度

中介机构备案时，要提供本机构所有从事经纪业务的人员信息。市、县房地产主管部门要对中介从业人员实名登记。中介从业人员服务时应当佩戴标明姓名、机构名称、国家职业资格等信息的工作牌。各地房地产主管部门要积极落实房地产经纪专业人员职业资格制度，鼓励中介从业人员参加职业资格考试、接受继续教育和培训，不断提升职业能力和服务水平。

（3）加强行业信用管理

市、县房地产主管部门要会同价格、通信、金融、税务、工商行政等主管部门加快建设房地产中介行业信用管理平台，定期交换中介机构及从业人员的诚信记录，及时将中介机构及从业人员的基本情况、良好行为以及不良行为记入信用管理平台，并向社会公示。有关部门要不断完善诚信典型"红名单"制度和严重失信主体"黑名单"制度，建立健全守信联合激励和失信联合惩戒制度。对诚实守信的中介机构和从业人员，在办理房源核验、合同网签、代办贷款等业务时，可根据实际情况实施"绿色通道"等便利服务措施；在日常检查、专项检查中优化检查频次；在选择中介机构运营管理政府投资的公租房时，优先考虑诚信中介机构。对违法违规的中介机构和从业人员，有关部门要在依法依规对失信行为作出处理和评价的基础上，通过信息共享，对严重失信行为采取联合惩戒措施，将严重失信主体列为重点监管对象，限制其从事各类房地产中介服务。有关部门对中介机构作出的违法违规决定和"黑名单"情况，要通过企业信用信息公示系统依法公示。对严重失信中介机构及其法定代表人、主要负责人和对失信行为负有直接责任的从业人员等，要联合实施市场和行业禁入措施。逐步建立全国房地产中介行业信用管理平台，并纳入全国社会信用体系。

（4）强化行业自律管理

充分发挥行业协会作用，建立健全地方行业协会组织。行业协会要建立健全行规行约、职业道德准则、争议处理规则，推行行业质量检查，公开检查和处分的信息，增强行业协会在行业自律、监督、协调、服务等方面的功能。各级行业协会要积极开展行业诚信服务承诺活动，督促房地产中介从业人员遵守职业道德准则，保护消费者权益，及时向主管部门提出行业发展的意见和建议。

（5）建立多部门联动机制

省级房地产、价格、通信、金融、税务、工商行政等主管部门要加强对市、县工作的监督和指导，建立联动监管机制。市、县房地产主管部门负责房地产中介行业管理和组织协调，加强中介机构和从业人员管理；价格主管部门负责中介价格行为监管，充分发挥12358价格监管平台作用，及时处理投诉举报，依法查处价格违法行为；通信主管部门负责房地产中介网站管理，依法处置违法违规房地产中介网站；工商行政主管部门负责中介机构工商登记，依法查处未办理营业执照从事中介业务的机构；金融、税务等监管部门按照职责分工，配合做好房地产中介行业管理工作。

（6）强化行业监督检查

市、县房地产主管部门要加强房地产中介行业管理队伍建设，会同有关部门建立健全日常巡查、投诉受理等制度，大力推广随机抽查监管，建立"双随机"抽查机制，开展联合抽查。对存在违法违规行为的中介机构和从业人员，应当责令限期改正，依法给予罚款等行政处罚，记入信用档案；对违法违规的中介机构，应按规定取消其网上签约资格。对严重侵害群众权益、扰乱市场秩序的中介机构，工商行政主管部门要依法将其清出市场。

本章小结与拓展

通过本章学习，掌握房地产中介服务人员的资格管理、房地产中介管理促进行业健康发展的意见，熟悉《资产评估法》的有关规定、房地产中介服务收费管理，了解房地产中介服务行业信用档案。重点阅读：《城市房地产管理法》、《资产评估法》、《房地产估价机构管理办法》、《注册房地产估价师管理办法》、《房地产经纪管理办法》。关注房地产中介市场管理。房产中介机构遍布大街小巷，房产经纪人频频现身各小区，不论买房还是租房都很难绕开中介经纪这道弯。但经营不规范、交易设"陷阱"等"硬伤"却制约着这个行业的发展。我国房地产经纪行业未来的发展需要构建新规则，建立经纪机构之间、经纪人员之间的合作关系，引导经纪行业根除不规范行为，建立公平、有序的竞争秩序。准入门槛低、低底薪人海战术、成交为王、双方居间等问题导致了房地产经纪行业"劣币驱逐良币"、人员流动大的行业生态环境。通过推动从业人员职业化，建立房地产经纪机构之间、经纪人员之间的合作关系，逐渐从争抢房源、客源过渡到比拼服务品质。通过建立真实房源、全面信息披露等制度，明确经纪人员和经纪机构的赔偿责任，引导经纪行业根除不规范行为，构建以客户服务为导向的行业发展新生态。建立房地产经纪业的新规则，可以从实名从业、披露职业资格信息入手，实行房地产经纪行业从业人员的准入制度；要签订书面经纪服务合同，再提供经纪服务，并从双方居间引向单方代理，从单方代理引向独家代理；发布真实房源，全面披露房屋信息，承担损害赔偿责任；实现房源共享，在有效、合理保护房源信息的基础上，实现房源在经纪机构内从业人员之间的共享。

思考题

1. 什么是房地产中介服务？
2. 房地产中介服务的主要特点有哪些？
3. 具备什么条件可以成为房地产咨询人员？
4. 房地产中介服务机构承办业务时的禁止行为有哪些？
5. 房地产价格评估服务是怎样收费的？
6. 什么是房地产估价机构？
7. 房地产估价机构的组织形式有哪些，具体内容是什么？
8. 房地产估价机构资质等级标准的内容有哪些？
9. 房地产估价机构的业务范围有哪些？
10. 一级资质房地产估价机构需要具备什么条件才能设立分支机构？
11. 房地产经纪机构人员包括哪两种从业资格？
12. 房地产估价师注册种类有哪些？
13. 房地产估价师注册需要满足哪些条件？
14. 对于注册房地产估价师继续教育的要求如何？
15. 房地产经纪人员应具备哪些技术能力？
16. 简述建立房地产中介服务行业信用档案的意义。

第11章

房地产税收法规

11.1 房地产税收概述

11.1.1 我国税收体系

目前我国的税收体系可按征税对象不同划分为商品流转税、资源税、财产税、所得税和行为税五大类。

第一类：流转税。流转税也称为商品及劳务课税，是指以商品流转额和非商品流转额作为课税对象的税种。房地产开发经营中涉及此类的税种主要有增值税、城市维护建设税、关税等。

第二类：所得税。所得税又称收益税，是指以企业利润和个人收入作为课税对象的税种。房地产开发经营中涉及此类的税种主要是企业所得税。

第三类：财产税。财产税是指以各种财产为征税对象的一种税种，如房产税和契税。由于我国过去长期不承认土地的价值，因而在财产税中一直没有有关土地的税种。

第四类：行为税。行为税是指以纳税人各种特定的行为作为课税对象的税种。如车船使用税、耕地占用税、城镇土地使用税、土地增值税、印花税、固定资产投资方向调节税等，均属于此类税种。

第五类：资源税。资源税是指以自然资源为课税对象的税种。我国现行的征税范围仅包括矿产品和盐两大类资源。

11.1.2 房地产税收制度

广义的房地产税收，是指房地产开发经营中涉及的税，包括耕地占用税、城镇土地使用税、房产税、土地增值税、契税、印花税、增值税、城市维护建设税、企业所得税、个人所得税等。狭义的房地产税收，是指以房地产为课税依据或者主要以房地产开发经营流转行为为计税依据的税，包括耕地占用税、城镇土地使用税、房产税、土地增值税和契税。我国现行的房地产税收体系基本涵盖了土地取得、房地产开发、房地产流转、房地产保有四个环节，在调节经济和组织财政收入等方面发挥了一定的积极作用。但大部分税种集中在房地产的开发、流转环节，针对房地产保有期间设置的税种很少，且免税范围很大，这就造成了严重的税负不公平的状况，阻碍了房地产市场的健康发展。在房地产开发流通过程中，仅税种就多达十几种，如契税、增值税、城市维护建设税、教育费附加、印花税、房产税、城镇土地使用税、土地增值税、企业所得税、个人所得税等。收费就更多，各个地方的收费标准也参差不齐。而在房地产保有期间设置的税种仅有房产税、城镇土地使用税。房产税和城镇土地使用税的税率偏低，税基覆盖不全已经成为不争的事实。例如，城镇土地使用税的税率最低为每年每平方米0.2元，最高为每年每平方米10元，作为专门用来调节级差收益的税种在这种低税率下，其作用十分有限，更谈不上在提高城镇土地利用强度、促进国有土地高效率使用方面有所作为了。这样就使得大量城镇土地由企业无偿或近似无偿的取得和持有，而与此形成鲜明对比的是，进入市场流通的土地却要因其流转和交易而承受过高的税负。在房地产保有期间征收的房产税，其主要目的是为了合理调节房地产收益分配，鼓励房地产流转，刺激土地的供给，但由于税负较低，使得其功能也只能流于理论。保有环节的轻税负，导致了开发商囤积土地的现象十分严重，土地炒买炒卖情况愈演愈烈。这不仅抑制了土地的正常交易，还直接阻碍了存量土地进入市场的进程，使得土地作为资产要素的作用无法得到发挥，土地闲置与浪费现象严重。

11.1.3 房地产税、租、费

从本质上看房地产税、租、费，税收所反映的是一种法律关系，是国家依据立法强制、无偿、固定地取得的一部分国民收入，只要有国家，就会有税收；而租则反映房地产所有者与使用者之间的租赁关系，包括房租和地租，与税相比，二者差异很大；费是对行政服务的一种补偿，即行政机关在房地产管理过程中收取的必要的有关费用，一般称之为管理费。房地产税存在于法律关系之中，来源于房地产财产的总价值；房地租是一种经济关系的反映，是产权明晰化的结果，来源于房地产收益，即是对房地产收益的一种扣除；而房地产管理费则来自于行政服务所带来的直接或间接收益。目前，在我国理论和实践中，普遍存在着对房地产税、租、费界定不清的问题。主要表现在：一是以税代租，如城镇土地使用税、房产税等存在部分以税代租，即税中含有租的因素；二是以税代费，如城市维护建设税是向享受城市设施建设利益从事生产经营的企业和个人征收的，明显含有以税代费的成分；三是以费代租，如土地使用费是土地使用者为了取得土地使用权而向土地所有人缴纳的费用，其本质应是地租；四是以费代税，比如某些城市征收的土地闲置费，其实就是一种罚税即空地税。以上问题造成了税、租、费的混杂，征收部门繁多，房地产收益权不明确，乱收费现象严重，降低了税收的严肃性和规范性。

11.1.4 房地产税收制度改革和税收优惠政策

党的十八届三中全会就完善房地产税制，提出"加快房地产税立法，并适时推进改革"的要求。多年来，房地产税成为业界争论的焦点。有人认为，虽然房地产税已成为国际惯例，但长期以来由于我国个人不缴纳房地产税，而且在购买商品房时已经缴纳了高额的土地出让金，承担了70年土地使用权，所以对于为什么要开征房地产税，房地产税征收法理依据何在等基本问题仍然存在很大争议。房地产税收制度改革的目的，要有利于房地产更好地服务于保障居民用户、促进国民安居乐业，实现全面建设小康社会目标和进程，以稳定国家治理的政治基础；要有利于对房地产市场进行宏观调控，促进房地产市场稳健、均衡、可持续发展，以稳定国家治理经济基础；要有利于优化房地产税制结构，稳定国家治理税收基础。

税收优惠政策是指税法对某些纳税人和征税对象给予鼓励和照顾的一种特殊规定。例如，免除纳税人或征税对象应缴的全部或部分税款，或者按照其缴纳税款的一定比例给予返还等，从而减轻其税收负担。税收优惠政策是国家利用税收调节经济的具体手段，国家通过税收优惠政策，促进产业结构的调整和社会经济的协调发展。国家根据经济发展状况，适时提出房地产税收优惠政策。早在2005年，国务院为了合理引导住房建设与消费，大力发展省地型住房，在规划审批、土地供应以及信贷、税收等方面，就对中小套型、中低价位普通住房给予了优惠政策支持。《国务院办公厅转发建设部等部门关于做好稳定住房价格工作意见的通知》（国办发〔2005〕26号）明确享受优惠政策的住房原则上应同时满足以下条件：住宅小区建筑容积率在1.0以上、单套建筑面积在120平方米以下、实际成交价格低于同级别土地上住房平均交易价格1.2倍以下。各省、自治区、直辖市要根据实际情况，制定本地区享受优惠政策普通住房的具体标准。允许单套建筑面积和价格标准适当浮动，但向上浮动的比例不得超过上述标准的20%。各直辖市和省会城市的具体标准要报建设部、财政部、税务总局备案后，在2005年5月31日前公布。

11.2 房产税

11.2.1 纳税人和征税范围

房产税是以房屋为征税对象，以房产的价值和租金收入为计税依据，向房产的所有人或经营管理人征收的一种财产税。

根据国务院1986年9月15日发布的《房产税暂行条例》规定，在城市、县城、建制镇、工矿区内的房屋产权所有人，应依法缴纳房产税。产权属于全民所有的，由经营管理的单位缴纳。产权出典的，由承典人缴纳。产权所有人、承典人不在房产所在地的，或者产权未确定及租典纠纷未解决的，由房产代管人或者使用人缴纳。

11.2.2 计税依据和税率

房产税依照房产原值一次减除10%至30%后的余值计算缴纳。具体减除幅度，由省、自治区、直辖市人民政府规定。没有房产原值作为依据的，由房产所在地税务机关参考同类房产核定。房产出租的，以房产租金收入为房产税的计税依据。

房产税的税率，依照房产余值计算缴纳的，税率为1.2%；依照房产租金收入计算缴纳的，税率为12%。

11.2.3　税收优惠政策

1．法定免纳房产税的优惠政策

下列房产免纳房产税：

1）国家机关、人民团体、军队自用的房产。

2）由国家财政部门拨付事业经费的单位自用的房产。

3）宗教寺庙、公园、名胜古迹自用的房产。

4）个人所有非营业用的房产。

5）经财政部批准免税的其他房产。

2．具备房屋功能的地下建筑的房产税

《财政部、国家税务总局关于具备房屋功能的地下建筑征收房产税的通知》（财税〔2005〕181号）规定，自用的地下建筑，按以下方式计税：

凡在房产税征收范围内的具备房屋功能的地下建筑，包括与地上房屋相连的地下建筑以及完全建在地面以下的建筑、地下人防设施等，均应当依照有关规定征收房产税。上述具备房屋功能的地下建筑是指有屋面和维护结构，能够遮风避雨，可供人们在其中生产、经营、工作、学习、娱乐、居住或储藏物资的场所。

自用的地下建筑，按以下方式计税：

1）工业用途房产，以房屋原价的50%～60%作为应税房产原值。

应纳房产税的税额=应税房产原值×〔1-（10%～30%）〕×1.2%。

2）商业和其他用途房产，以房屋原价的70%～80%作为应税房产原值。

应纳房产税的税额=应税房产原值×〔1-（10%～30%）〕×1.2%。

房屋原价折算为应税房产原值的具体比例，由各省、自治区、直辖市和计划单列市财政和地方税务部门在上述幅度内自行确定。

3）对于与地上房屋相连的地下建筑，如房屋的地下室、地下停车场、商场的地下部分等，应将地下部分与地上房屋视为一个整体按照地上房屋建筑的有关规定计算征收房产税。

出租的地下建筑，按照出租地上房屋建筑的有关规定计算征收房产税。

3．经财政部批准免税的其他房产税优惠政策

1）损坏不堪使用的房屋和危险房屋，经有关部门鉴定，在停止使用后，可免征房产税。

2）纳税人因房屋大修导致连续停用半年以上的，在房屋大修期间免征房产税，免征税额由纳税人在申报缴纳房产税时自行计算扣除，并在申报表附表或备注栏中作相应说明。

纳税人房屋大修停用半年以上需要免征房产税的，应在房屋大修前向主管税务机关报送。相关的证明材料，包括大修房屋的名称、坐落地点、产权证编号、房产原值、用途、房屋大修的原因、大修合同及大修的起止时间等信息和资料，以备税务机关查验。具体报送材料由各省、自治区、直辖市和计划单列市地方税

务局确定。

3）在基建工地为基建工地服务的各种工棚、材料棚、休息棚和办公室、食堂、茶炉。

房、汽车房等临时性房屋，在施工期间，一律免征房产税。但工程结束后，施工企业将这种临时性房屋交还或估价转让给基建单位的，应从基建单位接收的次月起，照章纳税。

4）为鼓励利用地下人防设施，暂不征收房产税。

5）对非营利性医疗机构、疾病控制机构和妇幼保健机构等卫生机构自用的房产，免征房产税。

6）老年服务机构自用的房产。老年服务机构是指专门为老年人提供生活照料、文化、护理、健身等多方面服务的福利性、非营利性的机构，主要包括老年社会福利院、敬老院（养老院）、老年服务中心、老年公寓（含老年护理院、康复中心、托老所）等。

7）从2001年1月1日起，对按政府规定价格出租的公有住房和廉租住房，包括企业和自收自支事业单位向职工出租的单位自有住房，房管部门向居民出租的公有住房，落实私房政策中带户发还产权并以政府规定租金标准向居民出租的私有住房等，暂免征收房产税。

8）对邮政部门坐落在城市、县城、建制镇、工矿区范围内的房产，应当依法征收房产税；对坐落在城市、县城、建制镇、工矿区范围以外的尚在县邮政局内核算的房产，在单位财务账中划分清楚的，从2001年1月1日起不再征收房产税。

除上面提到的可以免纳房产税的情况以外，如纳税人确有困难的，可由省、自治区、直辖市人民政府确定，定期减征或者免征房产税。

9）向居民供热并向居民收取采暖费的供热企业暂免征收房产税。"供热企业"包括专业供热企业、兼营供热企业、单位自供热及为小区居民供热的物业公司等，不包括从事热力生产但不直接向居民供热的企业。

对于免征房产税的"生产用房"，是指上述企业为居民供热所使用的厂房。对既向居民供热，又向非居民供热的企业，可按向居民供热收取的收入占其总供热收入的比例划分征免税界限；对于兼营供热的企业，可按向居民供热收取的收入占其生产经营总收入的比例划分征免税界限。

10）对在一个纳税年度内月平均实际安置残疾人就业人数占单位在职职工总数的比例高于25%（含25%）且实际安置残疾人人数高于10人（含10人）的单位，可减征或免征该年度城镇土地使用税。具体减免税比例及管理办法由省、自治区、直辖市财税主管部门确定。

11）自2016年1月1日至2018年12月31日，对专门经营农产品的农产品批发市场、农贸市场使用的房产，暂免征收房产税。对同时经营其他产品的农产品批发市场和农贸市场使用的房产，按其他产品与农产品交易场地面积的比例确定征免房产税。

11.3 城镇土地使用税

11.3.1 纳税义务人与征税范围

城镇土地使用税是以国有土地为征税对象，对拥有土地使用权的单位和个人征收的税种。在城市、县城、建制镇、工矿区范围内使用土地的单位和个人，为城镇土地使用税（以下简称土地使用税）的纳税人。所称单位，包括国有企业、集体企业、私营企业、股份制企业、外商投资企业、外国企业以及其他企业和事业单位、社会团体、国家机关、军队以及其他单位；所称个人，包括个体工商户以及其他个人。

城镇土地使用税的征税范围，包括在城市、县城、建制镇和工矿区内的国家所有和集体所有的土地。另外，自2009年1月1日起，公园、名胜古迹内的索道公司经营用地，应按规定缴纳城镇土地使用税。

11.3.2 税率与计税依据

城镇土地使用税采用定额税率，即采用有幅度的差别税额，按大、中、小城市和县城、建制镇、工矿区分别规定每平方米土地使用税年应纳税额。具体标准如下：

①大城市1.5～30元；

②中等城市1.2～24元；

③小城市0.9～18元；

④县城、建制镇、工矿区0.6～12元。

大、中、小城市以公安部门登记在册的非农业正式户口人数为依据，按照国务院颁布的《城市规划条例》中规定的标准划分。人口在50万以上者为大城市；人口在20万～50万之间者为中等城市；人口在20万以下者为小城市。各省、自治区、直辖市人民政府可根据市政建设情况和经济繁荣程度在规定税额幅度内，确定所辖地区的适用税额幅度。经济落后地区，土地使用税的适用税额标准可适当降低，但降低额不得超过上述规定最低税额的30%。经济发达地区的适用税额标准可以适当提高，但须报财政部批准。

城镇土地使用税以纳税人实际占用的土地面积为计税依据，土地面积计量标准为每平方米。即税务机关根据纳税人实际占用的土地面积，按照规定的税额计算应纳税额，向纳税人征收土地使用税。纳税人实际占用的土地面积按下列办法确定：

1）由省、自治区、直辖市人民政府确定的单位组织测定土地面积的，以测定的面积为准。

2）尚未组织测量，但纳税人持有政府部门核发的土地使用证书的，以证书确认的土地面积为准。

3）尚未核发土地使用证书的，应由纳税人申报土地面积，据以纳税，待核发土地使用证以后再作调整。

11.3.3 城镇土地使用税的税收优惠政策

1. 法定免缴土地使用税的优惠

1）国家机关、人民团体、军队自用的土地。

2）由国家财政部门拨付事业经费的单位自用的土地。

3）宗教寺庙、公园、名胜古迹自用的土地。

4）市政街道、广场、绿化地带等公共用地。

5）直接用于农、林、牧、渔业的生产用地。

6）经批准开山填海整治的土地和改造的废弃土地，从使用的月份起免缴土地使用税5～10年。具体免税期限由各省、自治区、直辖市地方税务局在《城镇土地使用税暂行条例》规定的期限内自行确定。

7）对非营利性医疗机构、疾病控制机构和妇幼保健机构等卫生机构自用的土地，免征城镇土地使用税。

8）企业办的学校、医院、托儿所、幼儿园，其用地能与企业其他用地明确区分的，免征城镇土地使用税。

9）免税单位无偿使用纳税单位的土地（如公安、海关等单位使用铁路、民航等单位的土地），免征城镇土地使用税。纳税单位无偿使用免税单位的土地，纳税单位应照章缴纳城镇土地使用税。纳税单位与免税单位共同使用、共有使用权土地上的多层建筑，对纳税单位可按其占用的建筑面积占建筑总面积的比例计征城镇土地使用税。

10）对行使国家行政管理职能的中国人民银行总行（含国家外汇管理局）所属分支机构自用的土地，免征城镇土地使用税。

2. 省、自治区、直辖市地方税务局确定减免土地使用税的优惠政策

1）个人所有的居住房屋及院落用地。

2）房产管理部门在房租调整改革前经租的居民住房用地。

3）免税单位职工家属的宿舍用地。

4）民政部门举办的安置残疾人占一定比例的福利工厂用地。

5）集体和个人办的各类学校、医院、托儿所、幼儿园用地。

6）对基建项目在建期间使用的土地，原则上应照章征收城镇土地使用税。但对有些基建项目，特别是国家产业政策扶持发展的大型基建项目，其占地面积大，建设周期长，在建期间又没有经营收入，为照顾其实际情况，对纳税人纳税确有困难的，可由各省、自治区、直辖市地方税务局根据具体情况予以免征或减征土地使用税。

7）城镇内的集贸市场（农贸市场）用地，按规定应征收城镇土地使用

税。为了促进集贸市场的发展及照顾各地的不同情况，各省、自治区、直辖市地方税务局可根据具体情况自行确定对集贸市场用地征收或者免征城镇土地使用税。

8）房地产开发公司建造商品房的用地，原则上应按规定计征城镇土地使用税。但在商品房出售之前纳税确有困难的，其用地是否给予缓征或减征、免征照顾，可由各省、自治区、直辖市地方税务局根据从严的原则结合具体情况确定。

9）原房管部门代管的私房，落实政策后，有些私房产权已归还给房主，但由于各种原因，房屋仍由原住户居住，并且住户仍是按照房管部门在房租调整改革之前确定的租金标准向房主缴纳租金。对这类房屋用地，房主缴纳土地使用税确有困难的，可由各省、自治区、直辖市地方税务局根据实际情况，给予定期减征或免征城镇土地使用税的照顾。

10）对于各类危险品仓库、厂房所需的防火、防爆、防毒等安全防范用地，可由各省、自治区、直辖市地方税务局确定，暂免征收城镇土地使用税。

11）企业搬迁后原场地不使用的、企业范围内荒山等尚未利用的土地，免征城镇土地使用税。

12）经贸仓库、冷库均属于征税范围，因此不宜一律免征城镇土地使用税。对纳税确有困难的企业，可根据《城镇土地使用税暂行条例》第七条的规定，向企业所在地的地方税务机关提出减免税申请，由省、自治区、直辖市地方税务局审核后，报国家税务总局批准，享受减免城镇土地使用税的照顾。

13）对房产管理部门在房租调整改革前经租的居民住房用地，考虑到在房租调整改革前，房产管理部门经租居民住房收取的租金标准一般较低，许多地方纳税确有困难的实际情况而确定的一项临时性照顾措施。房租调整改革后，房产管理部门经租的居民住房用地（不论是何时经租的），都应缴纳城镇土地使用税。至于房租调整改革后，有的房产管理部门按规定缴纳城镇土地使用税确有实际困难的，可按税收管理体制的规定，报经批准后再给予适当的减征或免征土地使用税的照顾。

14）考虑到中国物资储运总公司所属物资储运企业的经营状况，对中国物资储运总公司所属的物资储运企业的露天货场、库区道路、铁路专用线等非建筑用地免征城镇土地使用税问题，可由省、自治区、直辖市地方税务局按照下述原则处理：对经营情况好、有负税能力的企业，应恢复征收城镇土地使用税；对经营情况差、纳税确有困难的企业，可在授权范围内给予适当减免城镇土地使用税的照顾。

15）向居民供热并向居民收取采暖费的供热企业暂免征收城镇土地使用税。"供热企业"包括专业供热企业、兼营供热企业、单位自供热及为小区居民供热的物业公司等，不包括从事热力生产但不直接向居民供热的企业。

11.4 土地增值税

11.4.1 纳税人和征税范围

土地增值税是对转让国有土地使用权，地上的建筑物及其附着物并取得收入的单位和个人就其增值额征收的一种税。凡转让国有土地、地上的建筑物及附着物并取得收入的一切单位和个人，均为土地增值税的纳税义务人。

1. 土地增值税的基本征税范围

1）转让国有土地使用权。

2）地上的建筑物及其附着物连同国有土地使用权一并转让。

3）存量房地产的买卖。

2. 依具体情况判定的征税范围

1）房地产的交换属于土地增值税的征税范围。但对个人之间互换自有居住用房地产的，经当地税务机关核实，可以免征土地增值税。

2）对于以房地产进行投资、联营的，投资、联营的一方以土地（房地产）作价入股进行投资或作为联营条件，将房地产转让到所投资、联营的企业中时，暂免征收土地增值税。对投资、联营企业将上述房地产再转让的，应征收土地增值税。但投资、联营的企业属于从事房地产开发的，或者房地产开发企业以其建造的商品房进行投资和联营的，应当征收土地增值税。

3）对于一方出地，一方出资金，双方合作建房，建成后按比例分房自用的，暂免征收土地增值税；建成后转让的，应征收土地增值税。

4）在企业兼并中，对被兼并企业将房地产转让到兼并企业中的，暂免征收土地增值税。

5）房地产开发公司代客户进行房地产的开发，开发完成后向客户收取代建收入的行为。对于房地产开发公司而言，虽然取得了收入，但没有发生房地产权属的转移，其收入属于劳务收入性质，故不属于土地增值税的征税范围。

11.4.2 税率

土地增值税实行四级超率累进税率：

1）增值额未超过扣除项目金额50%的部分，税率为30%。

2）增值额超过扣除项目金额50%、未超过扣除项目金额100%的部分，税率为40%。

3）增值额超过扣除项目金额100%、未超过扣除项目金额200%的部分，税率为50%。

4）增值额超过扣除项目金额200%的部分，税率为60%。

但在实际工作中，一般可以采用速算扣除法计算：

1）增值额未超过扣除项目金额50%时，计算公式为：土地增值税税额=增值额×30%。

2）增值额超过扣除项目金额50%，未超过100%时，计算公式为：土地增值税税额=增值额×40%–扣除项目金额×5%。

3）增值额超过扣除项目金额100%，未超过200%时，计算公式为：土地增值税税额=增值额×50%–扣除项目金额×15%。

4）增值额超过扣除项目金额200%时，计算公式为：土地增值税税额=增值额×60%–扣除项目金额×35%。

11.4.3 扣除项目的确定

计算土地增值税应纳税额，并不是直接对转让房地产所取得的收入征税，而是要对收入额减除国家规定的各项扣除项目金额后的余额计算征税（这个余额就是纳税人在转让房地产中获取的增值额）。因此，要计算增值额，首先必须确定扣除项目。税法准予纳税人从转让收入额中减除的扣除项目包括如下几项：

1）取得土地使用权所支付的金额。

2）房地产开发成本。

3）房地产开发费用。

4）与转让房地产有关的税金。

5）其他扣除项目。

6）旧房及建筑物的评估价格。

11.4.4 增值额的确定

在实际房地产交易活动中，有些纳税人由于不能准确提供房地产转让价格或扣除项目金额，致使增值额不准确，直接影响应纳税额的计算和缴纳。因此，《土地增值税暂行条例》第九条规定，隐瞒、虚报房地产成交价格，应由评估机构参照同类房地产的市场交易价格进行评估，税务机关根据评估价格确定转让房地产的收入。提供扣除项目金额不实的，应由评估机构按照房屋重置成本价乘以成新度折扣率计算的房屋成本价和取得土地使用权时的基准地价进行评估。税务机关根据评估价格确定扣除项目金额。转让房地产的成交价格低于房地产评估价格，又无正当理由的，由税务机关参照房地产评估价格确定转让房地产的收入。

11.4.5 税收优惠政策

1．法定税收优惠

1）建造普通标准住宅。纳税人建造普通标准住宅出售，增值额未超过扣除项目金额20%的，免征土地增值税；增值额超过扣除项目金额20%的，应就其全部增值额按规定计税。对于纳税人既建造普通标准住宅，又做其他房地产开发的，应分别核算增值额。不分别核算增值额或不能准确核算增值额的，其建造的普通标准住宅不能适用这一免税规定。

2）国家征用收回的房地产。因国家建设需要依法征用、收回的房地产，免征土地增值税。

这里所说的"因国家建设需要依法征用、收回的房地产"，是指因城市实施规划、国家建设的需要而被政府批准征用的房产或收回的土地使用权。

2．其他税收优惠

1）因城市实施规划、国家建设需要而搬迁由纳税人自行转让原房地产。因城市实施规划、国家建设的需要而搬迁，由纳税人自行转让原房地产的，免征土地增值税。对因中国邮政集团公司邮政速递物流业务重组改制，中国邮政集团公司向中国邮政速递物流股份有限公司、各省邮政公司向各省邮政速递物流有限公司转移房地产产权应缴纳的土地增值税，予以免征。已缴纳的应予免征的土地增值税，应予以退税。

2）个人因工作调动或改善居住条件而转让原自用住房，凡居住满5年及以上的，免征土地增值税；居住满3年未满5年的，减半征收土地增值税。

3）以房地产作价入股进行投资或联营的，转让到所投资、联营的企业中的房地产，免征土地增值税。

4）对于一方出地，一方出资金，双方合作建房，建成后按比例分房自用的，暂免征土地增值税。

5）个人之间互换自有居住用房地产的，经当地税务机关核实，免征土地增值税。

6）个人转让普通住宅免税。从1999年8月1日起，对居民个人转让其拥有的普通住宅，暂免征土地增值税。

7）房产所有人、土地使用权所有人将房屋产权、土地使用权赠与直系亲属或承担直接赡养义务人的，不征收土地增值税。

8）房产所有人、土地使用权所有人通过中国境内非营利社会团体、国家机关将房屋产权、土地使用权赠与教育、民政和其他社会福利、公益事业的，不征收土地增值税。

9）对个人转让非普通住宅，即没有评估价格，又不能提供购房发票的，按转让收入的1%至1.5%计征土地增值税，具体比例由各省辖市确定，并报省财政厅、省地税局备案。

10）企事业单位、社会团体以及其他组织转让旧房作为廉租住房、经济适用住房房源且增值额未超过扣除项目金额20%的，免征土地增值税。

11）灾后重建安居房建设转让免征土地增值税。对政府为受灾居民组织建设的安居房建设用地免征城镇土地使用税，转让时免征土地增值税。

12）自2008年11月1日起，对个人销售住房暂免征收土地增值税。

11.5 契税

11.5.1 征税对象

契税是以在中国境内转移土地、房屋权属为征税对象，向产权承受人征收的一种财产税。契税的征税对象是境内转移的土地、房屋权属。具体包括：

（1）国有土地使用权出让

（2）土地使用权的转让

不包括农村集体土地承包经营权的转移。

（3）房屋买卖

以下几种特殊情况，视同买卖房屋：

1）以房产抵债或实物交换房屋。

2）以房产作投资或作股权转让。

3）买房拆料或翻建新房，应照章征收契税。

（4）房屋赠与

房屋赠与的前提必须是，产权无纠纷，赠与人和受赠人双方自愿。

由于房屋是不动产，价值较大，故法律要求赠与房屋应有书面合同（契约），并到房地产管理机关或农村基层政权机关办理登记过户手续，才能生效。如果房屋赠与行为涉及涉外关系，还需公证处证明和外事部门认证，才能有效。房屋的受赠人要按规定缴纳契税。

（5）房屋交换

随着经济形势的变化，有些以特殊方式转移土地、房屋权属的，也视同土地使用权转让、房屋买卖或者房屋赠与：一是以土地、房屋权属作价投资、入股；二是以土地、房屋权属抵债；三是以获奖方式承受土地、房屋权属；四是以预购方式或者预付集资建房款方式承受土地、房屋权属。

11.5.2 税率和计税依据

契税实行3%～5%的幅度税率。实行幅度税率是考虑到我国经济发展不平衡，各地经济差别较大的实际情况而制定的制度。因此，各省、自治区、直辖市人民政府可以在3%～5%的幅度税率规定范围内，按照本地区的实际情况决定。契税的计税依据为不动产的价格。由于土地、房屋权属转移方式不同，定价方法也不同，因而具体计税依据要视不同情况而决定。

1）国有土地使用权出让、土地使用权出售、房屋买卖，以成交价格为计税依据。成交价格是指土地、房屋权属转移合同确定的价格，包括承受者应交付的货币、实物、无形资产或者其他经济利益。

2）土地使用权赠与、房屋赠与，由征收机关参照土地使用权出售、房屋买卖的市场价格核定。

3）土地使用权交换、房屋交换，为所交换的土地使用权、房屋的价格差额。也就是说，交换价格相等时，免征契税；交换价格不等时，由多交付的货币、实物、无形资产或者其他经济利益的一方缴纳契税。

4）以划拨方式取得土地使用权，经批准转让房地产时，由房地产转让者补交契税。计税依据为补交的土地使用权出让费用或者土地收益。

5）房屋附属设施征收契税的依据

①采取分期付款方式购买房屋附属设施土地使用权、房屋所有权的，应按合同规定的总价款计征契税。

②承受的房屋附属设施权属如为单独计价的，按照当地确定的适用税率征收契税；如与房屋统一计价的，适用与房屋相同的契税税率。

6）个人无偿赠与不动产行为（法定继承人除外），应对受赠人全额征收契税。

11.5.3 税收优惠政策

纳税人申请享受税收优惠的，根据纳税人的申请或授权，由购房所在地的房地产主管部门出具纳税人家庭住房情况书面查询结果，并将查询结果和相关住房信息及时传递给税务机关。暂不具备查询条件而不能提供家庭住房查询结果的，纳税人应向税务机关提交家庭住房实有套数书面诚信保证，诚信保证不实的，属于虚假纳税申报，按照《税收征收管理法》的有关规定处理，并将不诚信记录纳入个人征信系统。按照便民、高效原则，房地产主管部门应按规定及时出具纳税人家庭住房情况书面查询结果，税务机关应对纳税人提出的税收优惠申请限时办结。

1. 契税优惠的一般规定

1）国家机关、事业单位、社会团体、军事单位承受土地、房屋用于办公、教学、医疗、科研和军事设施的，免征契税。

2）城镇职工按规定第一次购买公有住房，免征契税。

此外，财政部、国家税务总局规定：自2000年11月29日起，对各类公有制单位为解决职工住房而采取集资建房方式建成的普通住房，或由单位购买的普通商品住房，经当地县以上人民政府房改部门批准、按照国家房改政策出售给本单位职工的，如属职工首次购买住房，均可免征契税。

自2016年2月22日起，对个人购买家庭唯一住房（家庭成员范围包括购房人、配偶以及未成年子女，下同），面积为90平方米及以下的，减按1%的税率征收契税；面积为90平方米以上的，减按1.5%的税率征收契税。对个人购买家庭第二套改善性住房，面积为90平方米及以下的，减按1%的税率征收契税；面积为90平方米以上的，减按2%的税率征收契税。家庭第二套改善性住房是指已拥有一套住房的家庭，购买的家庭第二套住房。

3）因不可抗力灭失住房而重新购买住房的，酌情减免。不可抗力是指自然灾害、战争等不能预见、不可避免并不能克服的客观情况。

4）土地、房屋被县级以上人民政府征用、占用后，重新承受土地、房屋权属的，由省级人民政府确定是否减免。

5）承受荒山、荒沟、荒丘、荒滩土地使用权，并用于农、林、牧、渔业生产的，免征契税。

6）经外交部确认，依照我国有关法律规定以及我国缔结或参加的双边和多边条约或协定，应当予以免税的外国驻华使馆、领事馆、联合国驻华机构及其外交代表、领事官员和其他外交人员承受土地、房屋权属。

2．契税优惠的特殊规定

1）企业公司制改造。非公司制企业，按照《中华人民共和国公司法》的规定，整体改建为有限责任公司（含国有独资公司）或股份有限公司，或者有限责任公司整体改建为股份有限公司的，对改建后的公司承受原企业土地、房屋权属，免征契税。

非公司制国有独资企业或国有独资有限责任公司，以其部分资产与他人组建新公司，且该国有独资企业（公司）在新设公司中所占股份超过50%的，对新设公司承受该国有独资企业（公司）的土地、房屋权属，免征契税。

2）企业股权重组。在股权转让中，单位、个人承受企业股权，企业土地、房屋权属不发生转移，不征收契税。国有、集体企业实施"企业股份合作制改造"，由职工买断企业产权，或向其职工转让部分产权，或者通过其职工投资增资扩股，将原企业改造为股份合作制企业的，对改造后的股份合作制企业承受原企业的土地、房屋权属，免征契税。

为进一步支持国有企业改制重组，国有控股公司投资组建新公司有关契税政策规定如下：

①对国有控股公司以部分资产投资组建新公司，且该国有控股公司占新公司股份85%以上的，对新公司承受该国有控股公司土地、房屋权属免征契税。上述所称国有控股公司，是指国家出资额占有限责任公司资本总额50%以上，或国有股份占股份有限公司股本总额50%以上的国有控股公司。

②以出让方式承受原国有控股公司土地使用权的，不属于本规定的范围。

3）企业合并。两个或两个以上的企业，依据法律规定、合同约定，合并改建为一个企业，对其合并后的企业承受原合并各方的土地、房屋权属，免征契税。

4）企业分立。企业依照法律规定、合同约定分设为两个或两个以上投资主体相同的企业，对派生方、新设方承受原企业土地、房屋权属，不征收契税。

5）企业出售。国有、集体企业出售，被出售企业法人予以注销，并且买受人按照《劳动法》等国家有关法律法规政策妥善安置原企业全部职工，其中与原企业30%以上职工签订服务年限不少于3年的劳动用工合同的，对其承受所购企业的土地、房屋权属，减半征收契税；与原企业全部职工签订服务年限不少于3

年的劳动用工合同的，免征契税。

6）企业破产。企业依照有关法律法规的规定实施注销、破产后，债权人（包括注销、破产企业职工）承受注销、破产企业土地、房屋权属以抵偿债务的，免征契税；对非债权人承受注销、破产企业土地、房屋权属，凡按照《劳动法》等国家有关法律法规政策妥善安置原企业全部职工，其中与原企业30%以上职工签订服务年限不少于3年的劳动用工合同的，对其承受所购企业的土地、房屋权属，减半征收契税；与原企业全部职工签订服务年限不少于3年的劳动用工合同的，免征契税。

7）房屋的附属设施。对于承受与房屋相关的附属设施（包括停车位、汽车库、自行车库、顶层阁楼以及储藏室，下同）所有权或土地使用权的行为，按照契税法律法规的规定征收契税；对于不涉及土地使用权和房屋所有权转移变动的，不征收契税。

8）继承土地、房屋权属。对于《中华人民共和国继承法》规定的法定继承人（包括配偶、子女、父母、兄弟姐妹、祖父母、外祖父母）继承土地、房屋权属，不征契税。按照《中华人民共和国继承法》规定，非法定继承人根据遗嘱承受死者生前的土地、房屋权属，属于赠与行为，应征收契税。

9）事业单位按照国家有关规定改制为企业的过程中，投资主体没有发生变化的，对改制后的企业承受原事业单位土地、房屋权属，免征契税。

10）事业单位改制过程中，改制后的企业以出让或国家作价出资（入股）方式取得原国有划拨土地使用权的，不属于契税减免范围，应按规定缴纳契税。

11）在婚姻关系存续期间，房屋、土地权属原归夫妻一方所有，变更为夫妻双方共有或另一方所有的，或者房屋、土地权属原归夫妻双方共有，变更为其中一方所有的，或者房屋、土地权属原归夫妻双方共有，双方约定、变更共有份额的，免征契税。

12）关于企业以售后回租方式进行融资等有关契税政策：

①对金融租赁公司开展售后回租业务，承受承租人房屋、土地权属的，照章征税。对售后回租合同期满，承租人回购原房屋、土地权属的，免征契税。

②以招拍挂方式出让国有土地使用权的，纳税人为最终与土地管理部门签订出让合同的土地使用权承受人。

③市、县级人民政府根据《国有土地上房屋征收与补偿条例》有关规定征收居民房屋，居民因个人房屋被征收而选择货币补偿用以重新购置房屋，并且购房成交价格不超过货币补偿的，对新购房屋免征契税；购房成交价格超过货币补偿的，对差价部分按规定征收契税。居民因个人房屋被征收而选择房屋产权调换，并且不缴纳房屋产权调换差价的，对新换房屋免征契税；缴纳房屋产权调换差价的，对差价部分按规定征收契税。

④企业承受土地使用权用于房地产开发，并在该土地上代政府建设保障性住房的，计税价格为取得全部土地使用权的成交价格。

⑤单位、个人以房屋、土地以外的资产增资，相应扩大其在被投资公司的股权持有比例，无论被投资公司是否变更工商登记，其房屋、土地权属不发生转移，不征收契税。

⑥个体工商户的经营者将其个人名下的房屋、土地权属转移至个体工商户名下，或个体工商户将其名下的房屋、土地权属转回原经营者个人名下，免征契税。

合伙企业的合伙人将其名下的房屋、土地权属转移至合伙企业名下，或合伙企业将其名下的房屋、土地权属转回原合伙人名下，免征契税。

13）贯彻落实《国务院关于加快棚户区改造工作的意见》有关要求，大力支持各地棚户区改造工作，自2013年7月4日起，对经营管理单位回购已分配的改造安置住房继续作为改造安置房源的，免征契税；个人首次购买90平方米以下改造安置住房，按1%的税率计征契税；购买超过90平方米，但符合普通住房标准的改造安置住房，按法定税率减半计征契税。个人取得的拆迁补偿款按有关规定免征个人所得税。

14）其他规定。

①经国务院批准实施债权转股权的企业，对债权转股权后新设立的公司承受原企业的土地、房屋权属，免征契税。

②政府主管部门对国有资产进行行政性调整和划转过程中发生的土地、房屋权属转移，不征收契税。

③企业改制重组过程中，同一投资主体内部所属企业之间土地、房屋权属的无偿划转，包括母公司与其全资子公司之间，同一公司所属全资子公司之间，同一自然人与其设立的个人独资企业、一人有限公司之间土地、房屋权属的无偿划转，不征收契税。

11.6 增值税、城市维护建设税、教育费附加

11.6.1 营业税改征增值税

1．一般规定

增值税是以商品在流转过程中产生的增值额作为计税依据而征收的一种流转税，有增值才征税，没增值不征税。我国2011年开始营业税改征增值税（以下称营改增）试点。2016年3月23日，财政部、国家税务总局《关于全面推开营业税改征增值税试点的通知》（财税［2016］36号）要求自2016年5月1日起，在全国范围内全面推开营改增试点，建筑业、房地产业、金融业、生活服务业等全部营业税纳税人，纳入试点范围，由缴纳营业税改为缴纳增值税。营改增之前，从事房地产开发经营的单位和个人，销售建筑物及其他土地附着物，以其销售收入额

为计税依据，按税率5%缴纳营业税。租售房屋的单位和个人，就其所取得的营业额，适用5%的税率征收营业税。营改增之后，提供不动产租赁服务，销售不动产，转让土地使用权，增值税税率为11%。

增值税的计税方法，包括一般计税方法和简易计税方法。一般纳税人发生应税行为适用一般计税方法计税。一般纳税人发生财政部和国家税务总局规定的特定应税行为，可以选择适用简易计税方法计税，但一经选择，36个月内不得变更。

一般计税方法的应纳税额计算公式：

$$应纳税额=当期销项税额-当期进项税额$$

$$销项税额=销售额\times税率$$

进项税额，是指纳税人购进货物、加工修理修配劳务、服务、无形资产或者不动产，支付或者负担的增值税额。

简易计税方法的应纳税额，是指按照销售额和增值税征收率计算的增值税额，不得抵扣进项税额。

简易计税方法的应纳税额计算公式：

$$应纳税额=销售额\times征收率$$

税收减免的处理：个人发生应税行为的销售额未达到增值税起征点的，免征增值税；达到起征点的，全额计算缴纳增值税。增值税起征点不适用于登记为一般纳税人的个体工商户。

2．不动产经营租赁服务的增值税规定

一般纳税人出租其2016年4月30日前取得的不动产，可以选择适用简易计税方法，按照5%的征收率计算应纳税额。纳税人出租其2016年4月30日前取得的与机构所在地不在同一县（市）的不动产，应按照上述计税方法在不动产所在地预缴税款后，向机构所在地主管税务机关进行纳税申报。一般纳税人出租其2016年5月1日后取得的、与机构所在地不在同一县（市）的不动产，应按照3%的预征率在不动产所在地预缴税款后，向机构所在地主管税务机关进行纳税申报。小规模纳税人出租其取得的不动产（不含个人出租住房），应按照5%的征收率计算应纳税额。纳税人出租与机构所在地不在同一县（市）的不动产，应按照上述计税方法在不动产所在地预缴税款后，向机构所在地主管税务机关进行纳税申报。其他个人出租其取得的不动产（不含住房），应按照5%的征收率计算应纳税额。

个人出租住房，应按照5%的征收率减按1.5%计算应纳税额。

一般纳税人销售其2016年4月30日前取得的不动产（不含自建），适用一般计税方法计税的，以取得的全部价款和价外费用为销售额计算应纳税额。上述纳税人应以取得的全部价款和价外费用减去该项不动产购置原价或者取得不动产时的作价后的余额，按照5%的预征率在不动产所在地预缴税款后，向机构所在地主管税务机关进行纳税申报。

房地产开发企业中的一般纳税人销售房地产老项目，以及一般纳税人出租其2016年4月30日前取得的不动产，适用一般计税方法计税的，应以取得的全部价款和价外费用，按照3%的预征率在不动产所在地预缴税款后，向机构所在地主管税务机关进行纳税申报。

2018年12月31日前，公共租赁住房经营管理单位出租公共租赁住房免征增值税。

3．销售不动产的增值税规定

个人销售自建自用住房，免征增值税。

一般纳税人销售其2016年4月30日前自建的不动产，可以选择适用简易计税方法，以取得的全部价款和价外费用为销售额，按照5%的征收率计算应纳税额。纳税人应按照上述计税方法在不动产所在地预缴税款后，向机构所在地主管税务机关进行纳税申报。

一般纳税人销售其2016年5月1日后自建的不动产，应适用一般计税方法，以取得的全部价款和价外费用为销售额计算应纳税额。纳税人应以取得的全部价款和价外费用，按照5%的预征率在不动产所在地预缴税款后，向机构所在地主管税务机关进行纳税申报。

小规模纳税人销售其自建的不动产，应以取得的全部价款和价外费用为销售额，按照5%的征收率计算应纳税额。纳税人应按照上述计税方法在不动产所在地预缴税款后，向机构所在地主管税务机关进行纳税申报。

房地产开发企业中的一般纳税人，销售自行开发的房地产老项目，可以选择适用简易计税方法按照5%的征收率计税。房地产开发企业中的小规模纳税人，销售自行开发的房地产项目，按照5%的征收率计税。

房地产开发企业采取预收款方式销售所开发的房地产项目，在收到预收款时按照3%的预征率预缴增值税。

一般纳税人销售其2016年4月30日前取得（不含自建）的不动产，可以选择适用简易计税方法，以取得的全部价款和价外费用减去该项不动产购置原价或者取得不动产时的作价后的余额为销售额，按照5%的征收率计算应纳税额。纳税人应按照上述计税方法在不动产所在地预缴税款后，向机构所在地主管税务机关进行纳税申报。

一般纳税人销售其2016年5月1日后取得（不含自建）的不动产，应适用一般计税方法，以取得的全部价款和价外费用为销售额计算应纳税额。纳税人应以取得的全部价款和价外费用减去该项不动产购置原价或者取得不动产时的作价后的余额，按照5%的预征率在不动产所在地预缴税款后，向机构所在地主管税务机关进行纳税申报。

小规模纳税人销售其取得（不含自建）的不动产（不含个体工商户销售购买的住房和其他个人销售不动产），应以取得的全部价款和价外费用减去该项不动产购置原价或者取得不动产时的作价后的余额为销售额，按照5%的征收率计算应纳税额。纳税人应按照上述计税方法在不动产所在地预缴税款后，向机构所在地主管税务机关进行纳税申报。

其他个人销售其取得（不含自建）的不动产（不含其购买的住房），应以取得的全部价款和价外费用减去该项不动产购置原价或者取得不动产时的作价后的余额为销售额，按照5%的征收率计算应纳税额。

11.6.2 城市维护建设税

城市维护建设税是对从事工商经营，缴纳消费税、增值税、营业税的单位和个人征收的一种税。它本身无特定的征税对象，而以消费税、增值税、营业税税额为计税依据，随此"三税"附征，因此它属于一种附加税。

城市维护建设税实行地区差别比例税率，其纳税税率视纳税人所在地点不同而异。所在城市市区的按税率7%征税；在县城、建制镇、工矿区的按税率5%征税；在农村的按税率1%征税。

应纳税额=（实际缴纳的消费税+增值税+营业税税额）×适用税率

税制改革后，该税项以生产经营收入额为计税依据，税率为3‰ ~ 6‰。

11.6.3 教育费附加

教育费附加是为发展国家的教育事业、筹集教育经费而征收的一种附加费，一律按营业税额的2%征费。税制改革后，调整为增值税、消费税和营业税之和的3%。

11.6.4 税收优惠政策

《关于调整个人住房转让营业税政策的通知》（财税〔2015〕39号）规定：个人将购买不足2年的住房对外销售的，全额征收营业税；个人将购买2年以上（含2年）的非普通住房对外销售的，按照其销售收入减去购买房屋的价款后的差额征收营业税；个人将购买2年以上（含2年）的普通住房对外销售的，免征营业税。

在营改增之后，根据《营业税改征增值税试点过渡政策的规定》，北京市、上海市、广州市、深圳市以外的地区实行以下优惠政策：个人将购买不足2年的住房对外销售的，按照5%的征收率全额缴纳增值税；个人将购买2年以上（含2年）的住房对外销售的，免征增值税。北京市、上海市、广州市、深圳市实行的优惠政策：个人将购买不足2年的住房对外销售的，按照5%的征收率全额缴纳增值税；个人将购买2年以上（含2年）的非普通住房对外销售的，以销售收入减去购买住房价款后的差额按照5%的征收率缴纳增值税；个人将购买2年以上（含2年）的普通住房对外销售的，免征增值税。

11.7 房地产相关税收

11.7.1 耕地占用税

耕地占用税是对占用耕地建房或者从事其他非农业建设的单位和个人征收的

税种。凡占用耕地建房或者从事其他非农业建设的单位和个人，都是耕地占用税的纳税人。耕地占用税的征税对象，是占用耕地从事其他非农业建设的行为。耕地占用税以纳税人实际占用耕地面积为计税依据，按照规定税率一次性计算征收。

耕地占用税的税额规定如下：

1）人均耕地不超过1亩的地区（以县级行政区域为单位，下同），每平方米为10元至50元。

2）人均耕地超过1亩但不超过2亩的地区，每平方米为8元至40元。

3）人均耕地超过2亩但不超过3亩的地区，每平方米为6元至30元。

4）人均耕地超过3亩的地区，每平方米为5元至25元。

经济特区、经济技术开发区和经济发达且人均耕地特别少的地区，适用税额可以适当提高，但是提高的部分最高不得超过本条例第五条第三款规定的当地适用税额的50%。占用基本农田的，适用税额应当在本条例第五条第三款、第六条规定的当地适用税额的基础上提高50%。

下列情形免征耕地占用税：①军事设施占用耕地；②学校、幼儿园、养老院、医院占用耕地。

11.7.2　印花税

《印花税暂行条例》规定，凡在我国境内书立、领受有关合同、产权转移书据、权力证照等凭证的单位和个人，都是印花税纳税义务人。应纳税凭证应于书立或领受时购买并贴足印花税票（贴花）。

房地产开发经营活动涉及的有关纳税凭证和印花税税率如下：

1）商品房购销合同、建筑安装工程承包合同，按合同所载金额的万分之三由合同订立人缴纳。

2）产权转移书据或合同、加工承揽合同、建设工程勘察设计合同，按合同所载金额的万分之五由合同订立人缴纳。

3）借款合同或银行贷款合同，按合同所载金额的万分之零点五由合同订立人缴纳。

4）房地产租赁合同，按合同所载金额的千分之一由合同订立人缴纳。

5）土地使用证、房屋产权证等由领受人按每件五元缴纳。

印花税由税务机关负责征收管理、发放或办理应纳税凭证的单位负责监督。

11.7.3　企业所得税

企业所得税是指对中华人民共和国境内的企业（居民企业及非居民企业）和其他取得收入的组织以其生产经营所得为课税对象所征收的一种所得税，但个人独资企业及合伙企业除外。居民企业应当就其来源于中国境内、境外的所得缴纳企业所得税。非居民企业在中国境内设立机构、场所的，应当就其所设机构、场所取得的来源于中国境内的所得，以及发生在中国境外但与其所设机构、场所有实际联系的所得，缴纳企业所得税。非居民企业在中国境内未设立机构、场所的，或者虽设立机构、场所但取得的所得与其所设机构、场所没有实际联系的，应当就其来源于中国境内的所得缴纳企业所得税。企业所得税税率一般为25%，非居民企业取得所得应缴纳企业所得税的，适用税率为20%。房地产开发企业作为企业所得税纳税人，应依照《企业所得税法》缴纳企业所得税。

房地产开发企业的经营收入主要是租售收入。房地产开发项目的租售收入和成本投入是逐年实现的，若企业一年中的全部投入在本年度的经营活动中未全部回收，尽管有租售收入也未实现利润，因此给企业计算所得额带来一定的困难。为保证国家及时得到该项税收，目前有些地方将预计的总开发成本按年实际销售与出租比例，分摊到当年租售收入中扣除，使房地产开发企业只要有租售收入就要上缴所得税。在开发项目最终销售完毕的年度，再统一核算整个项目的所得税，并按核算结果结合项目开发过程中已交所得税情况多退少补。

11.7.4　个人所得税

个人所得税是国家对本国公民、居住在本国境内的个人的所得和境外个人来源于本国的所得征收的一种所得税。个人所得税的纳税义务人，既包括居民纳税义务人，也包括非居民纳税义务人。居民纳税义务人负有完全纳税的义务，必须就其来源于中国境内、境外的全部所得缴纳个人所得税；而非居民纳税义务人仅就其来源于中国境内的所得，缴纳个人所得税。

财产租赁所得和财产转让所得，适用比例税率，税率为20%。个人转让住房，以其转让收入额减除财产原值和合理费用后的余额为应纳税所得额，按照"财产转让所得"项目缴纳个人所得税。《财政部国家税务总局建设部关于个人出售住房所得征收个人所得税有关问题的通知》（财税字［1999］278号）对个人转让住房的个人所得税应纳税所得额计算和换购住房的个人所得税有关问题作了具体规定：根据个人所得税法的规定，个人出售自有住房取得的所得应按照"财产转让所得"项目征收个人所得税。对个人转让自用5年以上、并且是家庭唯一生活用房取得的所得，继续免征个人所得税。个人出售自有住房的应纳税所得额，按下列原则确定：

1）个人出售除已购公有住房以外的其他自有住房，其应纳税所得额按照个人所得税法的有关规定确定。

2）个人出售已购公有住房，其应纳税所得额为个人出售已购公有住房的销售价，减除住房面积标准的经济适用住房价款、原支付超过住房面积标准的房价款、向财政或原产权单位缴纳的所得收益以及税法规定的合理费用后的余额。已购公有住房是指城镇职工根据国家和县级（含县级）以上人民政府有关城镇住房制度改革政策规定，按照成本价（或标准价）购买的公有住房。经济适用住房价格按县级（含县级）以上地方人民政府规定的标准确定。

3）职工以成本价（或标准价）出资的集资合作建房、安居工程住房、经济适用住房以及拆迁安置住房，比照已购公有住房确定应纳税所得额。

为完善制度，加强征管，《国家税务总局关于个人住房转让所得征收个人所得税有关问题的通知》（国税发〔2006〕108号）规定如下：

1）对住房转让所得征收个人所得税时，以实际成交价格为转让收入。纳税人申报的住房成交价格明显低于市场价格且无正当理由的，征收机关依法有权根据有关信息核定其转让收入，但必须保证各税种计税价格一致。

2）对转让住房收入计算个人所得税应纳税所得额时，纳税人可凭原购房合同、发票等有效凭证，经税务机关审核后，允许从其转让收入中减除房屋原值、转让住房过程中缴纳的税金及有关合理费用。

3）纳税人未提供完整、准确的房屋原值凭证，不能正确计算房屋原值和应纳税额的，税务机关可根据《中华人民共和国税收征收管理法》第三十五条的规定，对其实行核定征税，即按纳税人住房转让收入的一定比例核定应纳个人所得税额。具体比例由省级地方税务局或者省级地方税务局授权的地市级地方税务局根据纳税人出售住房的所处区域、地理位置、建造时间、房屋类型、住房平均价格水平等因素，在住房转让收入1%～3%的幅度内确定。

本章小结与拓展

通过本章学习，掌握房产税、土地增值税、契税，熟悉城镇土地使用税、增值税、城市维护建设税、教育费附加，了解房地产的相关税收。重点阅读：《房产税暂行条例》、《土地增值税暂行条例》、《契税暂行条例》、《城镇土地使用税暂行条例》、《关于全面推开营业税改征增值税试点的通知》。关注房地产税收制度改革。十二届全国人大五次会议于2017年3月4日举行新闻发布会，大会发言人傅莹表示，加快房地产税立法并适时推进改革，这是在党的十八届三中全会提出的改革任务中列出来的，所以本届人大常委会把制定房地产税法列入了五年立法规划。当然这部法律涉及面比较广，也涉及方方面面的利益，所以围绕这个问题的讨论是比较多的，也是值得思考的。

◤ 思考题

1. 如何理解房地产税收的含义？

2. 房地产税、租、费有何关系？

3. 享受优惠政策的普通住房应满足什么条件？

4. 房产税有哪些优惠政策？

5. 城镇土地使用税采用何种税率？

6. 土地增值税如何计算？

7. 征收契税的情形有哪些？

8. 印花税的税率有什么特点？

9. 什么是城镇土地使用税？

第１２章

住房制度改革与住房
保障制度

12.1 住房制度改革

12.1.1 改革开放前的城镇住房制度

1949年中华人民共和国成立后，国家对城市房地产逐步实行国有化的政策。一方面，大量城市房屋经过私房社会主义改造运动转化为国有；另一方面，政府和国营企业又建造大量的住房提供给居民和职工租用，形成了具有中国特色的公有住宅体系。除国营单位自行经营管理的房屋外，政府房地产行政主管部门还直接经营管理一部分公房，出租给居民使用，由房管所具体负责管理和养护。中华人民共和国成立后的60多年里，公有住宅的总量经历了一个由小到大、再由大到小的演变过程。中华人民共和国成立初期，私房总量远远大于公房总量。城市私房国有化改造以后，城市公有住宅数量又远远大于私有住宅。改革开放以后，国家确立了住房商品化方针，一方面，大力发展商品房市场；另一方面，积极鼓励和支持向职工和居民出售公有住房，私有住宅数量又迅速超过公有住宅。

长期以来，我国房屋管理一直采取福利型的行政管理模式，这种管理模式符合当时城镇住房制度的要求。我国改革开放前的城镇住房制度主要呈现三个特征：一是住房投资由国家和国有企业统包；二是住房分配采取实物分配；三是住房消费采取福利低租金和国家包修包养制度。在计划经济体制下的城镇住房制度，住房建设、分配和管理都由国家和国有企业统包，其弊端表现在：一方面，建设资金有投入无回收，形不成投入产出的良性循环，制约了住宅建设的发展，住房供应极其短缺，人均住房面积下滑；另一方面，收取的房租过低，不能维持房屋的维修养护，房屋损坏严重，大量的危旧破房得不到改造，危及群众的居住安全，加大了国家的负担。

12.1.2 城镇住房制度改革历程

1978年以后，随着我国经济体制改革的逐步展开，房地产领域进行了三项改革：一是城镇住房制度改革；二是城市土地使用制度改革；三是房地产生产方式改革。

城镇住房制度改革是经济体制改革的重要组成部分。早在1979年，国家就开始逐步推行城镇住房制度改革，开始实行向居民售房的试点。1994年，国务院下发了《关于深化城镇住房制度改革的决定》，全面开展公有住房向居民和职工出售工作。1998年，国务院发布了《进一步深化城镇住房制度改革加快住房建设的通知》，取消住房实物分配，开始实施住房分配货币化。同时，提出经济适用住房建设的方针和政策，为中低收入居民购房铺筑了道路。国家通过提高工资、给职工发放住房公积金和住房补贴，鼓励职工到房地产市场购买住房，为建立商品房市场和推进住房商品化奠定了基础。

房地产生产方式改革，就是改变国家统一投资、统一分配、统一修缮管理的统包统支制度，发挥国家、企业和个人的积极性，推行"统一规划、合理布局、综合开发、配套建设"的综合开发模式，建立并完善商品房市场。综合开发后的住宅小区呈现三个特点：一是数量多，二是规模大，三是建筑水平与配套设施设备得到突破性的提升。随着商品房市场的建立和完善，居住区规划布局日臻合理，配套设施日益完善，为下一步推行物业管理创造了有利条件。

12.2 住房保障制度改革

12.2.1 改革开放之前

中华人民共和国成立之初，政府采取以下三种方式筹集住房：一是通过接受、没收、代管等方式将敌伪房产、反革命分子及官僚资本家的房产收归国有，并无偿分配给城镇居民居住；二是从1956年起，通过对私人出租房进行社会主义改造，采取公私合营与统一经租的方式分配给城镇居民居住，共改造了私有房屋大约1亿平方米；三是政府或企业直接投资建设或更新改造住房，分配给城镇居民租住。在计划经济体制下，公有住房成为"高投入、低收益"的公共产品，投入越大包袱越重，完全丧失了商品价值，企业以及个人对住房建设的热情不高，政府背上了沉重的包袱；而且由于低租金，导致租金收入无法满足住房日常的管理和维护成本，令大量过去的房产年久失修成为危房，居住条件进一步恶化；虽然公有住房名义上归国家所有、全民所有，由地方政府管理，产权登记在各地房管部门或企业名下，但是这种产权方式让公有住房的房屋产权界定更加模糊，交易成本极为高昂，加之公有住房的全民福利性和无偿获得更使得城市居民成为公有住房的"免费搭车者"，公有住房的生产和供应缺乏效率。由此，全国城镇人均住房面积由1949年的4.9平方米下降到1978年的3.6平方米，住房供需矛盾进一步加剧。

12.2.2 改革开放之后

1978年后，我国开始了经济体制改革和对外开放的进程，城市住房制度也在这一大背景下，开始了一个逐步市场化的探索过程。因为要想引导房地产市场走向正轨，保障房项目绝对不能忽视，这是房市的"两条腿"之一，保障房搞不好，我国的房地产市场就不会健康。商品房市场虽然活跃，但商品房的价格水平与我国普通居民的收入水平存在着严重的脱节，人人买得起商品房是不可能完成的任务，面对保障房资源的严重不足，必须要把落下的保障房"功课"补上。

近年来，为了推动城市住房保障制度，解决城市居民住房问题，国务院出台了《关于解决城市低收入家庭住房困难的若干意见》（国发〔2007〕24号），要求：

1) 建立健全城市廉租住房制度，2008年底所有县级以上城市低保家庭纳入廉租住房保障，做到应保尽保；增加中央财政对中西部地区廉租住房的支持力度；地方土地出让净收益的10%作为廉租住房保障资金。

2）改进和规范经济适用住房制度，明确供应对象为城市低收入家庭，面积控制在60平方米左右；加强单位集资合作建房管理。

3）通过城市棚户区改造，改善住房困难居民的住房状况，并解决农民工的住房问题。

4）完善配套政策和工作机制，明确政策优惠、责任等内容。

2007年8月，建设部印发《解决城市低收入家庭住房困难发展规划和年度计划编制指导意见》，要求各级政府将住房保障规划和年度计划报上级建设主管部门备案，并将年度计划纳入《政府工作报告》，向同级人民代表大会报告，同时将年度执行情况纳入省级政府对市县政府目标考核的内容。2007年10月，财政部印发《中央廉租住房保障专项补助资金实施办法》（财综〔2007〕57号）及《廉租住房保障资金管理办法》（财综〔2007〕64号）；2007年11月，建设部等部委联合印发《经济适用住房管理办法》（建住房〔2007〕258号）；同月建设部等部委又联合印发《廉租住房保障办法》（建设部令〔2007〕第162号）。至此，政府对城市住房保障制度进行了一次大的调整，将廉租住房保障对象由最低收入家庭逐步扩大到低收入家庭，将经济适用住房供应对象由中低收入家庭调低为低收入家庭，以期实现经济适用住房供应对象与廉租住房保障对象的衔接。但是，这种简单的对接导致两个无法覆盖的"夹心层"出现困境：一是家庭收入既不能享受廉租住房保障又无能力购买经济适用住房的低收入住房困难群体；二是家庭收入既不允许购买经济适用住房又无能力购买普通商品住房的住房困难群体。2010年6月住房城乡建设部等部委联合下发《关于加快发展公共租赁住房的指导意见》（建保〔2010〕87号），明确公共租赁住房供应对象主要是城市中等偏下收入住房困难家庭。供应公共租赁住房成为政府解决"夹心层"住房问题的重要手段，以期实现从低收入到高收入各个收入阶层住房供应的全覆盖。根据《住房城乡建设部、财政部、国家发展改革委关于公共租赁住房和廉租住房并轨运行的通知》（建保〔2013〕178号）的精神，从2014年起，各地廉租住房（含购改租等方式筹集）建设计划调整并入公共租赁住房年度建设计划。2014年以前年度已列入廉租住房年度建设计划的在建项目可继续建设，建成后统一纳入公共租赁住房管理。

12.2.3 住房属性的理性回归

2016年12月中旬，中央经济工作会议提出，要坚持"房子是用来住的，不是用来炒的"的定位，要求回归住房居住属性。2016年12月21日下午，习近平总书记在中央财经领导小组第十四次会议上进一步指出，"要准确把握住房的居住属性"。

从理论上说，房地产同时具有资本品与消费品的双重属性，而且消费品属性应当远远大于资本品属性。然而，由于缺乏政策的厘清与定位，过去很长一段时间内无论是自然人还是法人，都片面地将住房视作投机炒作与赚钱谋利的工具。房地产商捂盘惜售，借机拉抬出售价格；企业包括一些国有企业不务正业，大量涉足房地产，在推升房价中大发横财；不少个人或投机者借助信贷杠杆结队"扫楼"，囤积居奇并频繁高抛低吸。结果，整个社会金融资本有相当一部分集结到房地产领域。这不仅导致一二线城市房价轮番疯涨，也使三四线城市陷入库存积压的窘境，还大幅抬高了居民的生活成本，日益增大的财富泡沫也加剧了金融风险。明确住房的定位，使得住房市场有望回归到居住的基本功能上来；同时，稀释住房的资本品属性，标明政策取向将朝着继续打击投机、防止热炒与抑制房地产泡沫的方向深入推进。为此，中央经济工作会议提出，要综合运用金融、土地、财税、投资、立法等手段，加快研究建立符合国情、适应市场规律的基础性制度和长效机制。中央强调信贷政策上要支持合理自住购房，严格限制信贷流向投资投机性购房。土地政策要落实人地挂钩政策，根据人口流动情况分配建设用地指标，房价上涨压力大的城市，要合理增加土地供应，对商品房库存积压严重地区暂停土地供应。要提高住宅用地比例，盘活城市限制和低效用地。与金融、土地政策工具相比，通过财税和立法应当是下一步构建房地产调控长效机制中最有看点也是最核心的内容。

12.2.4　住房及用地供应管理和调控

为加强和改进住房及用地供应管理，改善住房供求关系，稳定市场预期，促进房地产市场平稳健康发展，住房城乡建设部、国土资源部于2017年4月1日印发了《关于加强近期住房及用地供应管理和调控有关工作的通知》（建房〔2017〕80号）。

1. 合理安排住宅用地供应

（1）强化住宅用地供应"五类"调控目标管理

住房供求矛盾突出、房价上涨压力大的城市要合理增加住宅用地特别是普通商品住房用地供应规模，去库存任务重的城市要减少以至暂停住宅用地供应。各省级国土资源主管部门要按照"五类"（显著增加、增加、持平、适当减少、减少直至暂停）调控目标，加强对本地区市县住宅用地年度供应计划编制和实施工作的监督指导，并将地级以上城市、地州盟所在地和百万人口以上县（县级市）的计划实施情况每半年汇总一次报国土资源部。

（2）尽快编制公布住宅用地供应三年滚动计划和中期规划

各地要结合国民经济和社会发展五年规划、城市总体规划、土地利用总体规划等，依据住房现状调查、需求预测以及在建、在售住房规模等，立足当地经济社会发展和资源、环境、人口等约束条件，尽快编制住房发展规划和年度计划，统筹安排中期（五年）和近三年的住房建设所需用地。2017年6月底前，地级以上城市、地州盟所在地和百万人口以上的县（县级市）应编制完成住宅用地供应中期（2017—2021年）规划和三年（2017—2019年）滚动计划，并向社会公布。

（3）保证住宅用地供应平稳有序

各地要根据商品住房库存消化周期，适时调整住宅用地供应规模、结构和时序，对消化周期在36个月以上的，应停止供地；36～18个月的，要减少供地；12～6个月的，要增加供地；6个月以下的，不仅要显著增加供地，还要加快供地节奏。各地要建立购地资金审查制度，确保房地产开发企业使用合规自有资金购地。经国土资源部门和有关金融部门审查资金来源不符合要求的，取消土地竞买资格，并在一定时间内禁止参加土地招拍挂。要结合本地实际和出让土地的具体情况，灵活确定竞价方式，包括"限房价、竞地价"、"限地价、竞房价"、超过溢价率一定比例后现房销售或竞自持面积等，坚决防止出现区域性总价、土地或楼面单价新高等情况，严防高价地扰乱市场预期。

2．科学把握住房建设和上市节奏

（1）加快在建商品住房项目建设进度

住房供求矛盾突出、房价上涨压力大的城市，要建立商品住房建设项目行政审批快速通道，提高办事效率，严格落实开竣工申报制度。要严格执行土地利用动态巡查制度，督促房地产开发企业及时足额缴纳土地出让价款，并严格按照合同约定及时开工、竣工，加快商品住房项目建设和上市节奏，尽快形成市场有效供应。

（2）加强商品住房项目预售管理

住房供求矛盾突出、房价上涨压力大的城市，对具备预售条件拖延上市、变相捂盘的项目，要严肃查处。落实房地产成交价格申报制度，严格执行明码标价、一房一价制度。加强商品住房项目预售价格管理，督促房地产开发企业合理定价。

（3）增加租赁住房有效供应

建立健全购租并举的住房制度，培育和发展住房租赁市场。将新建租赁住房纳入住房发展规划，采用多种方式增加租赁住房用地有效供应。鼓励房地产开发企业参与工业厂房改造，完善配套设施后改造成租赁住房，按年缴纳土地收益。在租赁住房供需矛盾突出的超大和特大城市，开展集体建设用地上建设租赁住房试点。鼓励个人依法出租自有住房，盘活存量住房资源。

3．加大住房保障力度

（1）扎实推进棚户区改造

各地要落实好土地、财税、金融等支持政策，加快棚户区改造项目建设，加强配套设施建设和公共服务，确保完成2017年600万套棚户区改造任务。统筹做好2018～2020年棚户区改造三年计划。商品住房库存量大、市场房源充足的三四线城市，棚户区改造要以货币化安置为主，避免重复建设。

（2）继续发展公租房、共有产权房

各地要转变公租房保障方式，实行实物保障与租赁补贴并举，推进公租房货币化。超大、特大城市和其他住房供求矛盾突出的热点城市，要增加公租房、共

有产权房供应，扩大公租房保障范围，多渠道解决中低收入家庭、新就业职工和
稳定就业的外来务工人员的住房问题。做好保障性住房分配管理，加强信息公
开，确保公平分配。

4．强化地方主体责任

（1）落实房地产工作责任制

省级住房城乡建设、国土资源主管部门要按照省级人民政府负总责、市县人
民政府抓落实的房地产工作责任制要求，加强对本地区各市县主管部门的分类指
导，加强监督检查。市县主管部门要贯彻落实好中央及省级的各项政策措施，明
确本地区优化住房及用地供应的目标、路径、步骤和责任人，确保如期实现工作
目标。鼓励各地在中央政策框架内积极探索、出台有力的政策措施。

（2）强化约谈问责

对工作不力、市场出现较大波动、未实现调控目标的地方，住房城乡建设
部、国土资源部将对有关地方主管部门和责任人约谈问责。对虚假编造、采用技
术性手段调整相关统计数据的，严格追究有关人员的责任；情节严重的，依法依
规严肃处理。

12.2.5　城镇住房保障立法

为了规范城镇住房保障工作，住房城乡建设部起草了《城镇住房保障条例
（送审稿）》，报请国务院审议。国务院法制办公室在征求各方面意见的基础上，
会同住房城乡建设部反复研究、修改，形成了《城镇住房保障条例（征求意见
稿）》（以下简称征求意见稿）。国务院法制办于2014年3月28日将《城镇住房保
障条例（征求意见稿）》发布在中国政府法制信息网公开征求意见。

1．立法原则和思路

根据国家住房保障工作的方针政策，结合各地实践经验，立法遵循以下原
则：一是保障基本，与经济社会发展水平相适应，保障住房困难群众的基本住房
需求；二是公平公正，坚持分配公平、程序公正、公开透明；三是全程管理，重
点围绕申请、轮候、分配等关键环节，建立准入、退出、纠错机制，同时对规
划、选址、建设、标识、运营等进行规范，并建立全面而严格的责任制度；四是
因地制宜，只规定基本制度，明确政策杠杠，具体办法和标准由地方政府根据当
地实际制定。

具体思路是：在保障范围上，按照尽力而为、量力而行的要求，将符合条件
的城镇家庭和在城镇稳定就业的外来务工人员纳入保障范围，把棚户区改造纳入
住房保障政策支持范围；在保障方式上，实行实物保障与货币补贴相结合，配租
与配售并举；在保障力量上，坚持政府主导、社会参与，通过实施投资补助、财
政贴息等支持政策鼓励社会力量参与；在保障责任上，明确政府的保障责任，强
化工程质量责任，严格有关部门及其工作人员不履行职责以及承租人、承购人的
法律责任。

2. 保障范围

在城镇稳定就业的外来务工人员是城镇经济社会发展的重要力量，但住房支付能力较弱。征求意见稿明确城镇住房保障范围为城镇家庭和在城镇稳定就业的外来务工人员，并规定城镇住房保障对象的住房、收入、财产等条件的具体标准，由直辖市、市、县人民政府制定、公布。为棚户区居民实施住房改造，已成为解决中低收入群众住房困难的重要方式。征求意见稿规定，市、县级人民政府应当有计划、有步骤地对棚户区进行改造，并将棚户区改造的任务安排纳入城镇住房保障规划。棚户区居民符合住房保障条件的，属于个人住宅被征收的轮候对象，优先给予保障。住房困难的最低生活保障家庭是住房救助对象，也属于住房保障对象。征求意见稿规定对住房救助对象优先给予保障。考虑到国家已通过实施农村危房改造解决农村住房的安全和改善问题，征求意见稿未对农村住房问题作出规定。

3. 规划与建设

为保证保障性住房的选址布局科学合理，切实提高保障性住房质量，征求意见稿明确要求编制住房保障规划和年度计划，对保障性住房要优先安排用地，优先安排在交通便利、公共设施较为齐全的区域，并配套建设相关设施。保障性住房的建设应当严格执行国家建设标准，遵守有关面积标准和套型结构的规定，建设、施工等单位及其主要负责人、项目负责人承担全面质量责任。

4. 关于准入、使用、退出

在准入规则上，要求申请人如实申报信息，住房保障部门会同有关部门对申报的信息进行审核；住房保障部门根据申请人或者已获得住房保障的保障对象的请求、委托，可以代为查询、核对其住房、收入和财产状况；对符合条件的申请人予以公示，登记为轮候对象。优抚对象、住房救助对象、个人住宅被征收的轮候对象，优先给予保障。

在使用要求上，承租人应当合理使用住房及其附属设施，并按时缴纳租金；承租人、承购人不得损毁、破坏、出租、转租、出借、擅自调换或者转让保障性住房。

在退出机制上，租赁期满未续租、不再符合保障条件以及违规使用保障性住房的，应当腾退保障性住房。连续租赁不少于5年且符合配售条件的，可以购买；购买保障性住房未满5年且确需转让的，由政府回购，已满5年的，可以转让并按照合同约定的产权份额向政府补缴相应价款，政府在同等条件下享有优先购买权，也可以按照合同约定的产权份额补缴相应价款取得完全产权，直辖市、市、县人民政府也可以规定禁止出售配租的保障性住房、不得转让配售的保障性住房或者取得完全产权。

5. 关于政府责任与社会力量参与

坚持政府主导、社会力量参与，才能不断推进城镇住房保障工作。政府应当将城镇住房保障资金纳入财政预算，在土地出让收益中提取一定比例的资金用于城镇住房保障，并对保障性住房的建设、运营和收购实行税收优惠、提供金融支持，确保土地供应。社会力量投资建设、持有和运营保障性住房，应当纳入城镇住房保障规划、年度计划和租售管理，享受投资补助、财政贴息、金融等支持政策，住房保障部门通过提供保障性住房项目有关情况、轮候对象数量信息等方式，为社会力量参与住房保障创造条件、提供便利。

6. 关于法律责任

为了保证各项制度措施得到落实，征求意见稿强化了对有关政府和部门及其工作人员的追责机制，加大了对弄虚作假和违规使用保障性住房的处罚力度，明确规定有关人民政府、部门及其工作人员未履行职责或者滥用职权、玩忽职守、徇私舞弊的，依法追究行政责任和刑事责任；申请人隐瞒、虚报、伪造信息的，给予警告，向社会通报，记入个人征信记录，退回已承租、承购的保障性住房和已领取的补贴，处以罚款直至追究刑事责任，5年内不得再次申请城镇住房保障；承租人、承购人出租出借、损毁破坏等违规使用保障性住房的，记入住房保障对象档案，没收违法所得，恢复原状或者采取补救措施，承担赔偿责任。

12.3 住房公积金制度

12.3.1 住房公积金制度概述

住房公积金制度是指由职工所在的国家机关、国有企业、城镇集体企业、外商投资企业、城镇私营企业以及其他城镇企业、事业单位及职工个人缴纳并长期储蓄一定的住房公积金，用以日后支付职工家庭购买或自建自住住房、私房翻修等住房费用的制度。住房公积金制度是一种社会性、互助性、政策性的住房社会保障制度，有利于筹集、融通住房资金，大大提高了职工的商品房购买能力。发展住房金融是深化城镇住房制度改革的目标之一，也是城镇住房制度改革得以进一步推行的动力。职工个人缴存的住房公积金和职工所在单位为职工缴存的住房公积金，属于职工个人所有。住房公积金的管理实行住房公积金管理委员会决策、住房公积金管理中心运作、银行专户存储、财政监督的原则。住房公积金应当用于职工购买、建造、翻建、大修自住住房，任何单位和个人不得挪作他用。

住房公积金的存、贷利率由中国人民银行提出，经征求国务院建设行政主管部门的意见后，报国务院批准。住房公积金管理中心应当在受委托银行设立住房公积金专户。单位应当到住房公积金管理中心办理住房公积金缴存登记，经住房公积金管理中心审核后，到受委托银行为本单位职工办理住房公积金账户设立手续。每个职工只能有一个住房公积金账户。住房公积金管理中心应当建立职工住房公积金明细账，记载职工个人住房公积金的缴存、提取等情况。新设立的单位应当自设立之日起30日内到住房公积金管理中心办理住房公积金缴存登记，并自登记之日起20日内持住房公积金管理中心的审核文件，到受委托银行为本单位职工办理住房公积金账户设立手续。

单位录用职工的，应当自录用之日起30日内到住房公积金管理中心办理缴存登记，并持住房公积金管理中心的审核文件，到受委托银行办理职工住房公积金账户的设立或者转移手续。单位与职工终止劳动关系的，单位应当自劳动关系终止之日起30日内到住房公积金管理中心办理变更登记，并持住房公积金管理中心的审核文件，到受委托银行办理职工住房公积金账户转移或者封存手续。职工住房公积金的月缴存额为职工本人上一年度月平均工资乘以职工住房公积金缴存比例。单位为职工缴存的住房公积金的月缴存额为职工本人上一年度月平均工资乘以单位住房公积金缴存比例。新参加工作的职工从参加工作的第二个月开始缴存住房公积金，月缴存额为职工本人当月工资乘以职工住房公积金缴存比例。单位新调入的职工从调入单位发放工资之日起缴存住房公积金，月缴存额为职工本人当月工资乘以职工住房公积金缴存比例。

国务院为了加强对住房公积金的管理，维护住房公积金所有者的合法权益，促进城镇住房建设，提高城镇居民的居住水平，于1999年4月3日发布了《住房公积金管理条例》，并于2002年3月24日进行修订。该条例适用于中我国境内住房公积金的缴存、提取、使用、管理和监督。2005年至2006年，财政部和建设部等部门分别发布了《财政部、国家税务总局关于基本养老保险费、基本医疗保险费、失业保险费、住房公积金有关个人所得税政策的通知》（财税〔2006〕10号）、《建设部、财政部、中国人民银行关于住房公积金管理若干具体问题的指导意见》（建金管〔2005〕5号）等文件。2014年至2015年，住房城乡建设部、财政部和中国人民银行联合印发了《关于发展住房公积金个人住房贷款业务的通知》（建金〔2014〕148号）、《关于切实提高住房公积金使用效率的通知》（建金〔2015〕150号）。

12.3.2　住房公积金的归集

住房公积金归集是指住房公积金管理中心作为住房公积金管理的法定机构，依据《住房公积金管理条例》，将职工个人按照规定比例缴存的及其所在单位按照规定比例为职工缴存的住房公积金，全部归集于管理中心在受委托银行开立的住房公积金专户内，存入职工个人账户，并集中管理运作的行为。

1. 住房公积金归集的主要内容

职工和单位住房公积金的缴存比例均不得低于职工上一年度月平均工资的5%；有条件的城市，可以适当提高缴存比例。单位和个人分别在不超过职工本人上一年度月平均工资12%的幅度内，其实际缴存的住房公积金，允许在个人应纳税所得额中扣除。单位和职工个人缴存住房公积金的月平均工资不得超过职工工作地所在设区城市上一年度职工月平均工资的3倍，具体标准按照各地有关规定执行。单位和个人超过上述规定比例和标准缴付的住房公积金，应将超过部分并入个人当期的工资、薪金收入，计征个人所得税。

2. 住房公积金的查询和对账

住房公积金管理中心要为每一位缴存住房公积金的职工发放住房公积金的有效凭证。有效凭证是全面反映职工个人住房公积金账户内住房公积金资金的增减、变动和结存情况的证明。目前个人住房公积金有效凭证有凭条、存折或磁卡等形式。职工个人可以直接到管理中心或商业银行查询个人住房公积金缴存情况，也可以通过住房公积金磁卡、电话、网络系统查询。每年6月30日为住房公积金结息日。结息后，管理中心要向单位和职工发送住房公积金对账单，与单位和职工对账，职工对缴存情况有异议的，可以向管理中心和受委托银行申请复议。

12.3.3 住房公积金的提取和使用

1. 住房公积金的提取和使用原则

住房公积金的提取和使用原则：

①定向使用的原则；

②安全运作的原则；

③严格时限的效率原则。

针对一些地区住房公积金使用条件仍然偏紧，办理手续复杂，结余资金规模较大，制约了住房公积金作用的发挥。为切实提高住房公积金使用效率，《住房城乡建设部、财政部、中国人民银行关于切实提高住房公积金使用效率的通知》（建金〔2015〕150号）要求：

（1）提高实际贷款额度

2015年8月末住房公积金资金运用率低于85%的设区城市，要综合考虑当地房价水平、贷款需求和借款人还款能力，提高住房公积金个人住房贷款实际额度。在保证借款人基本生活费用的前提下，月还款额与月收入比上限控制在50%～60%。贷款偿还期限可延至借款人法定退休年龄后5年，最长贷款期限为30年。推行按月划转住房公积金冲还贷款本息业务。

（2）设区城市统筹使用资金

同一设区城市住房公积金管理中心和分中心应当统一住房公积金提取和贷款政策，统筹使用贷款资金。住房公积金管理中心或分中心贷款资金不足时，应允许缴存职工向同城住房公积金管理机构申请贷款。

（3）拓宽贷款资金筹集渠道

有条件的城市要积极推行住房公积金个人住房贷款资产证券化业务，盘活住房公积金贷款资产。

（4）全面推行异地贷款业务

缴存职工在缴存地以外地区购房，可按购房地住房公积金个人住房贷款政策向购房地住房公积金管理中心申请个人住房贷款。缴存地和购房地住房公积金管理中心应相互配合，及时出具、确认缴存证明等材料，办理贷款手续。具体办法由住房城乡建设部另行制定。

（5）简化业务审批要件

缴存职工申请住房公积金个人住房贷款、同意根据本人住房公积金月缴存额推算其月收入的，不需单位出具职工收入证明。缴存职工租住商品住房申请提取住房公积金，除身份证明、本人及配偶无房证明外，不需提供其他证明材料。

（6）提高管理效率和服务水平

各地住房公积金管理中心要优化内部人员配置，增加网点工作人员，工资待遇向网点工作人员倾斜。要充分利用受托银行业务网点优势，方便缴存职工就近办理住房公积金提取和贷款手续。

（7）加快改造升级信息系统

各地住房公积金管理中心要根据政策调整和流程优化的需要，加快改造升级住房公积金管理信息系统，建立集12329服务热线、短信、微信、手机APP、网上业务大厅等功能于一体的综合服务平台，推进办理网上业务，为缴存职工提供高效便捷的服务。

（8）建立考核问责制度

各级住房公积金监管部门要加强对城市住房公积金管理中心业务考核，将住房公积金资金运用率或住房公积金个人住房贷款市场占有率作为重要考核指标，考核结果要通报设区城市人民政府，并作为考核住房公积金管理中心负责人的重要参考。住房公积金资金运用率或住房公积金个人住房贷款市场占有率低的城市，要对住房公积金管理中心主要负责人进行约谈和问责。

2．住房公积金的提取

职工个人住房公积金的提取，是指缴存职工因特定住房消费或丧失缴存条件时，按照规定提取个人账户内的住房公积金存储余额。

住房公积金的提取是有限制条件的，这与缴存住房公积金的长期性和互助性直接相关。职工提取住房公积金有两类情况：

（1）职工住房消费提取

1）职工购买、建造、翻建、大修自住住房时的提取。

2）偿还购房贷款本息时的提取。

3）房租超出家庭工资收入规定比例时的提取。

4）职工享受城镇最低生活保障、与单位终止劳动关系未再就业、部分或者全部丧失劳动能力以及遇到其他突发事件，造成家庭生活困难的。

住房公积金个人住房贷款是提高缴存职工住房消费能力的重要途径，也是缴存职工的基本权益。当前，各地住房公积金个人住房贷款业务发展不平衡，部分城市贷款发放率较高，但多数城市发放率在85%以下，影响了缴存职工的合法权益，也削弱了住房公积金制度的作用。为提高住房公积金个人住房贷款发放率，支持缴存职工购买首套和改善型自住住房，住房城乡建设部、财政部、中国人民银行联合印发的《关于发展住房公积金个人住房贷款业务的通知》（建金〔2014〕

148号）要求：

1）合理确定贷款条件。职工连续足额缴存住房公积金6个月（含）以上，可申请住房公积金个人住房贷款。对曾经在异地缴存住房公积金、在现缴存地缴存不满6个月的，缴存时间可根据原缴存地住房公积金管理中心出具的缴存证明合并计算。住房公积金贷款对象为购买首套自住住房或第二套改善型普通自住住房的缴存职工。住房公积金管理中心不得向购买第三套及以上住房的缴存职工家庭发放住房公积金个人住房贷款。

2）适当提高首套贷款额度。住房公积金个人住房贷款发放率低于85%的设区城市，住房公积金管理委员会要根据当地商品住房价格和人均住房面积等情况，适当提高首套自住住房贷款额度，加大对购房缴存职工的支持力度。

3）推进异地贷款业务。各省、自治区、直辖市要实现住房公积金缴存异地互认和转移接续。职工在就业地缴存住房公积金，在户籍所在地购买自住住房的，可持就业地住房公积金管理中心出具的缴存证明，向户籍所在地住房公积金管理中心申请住房公积金个人住房贷款。

4）设区城市统筹使用资金。未按照《住房公积金管理条例》规定调整到位的分支机构，要尽快纳入设区城市住房公积金管理中心统一制度、统一决策、统一管理、统一核算。设区城市住房公积金管理中心统筹使用分支机构的住房公积金。

5）盘活存量贷款资产。住房公积金个人住房贷款发放率在85%以上的城市，要主动采取措施，积极协调商业银行发放住房公积金和商业银行的组合贷款。有条件的城市，要积极探索发展住房公积金个人住房贷款资产证券化业务。

6）降低贷款中间费用。住房公积金个人住房贷款担保以所购住房抵押为主。取消住房公积金个人住房贷款保险、公证、新房评估和强制性机构担保等收费项目，减轻贷款职工负担。

7）优化贷款办理流程。各地住房公积金管理中心与房屋产权登记机构应尽快联网，实现信息共享，简化贷款办理程序，缩短贷款办理周期。房屋产权登记机构应在受理抵押登记申请之日起10个工作日内完成抵押权登记手续；住房公积金管理中心应在抵押登记后5个工作日内完成贷款发放。房地产开发企业不得拒绝缴存职工使用住房公积金贷款购房。

8）提高贷款服务效率。各地住房公积金管理中心要健全贷款服务制度，完善服务手段，积极开展网上贷款业务咨询、贷款初审等业务，要全面开通12329服务热线和短信平台，向缴存职工提供数据查询、业务咨询、还款提示、投诉举报等服务。积极探索建立全省统一的12329服务热线和短信平台。

9）加强考核和检查。各省、自治区住房和城乡建设厅要加强对各市住房公积金个人住房贷款业务和考核，加大个人住房贷款业务考核权重。要定期进行现场专项检查，对工作不力的城市，要责令加大工作力度。住房城乡建设部每月通报全国住房公积金个人住房贷款发放情况。

为保障住房公积金缴存职工合法权益，改进住房公积金提取机制，提高制度有效性和公平性，促进住房租赁市场发展，《关于放宽提取住房公积金支付房租条件的通知》（建金〔2015〕19号）规定：

1）明确租房提取条件。职工连续足额缴存住房公积金满3个月，本人及配偶在缴存城市无自有住房且租赁住房的，可提取夫妻双方住房公积金支付房租。

2）规范租房提取额度。职工租住公共租赁住房的，按照实际房租支出全额提取；租住商品住房的，各地住房公积金管理委员会根据当地市场租金水平和租住住房面积，确定租房提取额度。

3）简化租房提取要件。职工租房提取应向住房公积金管理中心提出申请，并提供以下材料：租住公共租赁住房，提供房屋租赁合同和租金缴纳证明；租住商品住房，提供本人及配偶名下无房产的证明。因租房提取住房公积金需出具房产信息查询结果证明的，房地产管理部门不收取费用。

4）提高提取审核效率。各设区城市要加强住房公积金服务网点建设，方便职工办理提取业务，要积极创造条件，抓紧开展网上提取咨询和业务办理。缴存职工提取申请资料齐全，审核无误后应即时办理。需对申请资料进一步核查时，应在受理提取申请之日起3个工作日内办结。提取支付住房租金，住房公积金管理中心可受缴存职工委托，定期将提取资金划转至缴存职工指定账户。

5）防范骗提套取行为。各设区城市要抓紧建立住房公积金、房屋交易和产权管理、公共租赁住房信息共享机制，核查职工租赁行为。对伪造合同、出具虚假证明、编造虚假租赁等骗提套取行为，住房公积金管理中心向职工工作单位通报，追回骗提套取资金，取消职工一定时限内提取住房公积金和申请住房公积金个人住房贷款资格。住房公积金管理中心将相关信息依法向社会公开并纳入征信系统；对协助造假的机构和人员，要严肃处理；构成犯罪的，依法追究刑事责任。

（2）职工丧失缴存条件的提取

职工与单位建立劳动关系是缴存住房公积金的前提，当缴存条件丧失时，即在以下任一情况下，职工可以提取其住房公积金，同时注销该职工住房公积金账户：

①离、退休；

②完全丧失劳动能力并与单位终止劳动关系；

③出境定居；

④职工死亡或者被宣告死亡的。

职工死亡或者被宣告死亡的，职工的继承人、受遗赠人可以提取职工住房公积金账户内的存储余额；无继承人也无受遗赠人的，职工住房公积金账户的存储余额纳入住房公积金的增值收益。

职工提取时由单位审核，管理中心核准，由受委托银行办理支付手续。单位不为职工出具提取证明的，职工可以凭规定的有效证明材料，直接到管理中心或受委托银行申请提取公积金。

3．住房公积金的使用

住房公积金管理中心住房公积金运作，指管理中心以归集的住房公积金为基础，在保证职工提取的前提下，依法运用住房公积金的行为。

住房公积金管理中心在保证住房公积金提取和贷款的前提下，经住房公积金管理委员会批准，可以将住房公积金用于购买国债。住房公积金管理中心不得向他人提供担保。住房公积金的增值收益应当存入住房公积金管理中心在受委托银行开立的住房公积金增值收益专户，用于建立住房公积金贷款风险准备金、住房公积金管理中心的管理费用和建设城市廉租住房的补充资金。

12.4 公共租赁住房管理

12.4.1 公共租赁住房概述

1. 公共租赁住房的概念

根据《公共租赁住房管理办法》第三条的解释，公共租赁住房，是指限定建设标准和租金水平，面向符合规定条件的城镇中等偏下收入住房困难家庭、新就业无房职工和在城镇稳定就业的外来务工人员出租的保障性住房。由此可知，公共租赁住房是专门针对一个特殊群体的，即"夹心层"群体，这个群体一方面没有达到廉租房的入住标准，另一方面在短期内又无经济实力购置商品房。

公共租赁住房通过新建、改建、收购、长期租赁等多种方式筹集，可以由政府投资，也可以由政府提供政策支持、社会力量投资。公共租赁住房可以是成套住房，也可以是宿舍型住房。

2. 公共租赁住房与廉租住房并轨

从2014年起，各地公共租赁住房和廉租住房并轨运行，并轨后统称为公共租赁住房。廉租住房并入公共租赁住房后，地方政府原用于廉租住房建设的资金来源渠道，调整用于公共租赁住房建设。原用于租赁补贴的资金，继续用于补贴在市场租赁住房的低收入住房保障对象。从2014年起，中央补助公共租赁住房建设资金以及租赁补贴资金继续由财政部安排，国家发展改革委原安排的中央用于新建廉租住房补助投资调整为公共租赁住房配套基础设施建设补助投资，并向西藏及青海、甘肃、四川、云南四省藏区、新疆维吾尔自治区及新疆建设兵团所辖的南疆三地州等财力困难地区倾斜。根据城镇低收入和中等偏下收入住房困难家庭对公共租赁住房需求，考虑符合当地住房保障条件的新就业无房职工、进城落户农民和外来务工人员的需要，结合当地经济社会发展水平和政府财政能力，科学制定公共租赁住房年度建设计划。要创新融资机制，多方筹集资金，做好公共租赁住房及其配套基础设施和公共服务设施规划建设，方便群众生产生活。落实民间资本参与公共租赁住房建设的各项支持政策。并轨后公共租赁住房的保障对象，包括原廉租住房保障对象和原公共租赁住房保障对象，即符合规定条件的城镇低收入住房困难家庭、中等偏下收入住房困难家庭，及符合规定条件的新就业无房职工、稳定就业的外来务工人员。

3．公共租赁住房的使用

公共租赁住房的所有权人及其委托的运营单位应当负责公共租赁住房及其配套设施的维修养护，确保公共租赁住房的正常使用。

政府投资的公共租赁住房维修养护费用主要通过公共租赁住房租金收入以及配套商业服务设施租金收入解决，不足部分由财政预算安排解决；社会力量投资建设的公共租赁住房维修养护费用由所有权人及其委托的运营单位承担。

公共租赁住房的所有权人及其委托的运营单位不得改变公共租赁住房的保障性住房性质、用途及其配套设施的规划用途。

4．公共租赁住房的租金定价

市、县级人民政府住房保障主管部门应当会同有关部门，按照略低于同地段住房市场租金水平的原则，确定本地区的公共租赁住房租金标准，报本级人民政府批准后实施。公共租赁住房租金标准应当向社会公布，并定期调整。公共租赁住房租赁合同约定的租金数额，应当根据市、县级人民政府批准的公共租赁住房租金标准确定。

各地要结合本地区经济发展水平、财政承受能力、住房市场租金水平、建设与运营成本、保障对象支付能力等因素，进一步完善公共租赁住房的租金定价机制，动态调整租金。公共租赁住房租金原则上按照适当低于同地段、同类型住房市场租金水平确定。政府投资建设并运营管理的公共租赁住房，各地可根据保障对象的支付能力实行差别化租金，对符合条件的保障对象采取租金减免。社会投资建设并运营管理的公共租赁住房，各地可按规定对符合条件的低收入住房保障对象予以适当补贴。各地可根据保障对象支付能力的变化，动态调整租金减免或补贴额度，直至按照市场价格收取租金。

12.4.2　公共租赁住房的申请

1．申请公共租赁住房的条件

申请公共租赁住房，应当符合以下条件：

1）在本地无住房或者住房面积低于规定标准。

2）收入、财产低于规定标准。

3）申请人为外来务工人员的，在本地稳定就业达到规定年限。

具体条件由直辖市和市、县级人民政府住房保障主管部门根据本地区实际情况确定，报本级人民政府批准后实施并向社会公布。

2．公共租赁住房租赁合同

公共租赁住房租赁合同一般应当包括以下内容：

1）合同当事人的名称或姓名。

2）房屋的位置、用途、面积、结构、室内设施和设备，以及使用要求。

3）租赁期限、租金数额和支付方式。

4）房屋维修责任。

5）物业服务、水、电、燃气、供热等相关费用的缴纳责任。

6）退回公共租赁住房的情形。

7）违约责任及争议解决办法。

8）其他应当约定的事项。

省、自治区、直辖市人民政府住房城乡建设（住房保障）主管部门应当制定公共租赁住房租赁合同示范文本。

公共租赁住房租赁期限一般不超过5年。

3．公共租赁住房承租人的禁止行为

承租人不得擅自装修所承租公共租赁住房。确需装修的，应当取得公共租赁住房的所有权人或其委托的运营单位同意。

承租人有下列行为之一的，应当退回公共租赁住房：

1）转借、转租或者擅自调换所承租公共租赁住房的。

2）改变所承租公共租赁住房用途的。

3）破坏或者擅自装修所承租公共租赁住房，拒不恢复原状的。

4）在公共租赁住房内从事违法活动的。

5）无正当理由连续6个月以上闲置公共租赁住房的。

承租人拒不退回公共租赁住房的，市、县级人民政府住房保障主管部门应当责令其限期退回；逾期不退回的，市、县级人民政府住房保障主管部门可以依法申请人民法院强制执行。

12.4.3 公共租赁住房分配管理

进一步完善公共租赁住房的申请受理渠道、审核准入程序，提高效率，方便群众。各地可以在综合考虑保障对象的住房困难程度、收入水平、申请顺序、保障需求以及房源等情况的基础上，合理确定轮候排序规则，统一轮候配租。已建成并分配入住的廉租住房统一纳入公共租赁住房管理，其租金水平仍按原有租金标准执行；已建成未入住的廉租住房以及在建的廉租住房项目建成后，要优先解决原廉租住房保障对象住房困难，剩余房源统一按公共租赁住房分配。各地要整合原廉租住房和公共租赁住房受理窗口，方便群众申请。要明确并轨后公共租赁住房保障对象收入审核部门职责及协调机制。落实申请人对申请材料真实性负责的承诺和授权审核制度。社会投资建设公共租赁住房的分配要纳入政府监管。符合规定条件的住房保障对象，到市场承租住房的，可按各地原政策规定，继续领取或申请领取租赁住房补贴。

1．轮候制度

（1）公共租赁住房轮候对象的确定

市、县级人民政府住房保障主管部门应当会同有关部门，对申请人提交的申请材料进行审核。经审核，对符合申请条件的申请人，应当予以公示，经公示无异议或者异议不成立的，登记为公共租赁住房轮候对象，并向社会公开；对不符合申请条件的申请人，应当书面通知并说明理由。申请人对审核结果有异议，可以向市、县级人民政府住房保障主管部门申请复核。市、县级人民政府住房保障主管部门应当会同有关部门进行复核，并在15个工作日内将复核结果书面告知申请人。

（2）公共租赁住房轮候期

直辖市和市、县级人民政府住房保障主管部门应当根据本地区经济发展水平和公共租赁住房需求，合理确定公共租赁住房轮候期，报本级人民政府批准后实施并向社会公布。轮候期一般不超过5年。

各地应当根据本地实际情况，合理确定公共租赁住房轮候期，对登记为轮候对象的申请人，应当在轮候期内给予安排。要优化轮候规则，坚持分层实施，梯度保障，优先满足符合规定条件的城镇低收入住房困难家庭的需求，对城镇住房救助对象，即符合规定标准的住房困难的最低生活保障家庭、分散供养的特困人员，依申请做到应保尽保。

2．配租管理

公共租赁住房房源确定后，市、县级人民政府住房保障主管部门应当制定配租方案并向社会公布。配租方案应当包括房源的位置、数量、户型、面积，租金标准，供应对象范围，意向登记时限等内容。企事业单位投资的公共租赁住房的供应对象范围，可以规定为本单位职工。

省级住房城乡建设部门要制定公共租赁住房合同示范文本，明确租赁双方权利义务。公共租赁住房租金原则上按照适当低于市场租金的水平确定。已建成并分配入住廉租住房统一纳入公共租赁住房管理，对已入住的城镇低收入住房困难家庭，其租金水平仍按原合同约定执行。对于新增城镇低收入住房困难家庭，租赁政府投资建设的公共租赁住房，应采取租金减免方式予以保障，不宜按公共租赁住房租金水平先收后返。

3．退出管理

承租人累计6个月以上拖欠租金的，应当腾退所承租的公共租赁住房；拒不腾退的，公共租赁住房的所有权人或者其委托的运营单位可以向人民法院提起诉讼，要求承租人腾退公共租赁住房。

租赁期届满需要续租的，承租人应当在租赁期满3个月前向市、县级人民政府住房保障主管部门提出申请。市、县级人民政府住房保障主管部门应当会同有关部门对申请人是否符合条件进行审核。经审核符合条件的，准予续租，并签订续租合同。未按规定提出续租申请的承租人，租赁期满应当腾退公共租赁住房；拒不腾退的，公共租赁住房的所有权人或者其委托的运营单位可以向人民法院提起诉讼，要求承租人腾退公共租赁住房。

承租人有下列情形之一的，应当腾退公共租赁住房：

①提出续租申请但经审核不符合续租条件的；

②租赁期内，通过购买、受赠、继承等方式获得其他住房并不再符合公共租

赁住房配租条件的;

③租赁期内,承租或者承购其他保障性住房的。

承租人有上述规定情形之一的,公共租赁住房的所有权人或者其委托的运营单位应当为其安排合理的搬迁期,搬迁期内租金按照合同约定的租金数额缴纳。

搬迁期满不腾退公共租赁住房,承租人确无其他住房的,应当按照市场价格缴纳租金;承租人有其他住房的,公共租赁住房的所有权人或者其委托的运营单位可以向人民法院提起诉讼,要求承租人腾退公共租赁住房。

公共租赁住房的所有权人及其委托的运营单位应当依合同约定,切实履行对公共租赁住房及其配套设施的维修养护责任,确保公共租赁住房的正常使用。经公共租赁住房所有权人或其委托的运营单位同意,承租人之间可以互换所承租的公共租赁住房。完善城镇低收入住房困难家庭资格复核制度,不再符合城镇低收入住房困难家庭条件但符合公共租赁住房保障对象条件的,可继续承租原住房,同时应调整租金。承租人违反有关规定或经审核不再符合公共租赁住房保障条件的,应退出公共租赁住房保障。

本章小结与拓展

通过本章学习,掌握住房保障制度改革、城镇住房保障立法,熟悉住房公积金制度、公共租赁住房管理,了解住房制度改革历程。重点阅读:《城市房地产管理法》、《住房公积金管理条例》、《公共租赁住房管理办法》。继续关注住房保障立法进展。国务院办公厅印发的《国务院2017年立法工作计划的通知》,确定了2017年全面深化改革急需的项目和力争年内完成的项目,其中,全面深化改革急需的项目包括由住房城乡建设部起草修订《住房公积金管理条例》,力争年内完成的项目包括由住房城乡建设部起草制定城镇住房保障条例。

思考题

1. 我国的城镇住房制度改革经历了哪些过程?

2. 我国目前的住房保障制度有何特点?

3. 什么是住房公积金制度?

4. 职工和单位住房公积金的缴存比例有何规定?

5. 近年来我国对房地产的重要宏观调控政策有哪些?分别起到了什么作用?

参考文献
Reference

[1] 李适时，张荣顺. 中华人民共和国民法总则释义［M］. 北京：法律出版社，2017.

[2] 崔建远. 物权法［M］. 北京：中国人民大学出版社，2009.

[3] 胡卫. 合同法论［M］. 北京：人民法院出版社，2010.

[4] 中国房地产估价师与房地产经纪人学会. 房地产基本制度与政策［M］. 北京：中国建筑工业出版社，2015.

[5] 中国房地产估价师与房地产经纪人学会. 房地产交易制度与政策［M］. 北京：中国建筑工业出版社，2016.

[6] 李延荣，周珂. 房地产法（第四版）［M］. 北京：中国人民大学出版社，2012.

[7] 李伟. 房地产投资分析与综合开发［M］. 北京：机械工业出版社，2003.

[8] 张景伊，陈伟. 物业管理基本制度与政策［M］. 北京：中国建筑工业出版社，2013.

[9] 刘文锋. 建设法规概论（第二版）［M］. 北京：高等教育出版社，2011.

[10] 金国辉. 新编建设法规与案例［M］. 北京：机械工业出版社，2009.